思想政治教育效能提升研究

SIXIANG ZHENGZHI JIAOYU XIAONENG TISHENG YANJIU

韩 笑 ◎著

中国政法大学出版社

声　　明　　1. 版权所有，侵权必究。

　　　　　　2. 如有缺页、倒装问题，由出版社负责退换。

图书在版编目（CIP）数据

思想政治教育效能提升研究 / 韩笑著. -- 北京 : 中国政法大学出版社，2024.7.
ISBN 978-7-5764-1675-6

Ⅰ. D64

中国国家版本馆 CIP 数据核字第 20249K1F12 号

出 版 者	中国政法大学出版社
地　　址	北京市海淀区西土城路 25 号
邮寄地址	北京 100088 信箱 8034 分箱　邮编 100088
网　　址	http://www.cuplpress.com（网络实名：中国政法大学出版社）
电　　话	010-58908285(总编室) 58908433（编辑部） 58908334(邮购部)
承　　印	固安华明印业有限公司
开　　本	720mm×960mm　1/16
印　　张	18
字　　数	295 千字
版　　次	2024 年 7 月第 1 版
印　　次	2024 年 7 月第 1 次印刷
定　　价	85.00 元

上海政法学院学术著作编审委员会

主　任： 刘晓红

副主任： 郑少华

秘书长： 刘　军　康敬奎

委　员：（以姓氏拼音为序）

蔡一军　曹　阳　陈海萍　陈洪杰　冯　涛　姜　熙

刘长秋　刘志强　彭文华　齐　萌　汪伟民　王　倩

魏治勋　吴苌弘　辛方坤　徐　红　徐世甫　许庆坤

杨　华　张继红　张少英　赵运锋

总　序　FOREWORD

四秩芳华，似锦繁花。幸蒙改革开放的春风，上海政法学院与时代同进步，与法治同发展。如今，这所佘山北麓的高等政法学府正以稳健铿锵的步伐在新时代新征程上砥砺奋进。建校40年来，学校始终坚持"立足政法、服务上海、面向全国、放眼世界"的办学理念，秉承"刻苦求实、开拓创新"的校训精神，走"以需育特、以特促强"的创新发展之路，努力培养德法兼修、全面发展，具有宽厚基础、实践能力、创新思维和全球视野的高素质复合型应用型人才。四十载初心如磐，奋楫笃行，上海政法学院在中国特色社会主义法治建设的征程中书写了浓墨重彩的一笔。

上政之四十载，是蓬勃发展之四十载。全体上政人同心同德，上下协力，实现了办学规模、办学层次和办学水平的飞跃。步入新时代，实现新突破，上政始终以敢于争先的勇气奋力向前，学校不仅是全国为数不多获批教育部、司法部法律硕士（涉外律师）培养项目和法律硕士（国际仲裁）培养项目的高校之一；法学学科亦在"2022软科中国最好学科排名"中跻身全国前列（前9%）；监狱学、社区矫正专业更是在"2023软科中国大学专业排名"中获评A+，位居全国第一。

上政之四十载，是立德树人之四十载。四十年春风化雨、桃李芬芳。莘莘学子在上政校园勤学苦读，修身博识，尽显青春风采。走出上政校门，他们用出色的表现展示上政形象，和千千万万普通劳动者一起，绘就了社会主义现代化国家建设新征程上的绚丽风景。须臾之间，日积月累，学校的办学成效赢得了上政学子的认同。根据2023软科中国大学生满意度调查结果，在本科生关注前20的项目上，上政9次上榜，位居全国同类高校首位。

上政之四十载，是胸怀家国之四十载。学校始终坚持以服务国家和社会需要为己任，锐意进取，勇担使命。我们不会忘记，2013年9月13日，习近平主席在上海合作组织比什凯克峰会上宣布，"中方将在上海政法学院设立中国-上海合作组织国际司法交流合作培训基地，愿意利用这一平台为其他成员国培训司法人才。"十余年间，学校依托中国-上合基地，推动上合组织国家司法、执法和人文交流，为服务国家安全和外交战略、维护地区和平稳定作出上政贡献，为推进国家治理体系和治理能力现代化提供上政智慧。

历经四十载开拓奋进，学校学科门类从单一性向多元化发展，形成了以法学为主干，多学科协调发展之学科体系，学科布局日益完善，学科交叉日趋合理。历史坚定信仰，岁月见证初心。建校四十周年系列丛书的出版，不仅是上政教师展现其学术风采、阐述其学术思想的集体亮相，更是彰显上政四十年发展历程的学术标识。

著名教育家梅贻琦先生曾言，"所谓大学者，有大师之谓也，非谓有大楼之谓也。"在过去的四十年里，一代代上政人勤学不辍、笃行不息，传递教书育人、著书立说的接力棒。讲台上，他们是传道授业解惑的师者；书桌前，他们是理论研究创新的学者。《礼记·大学》曰："古之欲明明德于天下者，先治其国"。本系列丛书充分体现了上政学人想国家之所想的高度责任心与使命感，体现了上政学人把自己植根于国家、把事业做到人民心中、把论文写在祖国大地上的学术品格。激扬文字间，不同的观点和理论如繁星、似皓月，各自独立，又相互辉映，形成了一幅波澜壮阔的学术画卷。

吾辈之源，无悠长之水；校园之草，亦仅绿数十载。然四十载青葱岁月光阴荏苒。其间，上政人品尝过成功的甘甜，也品味过挫折的苦涩。展望未来，如何把握历史机遇，实现新的跨越，将上海政法学院建成具有鲜明政法特色的一流应用型大学，为国家的法治建设和繁荣富强作出新的贡献，是所有上政人努力的目标和方向。

四十年，上政人竖起了一方里程碑。未来的事业，依然任重道远。今天，借建校四十周年之际，将著书立说作为上政一个阶段之学术结晶，是为了激励上政学人在学术追求上续写新的篇章，亦是为了激励全体上政人为学校的发展事业共创新的辉煌。

党委书记　葛卫华教授
校　　长　刘晓红教授
2024年1月16日

序 PREFACE

思想政治工作是中国共产党的优良传统、鲜明特色和突出政治优势,是一切工作的生命线。党和国家始终将思想政治工作摆在重要位置,并不断加强思想政治教育工作,成效显著。同时也要看到,当前,我们正面临中华民族伟大复兴战略全局和世界百年未有之大变局,面对国际与国内环境的深刻变化,以及我国经济社会的深刻转型,思想政治教育在实践中也遇到一系列新的挑战和问题。主要表现有:有些人对思想政治教育的重要性仍然认识不足,未能充分发挥思想政治教育的重要作用;思想政治教育资源未能有效整合,难以凝聚起强大的教育力量;网络化、新媒体、数智化的发展对思想政治教育引领力带来考验等。这些因素在一定程度上影响了思想政治教育的实效性,导致"功能无力"和"效果欠佳"等问题。为了更好地适应和满足社会变化发展需求,需要通过守正创新推动思想政治教育高质量发展,不断提高思想政治教育有效性,更好发挥思想政治教育的应有价值。反思当前制约思想政治教育有效性的瓶颈问题,引入效能理念,将有助于形成思想政治教育效果的整体效应。因此,如何提升思想政治教育效能,成为新时代思想政治教育需要研究的一个重要课题。

韩笑博士的专著《思想政治教育效能提升研究》,以中华民族伟大复兴战略全局、世界百年未有之大变局、网络化、数智化等为现实背景,立足新时代新要求,坚持以马克思主义为指导,特别是以习近平新时代中国特色社会主义思想世界观方法论为遵循,借鉴古今中外相关理论,对思想政治教育效能提升的理论与方法进行了较为系统、深入的探讨,取得了富有创意的研究成果,形成了一部富有时代感、理论性、创新性的学术专著,为深化思想政治教育研究提供了理论参考，为思想政治教育学科充实了内容。该书的主要特点在于：

一是系统性。近几年，思想政治教育领域的一些研究成果已经开始关注和引入效能这一理念，但对这一概念使用多而阐释少。在一些论文中也并非专门地探讨思想政治教育效能提升，而是对效能的潜在关注和追求。有的基本上属于"有效""效果"同义语，只是换了一种新表述，在揭示效能这一概念在思想政治教育中的独特意蕴和要求方面还不够清晰和系统。该书在前人研究的基础上，首次系统地对思想政治教育效能的概念和内涵、思想政治教育效能的本质、思想政治教育效能提升的理论资源以及思想政治教育效能提升的因素考量、基本遵循、现实诉求与具体路径等进行了深入研究，对于思想政治教育效能研究和效能提升无疑具有积极的推动作用。

二是创新性。该书将"效能"概念引入思想政治教育领域，并对思想政治教育效能问题进行了深入阐释，提出了一些独到的见解和观点。比如，界定了思想政治教育效能的概念，认为思想政治教育效能是指思想政治教育所含功效的发挥程度与实现能力；提出思想政治教育效能的三个基本要素，即思想政治教育目标、思想政治教育者能力、思想政治教育效率效益效果；概括出思想政治教育效能的实践性、综合性、系统性、评价复杂性等基本特征；揭示了思想政治教育效能与主流意识形态的本质联系，强调思想政治教育效能的本质涵义在于坚持思想政治教育本质，更好发挥思想政治教育功能；阐述了思想政治教育效能提升在增强思想政治教育主导力、强化思想政治教育目标、提高思想政治教育有效性等方面的重要价值，等等。这些思考都颇富新意且导向鲜明。

当然，由于思想政治教育效能提升是一个具有现实意义的前沿性问题，研究的空间很大，难度也相当大，因此，该书在探讨这一课题中难免还存在一些不足之处：比如，对国外思想政治教育效能提升的研究还有待拓展，对思想政治教育效能提升的实践研究相对较少，对思想政治教育效能提升的策略研究还不够深入全面等。尽管该书还存在一些不足，但仍然是一部研究思想政治教育效能提升问题的佳作。其不完善之处可以在未来的研究中进一步深化和拓展。

韩笑是我指导的博士研究生，她的博士学位论文得到了评审专家和答辩委员会专家的高度评价，她专心踏实的学习态度和执着进取的探索精神给我留下了深刻印象。该书是在她的博士学位论文基础上进行修改而成的,著作的出版标志着她在学术研究方面迈上了新的台阶。希望韩笑博士以此为新的起点,在学术道路上继续努力,不断取得新的成果!

石书臣

2024 年 6 月 8 日

于上海

目 录 CONTENTS

总　　序 ·· 001
序 ·· 003
导　　论 ·· 001
　一、问题的提出及本书研究的意义 ································· 001
　二、本书研究现状述评 ··· 004
　三、本书研究方法 ·· 016
　四、本书研究结构与可能的创新点 ································· 017

第一章　思想政治教育效能的基本理论概述 ················· 020

第一节　思想政治教育效能的内涵 ································· 020
　一、效能相关概念辨析 ··· 020
　二、思想政治教育效能的内涵分析 ································· 025
　三、思想政治教育效能的要素结构 ································· 027

第二节　思想政治教育效能的本质 ································· 033
　一、思想政治教育效能的基本特征 ································· 033
　二、思想政治教育效能与意识形态的关系 ······················ 035
　三、思想政治教育效能的本质涵义 ································· 039

第三节　思想政治教育效能提升的价值 ·························· 042
　一、增强思想政治教育主导力 ·· 042

二、强化思想政治教育目标 …………………………………… 046

　　三、提高思想政治教育有效性 ………………………………… 049

第二章　思想政治教育效能提升的理论资源 …………………… 054

第一节　马克思主义思想政治教育效能提升的相关理论 ……… 054

　　一、历史合力论思想 …………………………………………… 054

　　二、治理效能提升的相关论述 ………………………………… 057

　　三、思想政治教育效能提升的重要论述 ……………………… 063

第二节　中国古代教化效能提升的思想资源 …………………… 070

　　一、中国古代教化效能提升的目标 …………………………… 071

　　二、中国古代教化效能提升中的教育者与受教育者的能力 … 072

　　三、中国古代教化效能提升的方法途径 ……………………… 074

第三节　西方关于教育效能提升的思想借鉴 …………………… 076

　　一、苏格拉底、柏拉图、亚里士多德的教育效能提升主张 … 076

　　二、伊拉斯谟、培根、夸美纽斯的教育效能提升主张 ……… 078

　　三、洛克、卢梭、爱尔维修的教育效能提升主张 …………… 080

　　四、迪尔凯姆、杜威、柯尔伯格的教育效能提升主张 ……… 082

　　五、班杜拉的自我效能理论 …………………………………… 084

第三章　思想政治教育效能提升的因素考量 …………………… 088

第一节　思想政治教育效能提升的内在机理 …………………… 088

　　一、健全的思想政治教育制度体系是提升思想政治教育效能的前提 … 088

　　二、掌握正确的原理方法是提升思想政治教育效能的关键 … 092

第二节　思想政治教育效能提升的影响因素 …………………… 096

　　一、教育者维度——思想政治教育者的能力 ………………… 096

　　二、受教育者维度——思想政治教育受教育者的接受能力 … 101

　　三、内容维度——思想政治教育内容的实用 ………………… 104

　　四、方法维度——思想政治教育方法的有效 ………………… 106

五、环境维度——思想政治教育环境的渗透 …………………… 109

六、制度维度——思想政治教育制度的保障 …………………… 111

第三节　思想政治教育效能提升影响因素的过程控制 …………… 113

一、诸多影响因素紧密稳定 ………………………………………… 114

二、诸多影响因素同向同行 ………………………………………… 116

三、诸多影响因素协调控制 ………………………………………… 118

四、诸多影响因素协同发力 ………………………………………… 120

第四章　思想政治教育效能提升的基本遵循 …………………… 122

第一节　思想政治教育效能提升的原则 …………………………… 122

一、方向性原则 ……………………………………………………… 123

二、针对性原则 ……………………………………………………… 124

三、渗透性原则 ……………………………………………………… 126

四、激励性原则 ……………………………………………………… 128

五、系统性原则 ……………………………………………………… 129

第二节　思想政治教育效能提升的目标 …………………………… 131

一、加强国家意识形态建设 ………………………………………… 131

二、促进人和社会的全面发展进步 ………………………………… 133

三、推动思想政治教育高质量发展 ………………………………… 140

第三节　思想政治教育效能提升的评价标准 ……………………… 142

一、思想政治教育者能力是否卓著 ………………………………… 142

二、思想政治教育受教育者自我教育效果是否显著 ……………… 145

三、思想政治教育过程是否注重效率 ……………………………… 147

四、思想政治教育结果是否彰显效益 ……………………………… 151

五、思想政治教育制度是否合理有效 ……………………………… 153

第五章　思想政治教育效能提升的现实诉求 …………………… 158

第一节　思想政治教育效能提升取得的成效 ……………………… 158

  一、社会主义意识形态地位逐步巩固 …………………… 158
  二、思想政治教育者积极性逐渐提高 …………………… 160
  三、受教育者接受教育和自我教育的自觉性不断增强 …… 162
  四、思想政治教育合力效果日益显现 …………………… 164
 第二节 思想政治教育效能提升面临的挑战 ………………… 165
  一、网络化使思想政治教育效能提升受到干预 ………… 165
  二、全球化使思想政治教育效能提升受到冲击 ………… 168
  三、市场化使思想政治教育效能提升受到削弱 ………… 170
  四、文化多元化使思想政治教育效能提升受到干扰 …… 172
 第三节 思想政治教育效能提升存在的问题 ………………… 174
  一、思想政治教育开展的及时性仍显不足 ……………… 174
  二、思想政治教育资源利用不够充分 …………………… 176
  三、思想政治教育的个体成长效益薄弱 ………………… 179
  四、思想政治教育的社会效益不够强 …………………… 180
  五、受教育者的思想自觉水平有所欠缺 ………………… 182
  六、受教育者的外在行为表现仍有不足 ………………… 183
 第四节 思想政治教育效能提升存在问题的原因 …………… 185
  一、思想政治教育尚未形成育人合力 …………………… 185
  二、思想政治教育内容体系不够完善 …………………… 188
  三、思想政治教育方法守正创新不够 …………………… 191
  四、思想政治教育环境缺乏系统优化 …………………… 193
  五、思想政治教育制度功能不够到位 …………………… 196

第六章 思想政治教育效能提升的具体路径 ………………… 201
 第一节 树立效能理念，增强思想政治教育合力 …………… 201
  一、提高思想政治教育者的能力 ………………………… 202
  二、增强思想政治教育者与受教育者的合作互动 ……… 207
  三、加强思想政治教育育人资源的整合 ………………… 211

第二节　打牢理论基础，优化思想政治教育内容 …………… 214
一、提高思想政治教育内容的契合性 ………………………… 215
二、加强思想政治教育内容的吸引性 ………………………… 217
三、加强思想政治教育内容的协调性 ………………………… 220
四、注重思想政治教育内容的稳定性 ………………………… 223

第三节　强化时代意识，创新思想政治教育方法 …………… 225
一、运用隐性思想政治教育方法 ……………………………… 225
二、运用综合式思想政治教育方法 …………………………… 230
三、运用个性化思想政治教育方法 …………………………… 232
四、运用现代化思想政治教育方法 …………………………… 234

第四节　运用系统思维，加强思想政治教育环境建设 ……… 236
一、推进思想政治教育的经济环境建设 ……………………… 237
二、加强思想政治教育的政治环境建设 ……………………… 239
三、加强思想政治教育的文化环境建设 ……………………… 241
四、推动思想政治教育的社会环境建设 ……………………… 243
五、加强思想政治教育的生态文明环境建设 ………………… 245

第五节　加强顶层设计，推进思想政治教育制度建设 ……… 246
一、完善思想政治教育制度体系 ……………………………… 247
二、推进思想政治教育制度创新 ……………………………… 250
三、优化思想政治教育运行机制 ……………………………… 253
四、提高思想政治教育制度执行力 …………………………… 257

结束语 ………………………………………………………………… 261

参考文献 ……………………………………………………………… 263

后　记 ………………………………………………………………… 271

导 论

一、问题的提出及本书研究的意义

（一）问题的提出

"思想政治工作是经济工作和其他一切工作的生命线。"[1]这是中国共产党对思想政治教育地位和作用的高度概括。习近平指出："意识形态工作是党的一项极端重要的工作"[2]，"要提高质量和水平，把握好时、度、效，增强吸引力和感染力，让群众爱听爱看、产生共鸣，充分发挥正面宣传鼓舞人、激励人的作用"。[3]这充分表明，加强和改进思想政治教育是当前党和国家面临的重要工作任务，应注重思想政治教育效能的发挥，推动思想政治教育高质量发展，增强思想政治教育的渗透力和感染力。以思想政治教育效能为切入点，增强国家意识形态认同力、提升国家意识形态凝聚力、增强国家意识形态引领力，对国家发展具有重要意义。

研究思想政治教育效能提升要基于思想政治教育的现状。党和国家一直高度重视思想政治教育，思想政治教育不断加强，并取得了明显的成效。但是，在国际国内形势深刻变化、我国经济社会深刻变革的大背景下，思想政治教育不断面临新的挑战、新的问题：比如，有些人对中国特色社会主义产

---

[1]《中国共产党中央委员会关于建国以来党的若干历史问题的决议》，人民出版社1981年版，第45页。

[2] 中共中央宣传部编：《习近平总书记系列重要讲话读本》，学习出版社、人民出版社2014年版，第105页。

[3]《习近平谈治国理政》，外文出版社2014年版，第155页。

生质疑、误解；有的部门、单位和领导干部对思想政治教育"生命线"地位认识不足；思想政治教育资源缺乏整合，难以形成思想政治教育合力；新媒体的发展也使思想政治教育的引领力受到挑战；等等。因而，在一定程度上影响到思想政治教育的效果，造成思想政治教育"功能无力""效果欠佳"问题。把效能引入，将有助于形成思想政治教育效果的整体效应。

党的十九届四中全会提出，"把我国制度优势更好转化为国家治理效能，为实现'两个一百年'奋斗目标、实现中华民族伟大复兴的中国梦提供有力保证。"[1]党的十九届五中全会又提出，把"国家治理效能得到新提升"[2]作为"十四五"时期经济社会发展主要目标之一。思想政治教育在提高国家治理效能方面具有重要意义，而且，自身也面临着效能提升的问题。随着改革开放和社会主义现代化建设的推进，如何进一步推动思想政治教育建设，提升思想政治教育效能，已经成为思想政治教育领域一个紧迫性、前沿性研究课题。可以说，将效能引入思想政治教育既顺应了时代发展的任务要求，也是推进思想政治教育自身完善与发展的新要求。

（二）研究意义

马克思、恩格斯指出："一切划时代的体系的真正的内容都是由于产生这些体系的那个时期的需要而形成起来的。"[3]由此可见，思想政治教育效能提升不仅是自身发展的需要，也是时代发展所要求的。故而，思想政治教育效能提升研究对于推动思想政治教育理论创新，满足思想政治教育自身发展与时代要求，为国家、社会与个人发展提供思想保障与动力有着重要意义。

1. 理论意义

一是有利于丰富思想政治教育原理，提升思想政治教育的理论品质。思想政治教育学科设立至今，走过了三十多年的发展历程，思想政治教育理论研究取得了较大成绩，但也有研究薄弱的地方，如思想政治教育效能研究滞后于不断发展的思想政治教育学科。而加强思想政治教育效能理论研究，有利于改变这一状况，丰富思想政治教育原理，提升思想政治教育的理论品质。

二是有利于思想政治教育研究的系统化、深入化，加强思想政治教育的

---

[1]《中共十九届四中全会在京举行》，载《人民日报》2019年11月1日，第1版。
[2]《中国共产党第十九届中央委员会第五次全体会议公报》，人民出版社2020年版，第12页。
[3]《马克思恩格斯全集》（第三卷），人民出版社1960年版，第544页。

学科属性。思想政治教育是马克思主义理论一级学科下面的二级学科。将效能引入思想政治教育，有利于从本质上认识思想政治教育效能的学科价值和意识形态属性，增强思想政治教育的马克思主义学科属性和目标任务，坚定人们对马克思主义的理想信念。

三是有利于发挥思想政治教育的积极功能，应对来自意识形态和价值观领域的挑战。思想政治教育的意识形态功能能否得到充分发挥，直接关系到国家政治、经济、文化的发展和社会的稳定与繁荣。因此，巩固和提高思想政治教育，提升思想政治教育效能，有利于加强意识形态教育，有效应对来自意识形态和价值观领域的挑战。

2. 实践意义

一是可以为思想政治教育实践活动提供新的动能。思想政治教育实践活动是教育者为实现思想政治教育目的所设计开展的有计划有组织的活动。人们在参与思想政治教育活动的同时，对思想政治教育活动中承载的思想政治教育价值观念、规范守则加以吸收并运用到实践中去。思想政治教育效能的提升可以对思想政治教育活动开展的组织性、参与性起到积极作用。

二是有利于推进国家治理体系和治理能力现代化。推进国家治理体系和治理能力现代化这一战略目标的实现，必须牢固建立在全国民众形成强烈治理共识的基础之上，而这亟待思想政治教育充分发挥凝聚治理共识、提升民众学思践悟能力的价值功用。研究思想政治教育效能提升能够适应与满足当代中国社会需求，发挥其导向、保证、凝聚、控制与激励等作用，秉持高度的理论自觉与实践自觉意识，在党和国家战略层面"推进国家治理体系与治理能力现代化"这一重大决策。

三是有助于思想政治教育目标的达成。思想政治教育目标涵盖了时代发展大势对受教育者的具体要求，集中体现出国家、社会和教育者对于受教育者的殷切期望，不仅明确了思想政治教育过程的起点和归宿，还规定了个体思想政治品德的长远发展方向。在我国，思想政治教育的目标着眼于促进人的全面发展。思想政治教育效能提升能够进一步促进思想政治教育目标的实现，对促进人的全面发展起着积极的作用。

二、本书研究现状述评

（一）国内研究综述

随着国家对社会主义意识形态的重视，作为强化政治意识形态、维护政权统治地位的重要工具，思想政治教育成为大家一直以来关注的热门话题，参与这一研究领域的专家学者众多，涌现出一大批丰硕且新颖的学术成果，以"思想政治教育"为主题词能够检索到一千多本书籍，以"思想政治教育"为关键词能够在知网检索到十余万篇学术论文，这为本课题的深入研究和成果创新提供了大量文献资料参考。本书也研究思想政治教育，但是选取其中一个角度，主要研究思想政治教育效能提升，由于其本质具有维护统治阶级根本利益的内在要求，因此提升思想政治教育效能必须突出其意识形态价值。

当前还没有出现专门以思想政治教育效能提升命名的专著，但相关论著不少，如李俊奎等的《思想政治教育效益论》（2012年）、沈壮海的《思想政治教育有效性研究》（2016年）、胡心红的《思想政治教育有效性与方法论研究（高校思想政治工作研究文库）》（2019年）等，这些文本为系统研究思想政治教育效能提升提供了借鉴。基于此，我将对目前学界与思想政治教育效能提升相关的研究情况作一归纳总结。

1. 关于思想政治教育效能提升的意义研究

罗光晔指出，思想政治教育是国家一切工作的政治生命线，思想政治教育效能提升，直接关系到国家是否能够长治久安，关系到整个民族的长期发展。[1]邓海龙等认为思想政治教育效能提升有利于助推实现国家治理现代化。[2]

2. 关于思想政治教育效能提升的相关概念研究

（1）关于"效能"内涵的研究

第一，从不同角度研究。一是从效果论角度理解。丁梅君等指出效能是

---

[1] 参见罗光晔：《关于思想政治教育效能的哲学审视》，载《漯河职业技术学院学报》2014年第6期。

[2] 参见邓海龙、徐国亮：《国家治理现代化视域下思想政治教育效能的理论意涵与提升路径》，载《思想教育研究》2020年第4期。

指某一事物在实践中所产生的实际效果。[1]二是从作用论角度理解。宋元林等在著作中指出效能是事物所蕴藏的有利作用。[2]三是从能力论角度理解。温恒福等认为效能是主体全面有效实现目的的能量与能力。[3]四是从程度论角度理解。郭泽保认为效能泛指选定正确的目标及其实现的程度。[4]

第二，通过把效能与效率、效益、有效性等进行区分来解释效能。一是效能与效率区分。郭晓峰指出效率小于1的实践活动不可能具有效能。[5]赵佳佳认为效率是一种定量的词，效能在定量的同时也有一层定性的意思，不但指工作完成的程度，也体现了主体的价值目标实现程度。[6]二是效能与效益区分。余博指出效益主要是考察劳动的结果，而效能则包含了从劳动开始到劳动结果的有效程度。[7]三是效能与有效性区分。沈壮海在著作中认为效能重点阐发的是事物对于目的所具有的积极作用，有效性侧重于客体满足主体需要的价值属性。[8]

第三，对效能特点的研究。郑燕祥在著作中认为效能的特色品质是合目的的整体有效性。[9]温恒福等认为效能具有内在品质论、强调目的（目标）的达成和行为主体实现目标的能量与能力。[10]赵晖指出效能具有多层次、多层面、多元化性。[11]

（2）关于"思想政治教育效能"内涵的研究

第一，从经济学角度：廖志诚指出思想政治教育效能是指投入一定量的思想政治教育活动对人与社会所产出的实际效果。[12]第二，从意识形态角度：

---

[1] 参见丁梅君、徐建军：《论网络思想政治教育话语权效能的提升》，载《中南大学学报（社会科学版）》2019年第5期。

[2] 参见宋元林等：《网络时代大学生思想政治教育导论》，湖南人民出版社2002年版，第152页。

[3] 参见温恒福、温宏宇：《教育效能的本质、特征与改进方法论》，载《教育学报》2020年第2期。

[4] 参见郭泽保：《政府效能建设若干问题探析》，载《福建行政学院福建经济管理干部学院学报》2001年第4期。

[5] 参见郭晓峰：《高校网络思想政治教育效能研究》，电子科技大学2010年硕士学位论文。

[6] 参见赵佳佳：《中学思想政治教育的效能探究》，载《教育导刊》2018年第1期。

[7] 参见余博：《中学思想政治教育效能研究》，华中师范大学2012年硕士学位论文。

[8] 参见沈壮海：《思想政治教育有效性研究》，武汉大学出版社2016年版，第15—16页。

[9] 参见郑燕祥：《教育范式转变：效能保证》，上海教育出版社2006年版，第15—40页。

[10] 参见温恒福、温宏宇：《教育效能的本质、特征与改进方法论》，载《教育学报》2020年第2期。

[11] 参见赵晖：《普通初级中学学校效能评价研究初探》，上海师范大学2005年硕士学位论文。

[12] 参见廖志诚：《关于思想政治教育效能的哲学审视》，载《思想教育研究》2006年第3期。

张如意认为思想政治教育效能是教育活动本身有利于一定社会或阶级发展的属性。[1]第三，从思想政治工作角度：余仰涛在著作中强调思想政治工作效能"指在实现思想政治工作目的的过程中所具有的效用和能量"。[2]第四，从国家治理现代化角度：邓海龙等认为思想政治教育效能指在教育现代化进程中推动国家治理现代化的能力和作用。[3]

3. 关于思想政治教育效能提升的主要内容研究

(1) 关于德育效能提升的研究

第一，关于德育效能提升的意义。李情豪认为德育效能提升关系到国家与民族的主体素质。[4]第二，关于德育效能内涵。查广云认为德育效能就是以有限的德育资源和较低的德育成本实现德育效果的最大化。[5]第三，关于德育效能提升的影响因素。夏秋等指出主体、客体和环境是德育效能提升的影响因素。[6]李情豪认为师生关系对提升德育效能有着重要影响。[7]第四，关于德育效能提升的路径。陈汉清指出要通过加强队伍建设、创设丰富的教学情境、挖掘教材德育资源提升德育效能。[8]查广云认为要通过树立"以学生为本""德育效率""道德能力"观念，确立"德育效能"理念，打造高效的大学生德育效能模式。[9]陈永雄认为要通过德育内容序列化、德育渠道网络化、德育工作阵地化、德育评价客观化、德育管理制度化来提升其效能。[10]

(2) 关于高校思想政治教育效能提升的研究

第一，高校思想政治教育效能提升的影响因素。薛艺君指出高校思想政治

---

[1] 参见张如意：《思想政治教育"效"研究》，西南大学2018年硕士学位论文。

[2] 参见余仰涛：《思想政治工作学研究方法论》，武汉大学出版社2006年版，第289页。

[3] 参见邓海龙、徐国亮：《国家治理现代化视域下思想政治教育效能的理论意涵与提升路径》，载《思想教育研究》2020年第4期。

[4] 参见李情豪：《构建和谐师生关系与德育效能的提升》，载《中国德育》2006年第2期。

[5] 参见查广云：《高职"效能德育"模式初探》，载《教育与职业》2006年第20期。

[6] 参见夏秋、张晓红：《提升高校隐性德育效能的创新思维和可行途径》，载《北京教育（高教）》2012年第3期。

[7] 参见李情豪：《构建和谐师生关系与德育效能的提升》，载《中国德育》2006年第2期。

[8] 参见陈汉清：《关注"心育"渗透优化"德育"效能》，载《中小学教师培训》2009年第6期。

[9] 参见查广云：《高职"效能德育"模式初探》，载《教育与职业》2006年第20期。

[10] 参见陈永雄：《加强德育的"五化"管理提高德育效能》，载《教育导刊》1997年第10期。

教育的管理载体影响着高校思想政治教育的效能提升。[1]何春霞等认为组织、开展、管理学生教育事务的载体，比如学生理论社团，影响着高校思想政治教育的效能提升。[2]此外，袁翔等认为政策文件对高校思政实然发展产生着不小的作用，有利于政策效能的发挥。[3]第二，高校思想政治教育效能提升的路径。一是从整体角度讲：陈伟提出通过把握施教过程中的"精"、"准"、"细"和"严"，不断提升高校思想政治教育效能。[4]李安然提出从由"说教者"向"引路人"转变的教育者、由"被动接收"往"主动学习"转变的学生、由"呆板"往"生动"转变的教学内容、由"单一"向"多样"转变的教学情境等方面提高高校思想政治教育效能。[5]二是从载体角度讲：张媛媛等指出提升职业学校思想政治教育效能，可以通过创新利用"两微"——微信和微视频手段。[6]

（3）关于大学生思想政治教育效能提升的研究

第一，大学生思想政治教育效能提升影响因素。熊蒙认为影响大学生思政教育效能提升的因素主要有网络化和多元化的社会环境与大学生辩证思维缺乏的冲突；载体形式与大学生逆反心理的冲突。[7]吕宝云指出教师的情感因素影响着大学生思想政治教育效能提升。[8]王宏英等认为社会实践影响着思想政治教育效能的提升。[9]苟灵生等认为制度建设与方法创新维度影响着

---

[1] 参见薛艺君：《高校思想政治教育的"管理"载体效能浅析》，载《河南科技学院学报》2013年第11期。

[2] 参见何春霞、王勇：《高职院校学生理论社团思想政治教育效能实现的基本路径——以佛山职业技术学院"理论学宣会"为例》，载《职业时空》2013年第10期。

[3] 参见袁翔、吴敏：《高校思想政治教育"微"生态系统重构——基于实证的政策效能分析》，载《中国青年社会科学》2019年第5期。

[4] 参见陈伟：《基于精细化管理视角的高校思想政治教育效能研究》，载《西南农业大学学报（社会科学版）》2012年第8期。

[5] 参见李安然：《基于说服模型高校思想政治教育效能研究》，载《现代交际》2019年第9期。

[6] 参见张媛媛、孙冠一：《河南省职业学校利用"两微"提升思想政治教育效能研究》，载《法制博览》2019年第36期。

[7] 参见熊蒙：《当代大学生特点与改进思想政治教育效能研究》，载《农家参谋》2017年第10期。

[8] 参见吕宝云：《情感因素在学生思想政治教育中的教育效能浅议》，载《思想政治教育研究》2000年第2期。

[9] 参见王宏英、何丽英：《大学生社会实践的思想政治教育效能探析》，载《西南农业大学学报（社会科学版）》2013年第6期。

效能的提升，提高大学生思想政治教育工作中的效能可以通过树立年级组制度方法典型。[1]第二，大学生思想政治教育效能提升的途径。一是从整体角度讲：胡艳认为通过职业目标教育，使大学生思想政治教育的目标明确化、方法科学化、途径多样化，可以提高思想政治教育效能。[2]二是从载体方面讲：燕鹏飞等认为通过加强学生党支部建设可以提高大学生思想政治教育效能。[3]祁春华指出高职院校应以"微媒体"为抓手提升高职院校学生思想政治教育效能，创新学生思想政治理论呈现的微形式、搭建思想政治理论学习的微载体、建立健全思想政治理论教育的微机制、创建思想政治教育微传播的监控中心及培养师生网络媒介的微素养。[4]

(4) 关于中学思想政治教育效能提升的研究

第一，中学思想政治教育效能的内涵。余博指出中学思想政治教育效能是指能够实现中学思想政治教育目标的程度。[5]第二，中学思想政治效能提升途径。赵佳佳指出通过教育投入与产出相统一，家庭、学校、社会的思想政治教育三者相统一，可以提升中学思想政治教育效能。[6]

(5) 关于学校效能提升的研究

第一，学校效能内涵。一是把学校效能看作一种有效作用：孙绵涛等指出学校效能是促使学校和社会发展的有效作用。[7]二是把学校效能认为是影响目标实现的程度：香港学者郑燕祥在著作中从学校功能的角度认为学校效能是学校发挥功能的程度。[8]三是把学校效能看作一种能力：温恒福认为学校效能就是教育主体不断取得高水平绩效的能力。[9]台湾学者张庆勋在著作

---

[1] 参见荀灵生、霍国元：《年级组在开展大学生思想政治教育工作中的效能研究——制度建设与方法创新维度》，载《延安大学学报（社会科学版）》2015年第3期。

[2] 参见胡艳：《职业目标教育之于思想政治教育效能的研究》，载《科教文汇（下旬刊）》2013年第6期。

[3] 参见燕鹏飞、李田芳：《学生党支部推进大学生思想政治教育工作的效能研究》，载《福建广播电视大学学报》2013年第1期。

[4] 参见祁春华：《以"微媒体"为抓手提升高职院校学生思想政治教育效能》，载《教育现代化》2019年第84期。

[5] 参见余博：《中学思想政治教育效能研究》，华中师范大学2012年硕士学位论文。

[6] 参见赵佳佳：《中学思想政治教育的效能探究》，载《教育导刊》2018年第1期。

[7] 参见孙绵涛、洪哲：《学校效能初探》，载《教育与经济》1994年第3期。

[8] 参见郑燕祥：《学校效能与校本管理：一种发展的机制》，陈国萍译，上海教育出版社2002年版，第11页。

[9] 参见温恒福：《学校效能的基本理论问题探究》，载《教育研究》2007年第2期。

中指出学校效能是学校领导实现学校发展目标的能力。第二，学校效能提升影响因素。首先，学校内外部因素研究。王刚认为学校效能提升需要综合考虑学生家庭与社会背景、学生和教师个体能力、班级和学校背景等多个因素的情况。[1]其次，实证角度研究影响因素。汤林春通过主因子分析法提取出影响学校效能提升的因素。[2]第三，学校效能提升的意义与特征。邢飞越等认为学校效能提升能更好地促进学校教育目标的实现、不断促进学校改进、更好地服务社会、更好地促进教育公平发展。[3]汤林春认为学校效能提升具有层次性与多元性。[4]温恒福认为学校效能提升具有根本性、合目的性、全面性、整体性、经济性、主体性、潜在性和持久性八个特征。[5]第四，学校效能提升的策略。温恒福认为从把握正确的方向、创新内容、提高效率、改变方法等几个方面提升学校效能。[6]郑燕祥在著作中提出校本管理发展机制，从而有效提高学校效能。[7]

（6）关于教育效能提升的研究

教育效能的研究始于对学校效能的研究。我国研究教育效能的学者主要有孙绵涛、孙河川、温恒福等。

第一，关于教育效能内涵。一是从强调教育主体能力角度讲。温恒福等指出教育效能是教育主体全面有效实现教育目的的能量与能力。[8]二是从教育系统整体来讲，强调呈现有效特性和积极作用。孙河川指出教育效能是学生、课堂、学校、宏观层面的整体有效作用。[9]喻聪舟认为教育效能是从教育系统这个整体出发，教育系统整体实现定位目标的正向积极作用。[10]李莎认为

---

[1] 参见王刚：《学校效能研究批判及启示》，载《外国教育研究》2010年第5期。
[2] 参见汤林春：《学校效能的学校因素研究》，载《上海教育科研》2006年第8期。
[3] 参见邢飞越、蓝欣：《学校效能：职业学校评价的新视角》，载《职业教育研究》2016年第2期。
[4] 参见汤林春：《学校效能研究略论》，载《中小学管理》2004年第2期。
[5] 参见温恒福：《学校效能的基本理论问题探究》，载《教育研究》2007年第2期。
[6] 参见温恒福：《学校效能的基本理论问题探究》，载《教育研究》2007年第2期。
[7] 参见郑燕祥：《学校效能与校本管理：一种发展的机制》，陈国萍译，上海教育出版社2002年版，第105页。
[8] 参见温恒福、温宏宇：《教育效能的本质、特征与改进方法论》，载《教育学报》2020年第2期。
[9] 参见孙河川：《我国教育效能研究现状、问题与发展趋势》，载《沈阳师范大学学报（社会科学版）》2011年第5期。
[10] 参见喻聪舟：《新时代中国特色社会主义背景下教育效能改进的再审思》，载《教育导刊》2018年第8期。

教育效能是使教育系统得到相应发展的特性、有效作用及其状态。[1]第二，关于教育效能提升特征与影响因素。李莎提出教育效能提升具有可感、可视和可测的特征。[2]薛心华指出教育效能提升的因素有管理因素、环境因素、学生的个人因素、教师的能力。[3]第三，关于教育效能提升方法。孙绵涛等提出要用系统的观点来提高教育效能。[4]郑燕祥在著作中指出只有对教育理念进行根本性、系统性的范式转变，才能提升教育效能。[5]喻聪舟认为提升教育效能要以提升教育质量为主要目标、以科学方法为改进教育效能的主要方式、注重结果与过程。[6]

（7）关于思想政治教育有效性提升的研究

第一，关于思想政治教育有效性的内涵。沈壮海对于这一含义的诠释受到广泛认可，他在著作中指出思想政治教育有效性是思想政治教育活动满足人们所表现出的积极特性。[7]第二，关于思想政治教育有效性缺失的表现及成因。代浩云认为教育者对实践教学的重视度不足，教育教学形式欠缺是其原因。[8]林良盛认为思想政治教育内容、形式和方法的欠合理性是影响有效性的原因。[9]第三，增强思想政治教育有效性的对策。沈壮海在著作中认为提高思想政治教育有效性要增强教育者的主体性作用。[10]代浩云认为改革和创新教育教学方法、加强师生之间的沟通、拓宽教育的途径和传播载体、构建良好的教育环境、建设高素质的师资队伍是提高有效性的措施。[11]荆德亭

---

[1] 参见李莎：《教育效能：教师教育的必修课》，载《教育研究与实验》2018年第6期。

[2] 参见李莎：《教育效能：教师教育的必修课》，载《教育研究与实验》2018年第6期。

[3] 参见薛心华：《高校教育效能增值性评价研究》，哈尔滨师范大学2012年硕士学位论文。

[4] 参见孙绵涛、谢延龙：《要重视教育效能研究》，载《教育前沿》2006年第6期。

[5] 参见郑燕祥：《教育范式转变：效能保证》，上海教育出版社2006年版，第1页。

[6] 参见喻聪舟：《新时代中国特色社会主义背景下教育效能改进的再审思》，载《教育导刊》2018年第8期。

[7] 参见沈壮海：《思想政治教育有效性研究》，武汉大学出版社2016年版，第2页。

[8] 参见代浩云：《思想政治教育有效性弱化原因及对策分析》，载《中学政治教学参考》2013年第9期。

[9] 参见林良盛：《实践观视阈下思想政治教育有效性研究》，载《广西社会科学》2016年第10期。

[10] 参见沈壮海：《思想政治教育有效性研究》，武汉大学出版社2016年版，第62页。

[11] 参见代浩云：《思想政治教育有效性弱化原因及对策分析》，载《中学政治教学参考》2013年第9期。

认为提高思想政治教育有效性要在教育内容上用生动的图像代替抽象的描述。[1]

(8) 关于思想政治教育效益提升的研究

第一，思想政治教育效益的内涵。任重威认为思想政治教育效益是实施主体对时间、精力、内容、方式、资源等要素投入与是否符合社会所期望实现的效果产出之间的比例。[2]第二，思想政治教育效益的影响因素。李俊奎等在著作中认为教育主体、教育介体（目的、内容、方法、载体、话语等）等是其影响因素。[3]第三，提高思想政治教育效益的措施。黄莹芝等提出运用精准思维提高思想政治教育效益。[4]李俊奎等在著作中认为从教育者、介体、客体、环境等方面入手有利于提高思想政治教育效益。[5]

(9) 关于治理效能提升的研究

第一，治理效能的内涵。杜玉华指出治理效能是指治理目标的实现程度。[6]第二，治理效能提升的影响因素。张明军等认为治理内容有效性是治理效能提升的首要因素、制度执行力是实现治理效能提升的主要条件、制度优势与治理效能通过特定的中介因素和环境而互动。[7]第三，提升治理效能的措施。侯衍社等指出系统治理是提高治理效能的基础和关键、依法治理是提高治理效能的内在要求、综合治理是提高治理效能的客观要求、源头治理是提高治理效能的重要理念和方法。[8]张志泉等认为坚定制度自信，提升制度认同度；全面依法治国，提高制度执行力；立足基本国情，实现内源式发展

---

[1] 参见荆德亭：《视觉文化对思想政治教育有效性的消解及对策》，载《思想教育研究》2016年第11期。

[2] 参见任重威：《对高校思想政治教育效益评价的思考》，载《学校党建与思想教育》2019年第10期。

[3] 参见李俊奎等：《思想政治教育效益论》，中国社会科学出版社2012年版，第64页。

[4] 参见黄莹芝、李春波：《运用精准思维提高思想政治教育效益》，载《政工学刊》2017年第10期。

[5] 参见李俊奎等：《思想政治教育效益论》，中国社会科学出版社2012年版，第132-178页。

[6] 参见杜玉华：《从〈法兰西内战〉看马克思的国家治理思想及其当代价值》，载《马克思主义研究》2020年第5期。

[7] 参见张明军、杨帆：《把中国特色社会主义制度优势转化为治理效能的实现逻辑》，载《思想理论教育》2020年第7期。

[8] 参见侯衍社、刘大正：《把制度优势转化为治理效能的重要保证》，载《红旗文稿》2019年第24期。

是促进制度优势转化为治理效能的路径。[1]曹正汉提出"上下分治"的格局以共同作用产生治理效能。[2]虞崇胜认为狠抓治理环节,提高"四个治理"的有效性有利于把制度优势转化为治理效能。[3]第四,把制度优势转化为治理效能的意义。赵建波认为把制度优势转化为国家治理效能有助于为实现民族复兴提供制度保证。[4]

4. 关于思想政治教育效能提升的特点及影响因素研究

张如意指出思想政治教育效能具有实践性、阶级性、社会性的特点。[5]张治库等指出教育主体影响着思想政治教育效能的产生。[6]杨巧等指出标语口号是提升中国共产党思想政治教育效能的影响因素之一,它极具纲领性与鼓动性。[7]

5. 关于思想政治教育效能提升路径的研究

第一,从方法论角度:罗光晔认为提升思想政治教育效能,要一切从实际出发,主观符合客观;用必然性与偶然性的观点推进思想政治教育工作。[8]

第二,从整体角度:于海波等认为要紧跟时代发展脉搏,不断创新思想政治教育的内容、方法,要立足社会现实环境,更新教育者的观念和能力素质,从而提升思想政治教育效能。[9]张曰龙等认为提升思想政治教育的效能,须有问题意识,加强顶层设计,把握教育过程,循序渐进施教。[10]

---

[1] 参见张志泉、王宇翔:《国家治理现代化的制度优势和效能转化》,载《山东社会科学》2020年第6期。

[2] 参见曹正汉:《中国上下分治的治理体制及其稳定机制》,载《社会学研究》2011年第1期。

[3] 参见虞崇胜:《将制度优势转化为治理效能——国家治理现代化的关键环节》,载《理论探讨》2020年第1期。

[4] 参见赵建波:《论我国制度优势转化为国家治理效能的机制构建》,载《思想理论教育》2020年第11期。

[5] 参见张如意:《思想政治教育"效"研究》,西南大学2018年硕士学位论文。

[6] 参见张治库等:《思想政治教育有效性的实现》,载《教育探索》2004年第6期。

[7] 参见杨巧、金燕:《小形式与大效能:革命战争时期中国共产党标语口号的思想政治教育功能研究》,载《甘肃理论学刊》2014年第1期。

[8] 参见罗光晔:《关于思想政治教育效能的哲学审视》,载《漯河职业技术学院学报》2014年第6期。

[9] 参见于海波、陶斌义:《增强思想政治教育效能的基本途径》,载《军队政工理论研究》2009年第1期。

[10] 参见张曰龙、吴桂芳:《坚持问题导向,努力增强思想政治教育的效能》,载《思想政治课研究》2015年第3期。

第三，从时代背景下：张译木指出发挥主体性作用、丰富生活实践、强化机制有助于提升思想政治教育效能。[1]邓海龙等认为从教育者、方式方法等方面入手有助于提升思想政治教育效能。[2]

总之，关于思想政治教育效能提升及其相关课题的研究，在国内已经取得了较好的成绩，这对于本论题的进一步深入研究奠定了重要的理论基础，起到了重要的启发作用。

（二）国外研究综述

"思想政治教育"是一个具有中国特色的概念。国外很难找到"思想政治教育"这一概念。中国的"思想政治教育"与国外的公民教育、政治教育尽管在本质上不同，但都是使其社会成员遵循一定行为准则的思想品德教育，在某种意义上二者更像是一项"异质同构"的思想教育活动。系统分析国外学界有关效能方面的观点论述，能为正确把握"思想政治教育效能提升"提供新颖具体的分析视角与资料参考。当前，国外的学者围绕效能问题进行的探讨，体现如下：

1. 关于"效能"概念的研究

国外学者通过对"效能"和"效率"进行区分以解释"效能"的概念。主要表现如下：罗宾斯等在著作中指出，效能是目标的达成，而效率是为达成目标的投入与实际产出之比值。[3]通过以上国外学者的分析可知，关于"效能"的理解，核心在于认为"效能"强调达成目标的程度。

2. 关于效能提升影响因素的研究

塞尔兹尼克认为，有效能的领导者能够超越现有技术要求，有良好演绎企业角色及性格的能力，具备认识思想行为模式，为组织渗入价值取向，即满足人们追求意义的需求。[4]

---

[1] 参见张译木：《乡村振兴战略下农民思想政治教育效能提升研究》，吉林大学2020年博士学位论文。

[2] 参见邓海龙、徐国亮：《国家治理现代化视域下思想政治教育效能的理论意涵与提升路径》，载《思想教育研究》2020年第4期。

[3] 参见［美］斯蒂芬·P·罗宾斯、蒂莫西·A·贾奇：《组织行为学》，孙健敏等译，中国人民大学出版社2016年版，第257页。

[4] See Philip Selznick, *Leadership in administration: A Sociological Interpretation*. Harper & Row, 1957, pp. 49-150.

3. 关于学校效能、教育效能提升的研究

目前国外多围绕"学校效能""教育效能"等进行研究，研究比较成熟，体现如下：

(1) 关于学校效能提升的研究

国外学校效能研究缘起于 1966 年美国的《科尔曼报告》，此后虽有一些研究证实了《科尔曼报告》的结论，但随着美国的埃德蒙兹、布鲁克欧沃、莱佐特和英国的如特的研究深入，学校有"效能"成为人们研究的热点。

第一，通过强调目标理解。如：韦伯认为，组织（学校）效能指组织目标的达成。第二，通过因素列举理解。利文和莱佐特提出学校效能包含学生重要学习技巧的获得、有效教学的安排、高度的期望与要求等八个因素。[1] 第三，对学校效能进行结构的系统理解。如：希润斯和博斯科将学校效能划分为成效领域和成因或手段领域。[2] 霍利和米斯科尔提出学校效能的领域包括组织适应领域、目标达成领域，强调各个领域之间是一个整体。

(2) 关于教育效能提升的研究

国外"教育效能"研究起源于"学校效能"研究。第一，关于教育效能研究发展史中的"有效学校阶段"开端研究。美国学者埃德蒙兹和他的课题组鉴别出了对学校效能具有积极影响的校长领导、教师高期望、技能培养、学校氛围、经常性评估的广为流传的"美国五因素"[3]，对教育效能研究具有标志性影响。第二，关于教育效能的进一步研究。加拿大学者弗兰出版《教育变革的新内涵》一书，全面阐述了关于教育效能的有关观点[4]。澳大利亚的卡德威尔出版了《自我管理学校》、《领导自我管理学校》和《超越自我管理学校》三本著作[5]。

从上述论述可以看出国外学者主要围绕学校效能、教育效能提升进行研究，这也为我们研究思想政治教育效能提升提供借鉴和可研究的空间。就整

---

[1] 参见俞继凤:《西方国家学校效能研究的反思及其未来发展》，载《外国教育研究》2005 年第 6 期。

[2] Sheerens, J., & Bosker, R., The Foundation of Educational Effectiveness. Pergamon, 1997, pp. 12-22.

[3] 参见冯大鸣:《美、英、澳教育管理前沿图景》，教育科学出版社 2004 年版，第 209-210 页。

[4] Fullan, M., *The New Meaning of Educational Change*, Casell, 1991, p. 1.

[5] See Caldwell, B. J., Spinks, J., *Leading the Self managing School*, Former Press, 1992, p. 1.

体上看，国外关于道德教育、学校教育产生效能的探讨，已不再过分关注道德教育、学校教育的实际效能问题，而是开始更多地进入道德教育、学校教育如何才能提升其效能的论域。但是，国外学者尽管围绕教育效能进行研究，其出发点还是以学校效能为重心，没有对教育效能进行系统的探讨。因此，我们需注意在研究"思想政治教育效能提升"时，找准范围和领域，从宏观上研究思想政治教育效能提升，探索如何提升思想政治教育效能。国外的探讨，对于我们当前的思想政治教育效能提升研究，是一笔弥足珍贵的资料，能够给予我们借鉴与启发。

(三) 研究现状述评

从以上学术界对于思想政治教育效能提升这一课题的研究情况来看，学术界对于教育学专业学校效能、教育效能相关内容的关注度非常高，相关著作和论文等成果产出量也很大；学术界对于思想政治教育有效性、思想政治教育效益研究比较热衷，相关著作和论文等成果非常多；学术界对于德育效能、高校思想政治教育效能等从不同方面进行探索，取得了一些进展。学者们关于这一主题相关方面开展的研究为把效能引入思想政治教育提供了基础。但以往的研究成果还需要进一步深化，这也正是把效能引入思想政治教育的目的所在。

第一，关于思想政治教育效能提升问题，目前鲜有专著或者文章来进行研究，相关研究中有些并非专门地探讨思想政治教育效能提升，仅仅是略有论及，或者说是一种对效能的潜在的关注和追求。

第二，学术界很多研究成果将思想政治教育效能简单与思想政治教育效果画等号，这显然忽视了思想政治教育效能别具一格的内涵。

第三，大多通过列举因素、讨论如何提高等来理解"思想政治教育效能"，但不对"思想政治教育效能"的概念进行界定与分析，直接把思想政治教育效能作为一个约定俗成的概念。这样难以把握思想政治教育效能内涵，缺乏学科理论应有的系统性、全面性和规范性，有待进一步探讨。

第四，大多数是关于高校思想政治教育效能、大学生思想政治教育效能、国家治理体系和治理能力现代化视域下思想政治教育效能的研究，而不是从党的社会主义意识形态角度，从思想政治教育的宏观上、整体上进行研究，更缺乏围绕"思想政治教育效能提升"的研究。

第五，关于思想政治教育效能提升的具体性论述不是很多。绝大部分涉及效能的研究，都仅在文章结尾对提高思想政治教育效能进行蜻蜓点水式的论述，没有真正对思想政治教育效能提升从清晰的定义到明确的内涵、理论支撑、特点、影响因素、路径等方面进行研究。

第六，对思想政治教育效能提升的基本理论、理论资源、因素考量、基本遵循、现实诉求与具体路径等方面的系统研究不够完善。目前的成果中侧重思想政治教育效能提升某一方面或其中几个方面的研究较多，比如大学思想政治教育管理效能的解读、高校思想政治教育效能提升的重要意义、方法等。这说明对思想政治教育效能提升的全局性、系统性、整体性研究还有待完善，这给本书留下了很大的研究空间。

三、本书研究方法

本书研究主要以马克思主义理论为指导，综合利用马克思主义哲学、思想政治教育学、近代西方经济学、管理学、教育学、社会学、物理学等多学科对思想政治教育效能提升进行理论探讨，采取文献研究、理论与实际相结合、系统研究、历史与逻辑相统一研究、多学科综合研究等研究方法，对思想政治教育效能提升进行系统研究。具体研究方法主要为：

（一）文献研究方法

首先，进行文本研究。原原本本地学好、学透马克思主义经典著作和中国共产党核心领导人有关讲话中关于思想政治教育效能提升的思想，阅读梳理中国古代教化效能提升观点、西方教育效能提升观点，认真进行研读，深刻领会深层要义。

其次，对国内外相关文献进行比较全面的搜集整理与甄别梳理。然后，对这些丰富详实的文献资料进行分析、归纳和概括，以期获得前瞻性、权威性和创新性的观点。

（二）理论与实际相结合的研究方法

正确实践是需要科学理论指导的，因此，应首先加强思想政治教育效能提升的基础理论研究，在研究其基本理论概述、理论资源、因素考量、基本遵循等基础理论过程中，分析其现实诉求，并对其具体路径进行探索。思想政治教育效能提升基础理论研究是为实践服务的，主要体现在以下几个方面：第一，对思想政治教育效能提升理论进行研究与分析，能够为现实实践运行过程中遇到的问题进行解释，为实践给予一定的理论指导；第二，对思想政治教育效能提升理论进行研究与分析，可以消解人们关于效能不用提升的固有观念，使人们具备效能提升的理念，助推效能提升；第三，提升思想政治教育效能面临着风险与挑战，也存在着一定的问题与不足之处，面对这一现实诉求，本选题研究可以提供一定的路径建议。

（三）系统研究方法

思想政治教育效能提升是一项复杂的系统工程，涉及诸多环节和要素，必须对其做出顶层设计，具有系统思维和整体观念，才能形成比较系统的研究成果。运用系统研究法，是要将思想政治教育效能提升视为一个大系统，将系统论所蕴含的整体性、层次性、动态性、非线性、不均衡等基本原理与思维方式贯穿研究的全过程和各方面，从系统内部各部分相互影响与相互作用关系考虑，探讨其中的影响因素，进一步理清其中存在的问题并进行原因分析，进而对其有更加深入的认识和了解。

（四）逻辑与历史相一致的研究方法

思想政治教育效能提升研究，必须搞清楚当前思想政治教育效能提升面临的风险挑战，理清当前思想政治教育效能提升存在哪些问题、需要解决哪些困境，然后对其原因进行逻辑分析，提出思想政治教育效能提升的实践对策等。

（五）多学科综合研究方法

本选题将以马克思主义哲学、思想政治教育学、近代西方经济学、管理学、教育学等学科理论为依托，通过多学科综合研究，夯实思想政治教育效能提升的基础理论，也为其积累理论资源、拓展理论知识。借鉴这些学科专业领域的思想内涵和研究范式，有助于全面审视和分析研究过程中的理论问题。

四、本书研究结构与可能的创新点

（一）逻辑结构

本书从效能的视角切入，把思想政治教育效能提升作为相对独立的研究对象，通过一系列文献资料的系统梳理与整合，围绕当前思想政治教育效能提升的相关问题而展开，科学阐释其提升逻辑与推进策略，拟将从以下六个方面展开本书研究，主要内容有：

第一章：对基本理论进行研究。对思想政治教育效能的基本理论进行研究，有助于全面把握研究对象的实质所在，为系统地进行思想政治教育效能提升研究提供很好的起点。

第二章：主要研究思想政治教育效能提升的理论资源。思想政治教育效能提升并非无源之水、无本之木，而是有一个继承发展的过程。本选题通过追溯历史经典，通过研究思想政治教育效能提升的理论资源，为其提供理论借鉴与支撑。

第三章：思想政治教育作为一项社会实践活动，通过分析思想政治教育效能提升的内在机理，理清影响因素，并对影响因素进行排兵布阵、结构布局，从而使各个因素相互配合，形成合力，发挥作用，为我们推进实施具体路径奠定基础。

第四章：主要研究思想政治教育效能提升的基本遵循，为推进思想政治教育效能提升指引航向，即以思想政治教育效能提升的原则为遵循的准则、以思想政治教育效能提升的目标为遵循的方向、以思想政治教育效能提升的评价标准为衡量依据。

第五章：通过思想政治教育效能提升的现实诉求分析，弄清进一步推进思想政治教育效能提升的着力点。主要通过探究思想政治教育效能提升取得的成效和面临的挑战、目前存在的问题及其原因，进行现实诉求分析。

第六章：理论层面的阐释亟待现实层面的推进，为切实提升思想政治教育效能，需提出进一步推进思想政治教育效能提升的一些具体举措和现实策略，力求对实际工作提供一定参考价值和推动作用。

（二）可能的创新点

基于本书研究主题与研究综述，本书的创新点主要体现在研究视角创新、研究思路创新和研究内容创新三个方面：

第一，研究视角创新。进一步完善思想政治工作体系的效能提升研究，是对其基础理论问题的深入探讨，是对其本质和根本任务的强调和强化，它涉及思想政治教育者、受教育者、内容、方法等各个要素的积极作用的有效发挥，有助于以新的思维审视其运行与发展。本研究把思想政治教育效能提升作为相对独立的研究对象，坚持问题导向，选择了当前思想政治教育急需解决的理论问题与效果不明显而急需解决的现实问题为背景，探讨思想政治教育效能提升，学术性、现实性高度统一，研究视角较为独特。

第二，研究思路创新。本书由点到面，整体上研究思想政治教育效能提升的基础理论、基本原理，主要包括基本理论概述、理论资源、因素考量、基本遵循。在思想政治教育效能提升的基本原理基础上，探讨其现实诉求，并对其具体的实施路径进一步探索。

第三，研究内容创新。一是关于思想政治教育效能的基本理论。在学界现有基础上进一步探析思想政治教育效能的内涵，把握其本质，论述其提升的价值。二是突破单纯从实践维度研究的局限，凝练和论证思想政治教育效能提升的基本原理，在理论资源、内在机理与影响因素、影响因素的结构布局等方面提出新的思考。三是根据时代背景变化，进行思想政治教育效能提升的理论创新，在基本原则、评价标准等问题上提出新的思考。

CHAPTER 1 第一章
思想政治教育效能的基本理论概述

恩格斯指出:"必须先研究事物,尔后才能研究过程。必须先知道一个事物是什么,尔后才能觉察这个事物中所发生的变化。"[1]因此,研究思想政治教育效能提升首先需要对思想政治教育效能进行概念界定、内涵分析、本质与提升的价值探讨,理清思想政治教育效能提升这一研究对象的逻辑起点。

第一节 思想政治教育效能的内涵

当前学术界对效能的研究方兴未艾,但是,对于什么是效能,什么是思想政治教育效能,却很少有人进行深入阐释。关于思想政治教育效能的概念,目前尚无定论,有的仅从经济学角度讨论,产生了思想政治教育效能是从投入与产出角度论述,为了追求效率、为了产出更好的效益的观念,这种观点影响了思想政治教育的科学发展与效能进一步提升。目前,尽管思想政治教育取得了显著成效,然而面对国内外环境变化带来的新挑战、新要求,还存在诸多有待改善的薄弱环节,思想政治教育效能有待提升。因此,针对上述等问题,有必要进一步厘清思想政治教育效能的概念、内涵与要素结构。

一、效能相关概念辨析

效能在思想政治教育效能的概念中居于核心位置,是其前提与基础。理

---

[1] 中共中央马克思恩格斯列宁斯大林著作编译局编译:《马克思恩格斯选集》(第四卷),人民出版社2012年版,第251页。

清思想政治教育效能的概念与内涵,有必要先对效能的概念进行分析,并对效能与效率、效益、有效性等进行辨析,从而得出效能的合理概念与科学内涵。

（一）效能的概念

从词源上看,效能是"效"与"能"的合成词,这两个词在中国古代很早就有了。"效"是一个会意兼形声的字。甲骨文写作"🅰",左边是一个直立的人,右边是一只手正在拿着东西扑打左边的人。其中右边"攴"（pū）字,本义为"扑打","攴,小击也","效,象也,从攴交声"（汉·许慎:《说文解字·攴部》）。这就像是老师在用棍子惩罚学生一样。所以,"效"有动词性解释：学习、模仿、效法、在打斗中射击拼杀等；后来又引申为效法、模仿后的结果即"效果",也就是名词性解释。"能"是一个象形字,象熊形。初始为能,后才造熊字。金文写作"🅱",左边的上方是耳朵和头,左边下方是一个大大的嘴巴,右边是粗壮的爪子,还有短小的尾巴。"能"的本义就是"熊",《国语·晋语八》中提到："梦黄能入寝门。"意思是梦到了一只黄熊进了卧室的门。《说文解字·能部》进一步指出："能兽坚中,故称贤能,而强壮称能杰也。"也就是说"能"（熊）是野兽中的中坚、强者,所以称呼贤人为"能",称呼那些强壮的人为"能杰"。由此又可以得出,能,有才能、能力的意思。

关于效能一词,《新编现代汉语大词典》中的解释是："[效能]（名）①事物所蕴藏的有利的作用。②机械、设备等所具有的功用。"[1]《新华字典》中"效能"指"功效；功能。"[2]《现代汉语词典（第7版）》中"效能"被定义为"事物所蕴含的有利作用"。[3]在英语里,效能一词在《汉字英释大辞典》中表述为"potency; efficacy; usefulness; effect; efficiency"[4]。对我们理解效能的内涵有一定借鉴意义。potency、efficacy、usefulness、effect、efficiency这五个词虽然都有效能的涵义,但使用的角度有所不同。《语言大典》中对这些词的用法解释为"效能①[efficiency]：进行有效的事务的能力、特

---

[1] 雅图辞书编委会编著:《新编现代汉语大词典》,吉林出版集团有限责任公司2012年版,第1277页。

[2] 商务印书馆辞书研究中心修订:《新华词典》,商务印书馆2013年版,第1113页。

[3] 中国社会科学院语言研究所词典编辑室编:《现代汉语词典》,商务印书馆2021年版,第1447页。

[4] 吴光华:《汉字英释大辞典》,上海交通大学出版社2002年版,第1811页。

性或方式②［potency］：得到结果的力量〈由于曝光，材料已失去了它的效能〉。"另外《语言大典》中对 efficacy 的解释是：产生效果的能力，侧重从效力角度讲；usefulness 的解释是：产生的有用性，侧重从效用角度讲；effect 的解释是：原因引起的结果，侧重讲效果、效应。[1]此外，在组织行为学或管理学中，"effectiveness"又被译作"效能"，其在《朗文现代英汉双解词典》解释为"the ability or power to have a noticeable or desired effect"，[2]指能产生明显的效果的能力或力量。那么，目前有争议的就是"效能"的英文到底是"effectiveness"还是"efficiency"。在《牛津现代高级英汉双解词典》中，"effectiveness"解释为"able to bring about the result intended"，有"产生效果"的意思；"efficiency"的解释是"state or quality of being efficient"（效率/效能的状态或质量），有"有能力，能胜任，效力，效能，效率"的意思。[3]经过综合考量，"efficiency"更加符合效能一词的蕴涵。"effectiveness"更强调从结果、效果、有效等角度入手，而"efficiency"既强调人的能力，也强调最后的效果。[4]从思想政治教育的要义在于"育人""化人"的这层意思上看，效能既强调主体的能力，也强调最后的效果。

随着效能一词的广泛使用，不少学者从不同学科对效能的概念进行了深刻分析。比如，有学者从经济学角度认为，提高项目资金使用效能就在于"推动在建基础设施项目早见成效，提高债券资金使用效益；"[5]有学者从行政管理学角度认为，行政效能是效益、效果的综合体现；[6]有学者从教育学角度认为，学校效能是学校实现教育目标的能力；[7]有学者从管理学角度认为，效能是指"做正确的事"，[8]"正确地做事"即在"快"和"多"、效率高的基础上，实现"好"和"对"、效能高、效果好、最大限度地实现目

---

［1］ 王同亿：《语言大典》，三环出版社 1990 年版，第 3806 页。

［2］ 本书编辑组：《朗文现代英汉双解词典》，现代出版社 1988 年版，第 449 页。

［3］ 《牛津现代高级英汉双解词典》，商务印书馆、牛津大学出版社 1988 年版，第 374 页。

［4］ 参见杨小微、金哲：《效能：学校现代化评价的工具理性标准》，载《苏州大学学报（教育科学版）》2020 年第 3 期。

［5］ 王百荣：《充分发挥地方债服务实体经济效能》，载《中国金融》2021 年第 8 期。

［6］ 参见马春庆：《为何用"行政效能"取代"行政效率"——兼论行政效能建设的内容和意义》，载《中国行政管理》2003 年第 4 期。

［7］ 参见孙绵涛、洪哲：《学校效能初探》，载《教育与经济》1994 年第 3 期。

［8］ ［美］彼得·德鲁克：《卓有成效的管理者》，许是祥译，机械工业出版社 2009 年版，第 17 页。

标;[1]有学者从制度和社会治理层面认为,社会治理效能就是社会治理产生的积极作用;[2]等等。

通过对效能概念的查考分析和观点梳理,关于效能基本含义的理解大致有以下几种观点:一是"作用与效果论"理解。有学者指出效能是指某一事物在实践中所产生的实际效果;[3]效能具有效力、效率和功效的意思。[4]那么,效能就是实践动态过程中所产生的有利作用或实现效果,是成效的彰显和效果的取得。二是"能力论"理解。有学者提出效能是不断提高工作人员的工作能力。[5]那么,效能就是表示实践主体具有的工作能力。三是"程度论"理解。有学者指出国家治理效能体现着治理目标的实现程度。[6]因而,效能又指目标实现的程度。

总之,效能一词基本上是一个与能力、作用和程度相关的概念,其内涵包括效率、效果、效益、能力等意思。效能具有"效"(效率、效益、效果等)和"能"(能力、力量、功能等)两个方面的含义。效能既注重结果的"效",更注重过程中的"能",是对能力的更加强调,把效率、效果、效益、能力四者融于一体,是效率、效益、效果、能力的综合体现。简言之,效能就是某一事物所含功效的发挥程度与实现能力。效能既是一种动态过程,又是一种静态结果,是过程与结果的统一、功效与价值的统一、定量与定性的统一、内隐与外显的统一。效率、效益、效果、能力是判断效能的重要指标。

(二)效能与效率、效益、有效性等相关概念辨析

一些词语在平时使用中和效能似乎有着相似的含义而且往往被混合使用,

---

[1] 参见[美]埃克·拉塞尔:《麦肯锡卓越工作方法》,金雨译,机械工业出版社2004年版,第213页。

[2] 参见姜晓萍、阿海曲洛:《社会治理体系的要素构成与治理效能转化》,载《理论探讨》2020年第3期。

[3] 参见丁梅君、徐建军:《论网络思想政治教育话语权效能的提升》,载《中南大学学报(社会科学版)》2019年第5期。

[4] 参见李育全、鲁黎黎:《高校网络舆论在学生思想政治教育中的效能及其实现》,载《思想政治教育研究》2010年第3期。

[5] 参见教育部社会科学研究与思想政治工作司组编:《网络唱响主旋律——高等学校思想政治教育进网络工作经验汇编》,高等教育出版社2002年版,第78页。

[6] 参见杜玉华:《从〈法兰西内战〉看马克思的国家治理思想及其当代价值》,载《马克思主义研究》2020年第5期。

事实上，它们之间各自有各自的用法，盲目地混合使用会造成一些观点的模糊甚至偏差。尤其是在思想政治教育领域，不合适的词语使用会造成观点模糊或者偏离正确的方向。因此，有必要对这些词语进行准确的定义和区分。下面对容易和效能混淆使用的词语进行区分。

1. 效能与效率区分

根据《辞海》中的解释，效率是名词，"泛指日常工作中所消耗的劳动量与所获得的劳动效果的比率"，[1]是"①机械、电器等工作时，有用功在总功中所占的百分比。②单位时间内完成的工作量"。[2]从相同的词性上来看，效能作名词时，是指某一事物所含功效的发挥程度与实现能力。虽然二者都有利于效果的实现，但是效能与效率有本质区别。效率侧重讲在短时间内合理利用资源，有定量的意思，是一种劳动过程中的状态，考虑的是具体工作中投入与产出、输入与输出之间的比率，但没有体现出这种活动对于活动主体的价值满足程度，不包含任何价值判断，对价值、后果和目标的重视程度没那么强烈。效能侧重讲组织在一段时间内能够发挥实现目标的作用，既有定量也有定性的意思，既要求有效率又关注价值与效果，既是一种活动过程中的状态也包括活动的开始和结果，考虑的是最后的整体效果，是动态的，看重过程和最终目标效果的达成，不但表述出了工作完成的程度，也体现了活动主体对于活动过程或活动成果的满足程度，即体现出了活动主体的价值目标实现程度。

2. 效能与效益区分

效益作为名词，《现代汉语词典》中指"效果和利益"，[3]《辞海》中指"主体实践活动带来的有益结果"。[4]效益是对活动结果进行描述，指的是活动结果已经产生的积极效用和收益，侧重与当初活动目标相一致的、活动最后的结果，但不包括活动的全部过程。效能不仅指向事物或活动已经产出的有利结果，而且还指尚未完全展现的有利功能与作用，不仅注重结果，更侧

---

[1]《辞海》（缩印本），上海辞书出版社1980年版，第1468页。
[2] 中国社会科学院语言研究所词典编辑室编：《现代汉语词典》，商务印书馆2016年版，第1447页。
[3] 中国社会科学院语言研究所词典编辑室编：《现代汉语词典》，商务印书馆2016年版，第1447页。
[4] 参见《辞海》（缩印本），上海辞书出版社1980年版，第1468页。

重活动的开始、过程和结果每个环节的有效程度。

3. 效能与有效性区分

关于有效性，沈壮海有着较为系统和全面的研究，他认为有效性指特定实践活动及其结果对相应主体需要的满足。[1]有效性侧重的是教育对象的正面反馈或活动手段对活动目的实现效用问题，强调事中和事后。效能侧重的是达成目标的程度，主体在这里是为实现目标服务的，强调主体及其开展的活动对于目的实现所具有的积极作用、能力，强调事前、事中、事后都具有的有利作用。

二、思想政治教育效能的内涵分析

对思想政治教育效能进行内涵分析，首先需要对思想政治教育效能进行科学的概念界定，然后从思想政治教育效能的本质、内容、结果、指向、状态来进行阐述，从而有效分析思想政治教育效能的内涵。

（一）思想政治教育效能概念的界定

思想政治教育作为一项专门的人类实践活动，是在人类发展到一定历史阶段时随着阶级和国家的出现而出现的。[2]所谓思想政治教育，"是指一定的阶级、政党、社会群体遵循人们思想品德形成发展规律……使他们形成符合一定社会、一定阶级所需要的思想道德的社会实践活动。"[3]不同国家虽然对思想政治教育这一概念称谓不一，比如：思想教育、道德教育、政治教育等，但都属于符合统治阶级利益的政治实践活动的范畴。因此，厘清思想政治教育效能的基本概念，需要引入思想政治教育这一传统概念，不断展开理论分析和实践探索，进而深刻总结思想政治教育效能的概念。

在社会生产实践活动中，人们产生了思想凝聚和精神激励的需求，而思想政治教育是满足这一需求的，思想政治教育效能存在于这一人类实践活动的始终。思想政治教育的初期对效率的追求是其主要目标，随着人类社会的发展进步，这一片面追求显得不合时宜。在过去很长一个历史阶段，为了稳

---

[1] 参见沈壮海：《思想政治教育有效性研究》，武汉大学出版社2016年版，第14页。

[2] 参见石书臣：《思想政治教育概念的学科梳理和探讨》，载《思想教育研究》2008年第8期。

[3] 张耀灿等：《现代思想政治教育学》，人民出版社2006年版，第50页。

固统治阶级政权，有时候过于强调速度，看重眼前利益，忽视了方式方法的重要性，忽视了受教育者的接受度、身心发展程度以及达成目标的持久度，思想政治教育无法有效发挥应有的作用，滞后于社会经济高质量发展的需求。随着对思想政治教育更好地促进社会进步和人的发展需求的注重，避免自身向"内卷化"发展，人们开始"反思"教育效果，"反思"教育过程中的理念与方法，其根本原因在于思想政治教育效能没有得到完全展现且效能不高。因此，近年来，学界已经开始了有益探讨，但还难以完整体现思想政治教育效能理论体系所包含的内容。

通过对效能概念的查考分析，结合对思想政治教育效能一些相关概念的梳理，效能既是一种动态过程，又是一种静态结果。在思想政治教育这种特殊的社会实践活动中，我们既应当站在社会有序运行及其发展的角度去审视思想政治教育本身的运行，也应当关注思想政治教育活动所达成的结果状态。那么根据前文我们对效能的界定，效能是指某一事物所含功效的发挥程度与实现能力。因此，思想政治教育效能是指思想政治教育所含功效的发挥程度与实现能力。思想政治教育效能是符合一定阶级的期望和要求、有利于阶级发展的一种比较高级和复杂的具有目标行为和价值指向的综合性社会实践活动。思想政治教育效能的高低是衡量一个政党成熟程度和现代水平的重要标志。

（二）思想政治教育效能概念的内涵

思想政治教育效能是一个系统的理论体系，具有十分丰富的内涵：第一，从本质来看，思想政治教育效能反映了统治阶级的意识形态要求。具体而言，就是去影响和指导受教育者的思想和行动，使之产生有利于统治阶级利益的正向效果。思想政治教育效能总是与统治阶级的思想统治紧密联系在一起的，因而要充分反映并维护统治阶级的利益诉求和思想统治，服务于统治阶级及其特定利益集团目标的实现。

第二，从内容来看，思想政治教育效能涵盖了思想政治教育效率、效益、效果、能力等方面内容。习近平总书记强调："推进机关效能建设，不仅仅是一个简单的提高工作效率、优化服务质量的问题，更重要的是一个加强党的执政能力建设，巩固党的执政地位的问题。"[1]提升效能，不仅需要提高效

---

[1] 习近平：《干在实处走在前列：推进浙江新发展的思考与实践》，中共中央党校出版社2006年版，第445页。

率、优化质量，更要有成熟的理论体系和较强的能力。因此，思想政治教育效能的基本内容包括思想政治教育效率、效益、效果、能力等，这是反映和衡量思想政治教育效能的基本标准和依据。

第三，从结果来看，思想政治教育效能离不开特定的思想政治教育目标。思想政治教育活动如果实现不了一定的目标，就体现不出其效能。思想政治教育目标是思想政治教育效能的灵魂，主导着思想政治教育效能的性质和方向。思想政治教育目标是否正确直接关系到思想政治教育效能的高低。凡是思想政治教育目标正确、手段合适，并最终有成效地实现思想政治教育目标的便是正效能、高效能，否则便处于低效能甚至是负效能状态。思想政治教育效能必须有明确的目标要求，体现为统治阶级服务和思想改造、价值传递的意义。

第四，从指向来看，思想政治教育效能是一种积极、正向的作用，表现为积极目标和正向价值的思想政治教育向度。思想政治教育效能的指向，不能只考虑投入与产出达到的效率和效益，而不顾受教育者的心理感受和体验，否则思想政治教育效能不会持久；也不能一味地强制灌输，而不顾让受教育者内化于心、外化于行的育人效果，否则思想政治教育效能就会落空。思想政治教育效能，应当是高效率与高质量的统一，一方面需要提高效率，另一方面需要强调效果。理解思想政治教育效能，要关注整个教育过程，全面、系统、真实、整体地反映教育情况，既要注重政治性、思想性、创新性，又要增强亲和力、针对性和实效性。

第五，从状态来看，思想政治教育效能系动态的思想政治教育状态。思想政治教育功能的有效发挥是思想政治教育效能的集中体现，思想政治教育效能是思想政治教育功能和效果中正向积极的一面。相对而言，功能是一种效果的静态呈现，而效能不仅具有效果的静态特性，而且是一种由静态到动态过程的结果呈现，表现在可见的现实效果上。其实现积极目标的程度，实际上是一系列状态组成的动态过程。思想政治教育效能是对思想政治教育过程和结果的一种概括和评价，是思想政治教育活动产生的最终结果和影响。

三、思想政治教育效能的要素结构

思想政治教育效能是一个系统，而系统是由各个要素组成的，所以要对思想政治教育效能进行分解研究，也就是研究思想政治教育效能的基本要素。只有理清思想政治教育效能的要素结构，才能从整体上把握思想政治教育效能的内涵。根据前文对思想政治教育效能的概念与内涵分析，我们知道思想政治教育效能的基本要素包括以下三层次要素：思想政治教育目标；思想政治教育者能力；思想政治教育效率、思想政治教育效益、思想政治教育效果。这三层次基本要素相互联系、相互制约，形成一个有机的统一体。

（一）思想政治教育目标是思想政治教育效能的前提

目标是通过奋斗、努力达到人们所期望的结果，也是人们依据主客观条件所制定的奋斗方向和工作指标。思想政治教育目标是激发人们行为预期要求达到的目的或结果，是所希望的最终状态。

思想政治教育效能表现为思想政治教育所指向的目标的实现程度。思想政治教育目标作为思想政治教育效能的前提是通过目标的指向反映出来的，其指向包括思想政治教育目标的地位、目标的冲突、目标的作用。思想政治教育目标的指向对思想政治教育效能具有十分重要的作用，它决定着效能的性质，是效能作用发挥的第一要素。

思想政治教育目标的地位。思想政治教育目标是思想政治教育效能的灵魂，主导着思想政治教育效能的性质和方向。目标是否正确直接关系到效能的高低。在我国，思想政治教育目标本身就是党和国家总体奋斗目标的有机组成部分，党和政府代表着广大人民的根本利益，我们选择着眼于促进社会与人的全面发展进步这一目标，这是从我国特殊国情这一基本特点出发的，这一目标也激发了人们建功立业的积极性和创造性，体现出了思想政治教育的效能。因此，凡是思想政治教育目标正确、手段合适，并最终有成效地实现目标的便是效能高，否则便处于低效能甚至是负效能的状态。

思想政治教育目标的冲突影响思想政治教育效能。思想政治教育目标通常由多个子目标组成，而每个子目标的实现又是整个目标实现的前提。这就需要每个子目标相互补充，以实现整体目标协调一致，但有时也会出现目标冲突现象。第一，思想政治教育目标体系中的各层次目标之间是否合理，直接影响效能的高低。不能出现不同领域思想政治教育目标相互掣肘的现象，否则会影响效能。第二，思想政治教育目标体系中的各阶段目标之间是否有效衔接影响效能的高低。思想政治教育过程中分为不同的阶段，如小学、中学和大学阶段，每个阶段都有各自的目标，每个阶段的目标是否有效衔接影响着整个过程，影响着思想政治教育效能，关系到目标的实现程度。

思想政治教育目标的作用。思想政治教育目标在思想政治教育效能中的地位及其具体要求，决定了其在思想政治教育效能中具有指引作用。思想政治教育目标的这种指引作用主要体现在以下几个方面：第一，思想政治教育目标指引思想政治教育效能的发展方向。正确的目标把活动引向教育者所要求的方向，确保活动在正确的轨道进行，有利于产生教育者所期望的教育效果，有利于效能的发挥。在思想政治教育过程中，往往会遇到各种主客观因素的干扰，产生偏离正确方向的问题，这时候就需要以目标为准绳来校正方向，因此，在我们国家，思想政治教育目标需符合社会主义发展方向，促使思想政治教育效能具备促进个体思想道德素质提升的积极作用。第二，思想政治教育目标指引思想政治教育内容选择，推动思想政治教育效能的发挥。第三，思想政治教育目标指引思想政治教育介体的选取，促进思想政治教育效能的发挥。第四，思想政治教育目标指引思想政治教育效能评价标准的确立。目标的特点主要有预测性、可测量性和激励性，正是这些特点使我们对效能可以进行评价，成为效能的最终评价标准和客观衡量尺度。效能的评价，是一个重复而复杂的问题，搞好效能评价，需坚持定性与定量分析相结合，并且目标是高度概括出来的，只有把目标予以具体化才能进行评估。

可以说，目标主导着效能的本质和方向，目标的冲突影响着效能的高低，目标对效能具有指引作用，目标规定了效能的方向，影响着介体的选择以促进效能的发挥，影响着效能评价标准的确立，是效能的一个根本问题。明确目标，是提高效能的前提。综上可知，思想政治教育目标在思想政治教育效能中处于先导地位，是思想政治教育效能发挥的第一要素。

（二）思想政治教育者的能力是思想政治教育效能的基础

人的能力对于人的活动的形成和发展，具有举足轻重的地位，起着至关重要的作用，可以说，它指的是人对于完成活动所具有的素质和本领。我们认为，能力具有以下几方面内涵：第一，能力是人在实践活动中所体现出来的综合素质。第二，能力是人在实践活动中所体现出来的把握活动的本事。第三，能力是人在实践活动中所体现出来的正确的方向性。第四，能力是人在实践活动中所体现出来的工作表现效果。第五，能力是人在实践活动中所表现出来的价值性。第六，能力是人在实践活动所表现出来的积极作用。可以说，能力具有显现性、全面性、可测性、方向性、功能性等特征。

从对象性的关系来说，能力是具备实践活动本领的人所特有的，并通过活动表现出来。不同性质的活动，需要具备不同的能力。人的能力只能由人改造周围世界的成果来量度。与思想政治教育效能相联系的就是教育者的能力。关于教育者的能力，马克思指出，劳动结果在过程开始时就已经在劳动者的表象中存在着。[1]一方面，教育者的能力只有在劳动实践中才能体现和发挥作用，另一方面，通过实践可以指导教育者的能力提高，可以保证人的体力和智力获得充分自由的发展。[2]教育者的能力是指完成教育活动所需的素质和本领或力量，与人的实践活动密切相关。

教育者的能力是思想政治教育效能的根本。评价与提高思想政治教育效能不能只关注表现在受教育者身上和其他方面的成果，更要关注教育者自身的发展。对于思想政治教育效能来说，受教育者的水平提高是重要内容，但是教育者教育受教育者的能力、教育者自身能力发展和教育的持续发展也是重要指标，这正是思想政治教育效能研究与思想政治教育效率、效益、有效性和效果研究的重要区别，也是思想政治教育效能的先进之处。思想政治教育效能的发挥，从根本上讲就是教育者自身的教育能力彰显，从而保证教育工作健康可持续发展。

教育者的能力之所以是思想政治教育效能提升的基础，是因为：第一，教育者的能力是思想政治教育实践活动不可缺少的基本要素。马克思认为人运用自身的"臂和腿、头和手"来进行物质生产活动，并指出这一过程包括人的能力、人和物质资源。[3]那么，教育者作为思想政治教育效能的主体性因素，在活动中发生的作用是以自身的能力为基础的，教育的发展水平也直接依赖于教育者的能力，脱离教育者的能力，思想政治教育效能发挥只能是一种抽象性活动。第二，教育者的能力是思想政治教育推动人的认识活动发

---

[1] 参见《资本论》（第一卷），人民出版社1975年版，第202页。

[2] 参见中共中央马克思恩格斯列宁斯大林著作编译局编译：《马克思恩格斯选集》（第三卷），人民出版社1972年版，第322页。

[3] 参见中共中央马克思恩格斯列宁斯大林著作编译局编译：《马克思恩格斯全集》（第二十三卷），人民出版社1972年版，第201-202页。

生改变不可或缺的基本要素。割裂人的主体能力与认识活动,只能是无源之水、空中楼阁。可以说,教育者的能力推动教育发挥影响人的认识水平的作用,是受教育者认识活动的助推力,促进思想政治教育效能的发挥。第三,教育者的能力是物质生产力和精神生产力的基础和源泉。教育者的能力是一种主体能动的现实能力,通过有效结合其他生产力要素,能够在长期劳动过程中转化为现实可见的强大生产力。教育者的能力发挥促进物质生产力与精神生产力的发展。思想政治教育通过有序开发和运用人的知识潜能,不断巩固和发展人的能力基础,塑造出一批素质高、本领强、能力优的人,彰显着其效能。

总之,教育者的能力是思想政治教育实践活动不可缺少的基本要素,是推动人的认识活动发生改变不可缺少的基本要素,是物质生产力和精神生产力的基础和源泉。教育者的能力要发挥其与受教育者的协同作用,才能发挥整体效应;提高教育者的能力要有明确的目的。在实践过程中思想政治教育效能表现出来的教育者的能力应该是多方面、综合性的。比如,教育者应该是学识能力、决策能力、指挥能力、控制能力、协调能力等多方面能力的综合体现。所以教育者的能力是思想政治教育效能的基础,只有具备一定能力的人,其工作效能才能不断提高。反之,一个素质较低的人,无论有多么大的热情,付出多少劳动,他的工作效能也不会高。在实践过程中要加强教育者的能力建设,这是我们思想政治教育效能的基础。

(三) 思想政治教育效率、效益和效果是思想政治教育效能的综合体现

习近平指出:"提高效率是加强效能建设的目的所在。开展机关效能建设,必须最终体现到提高工作效率、管理效益和社会效果上来。"[1]

思想政治教育效率是指在教育过程中消耗的劳动量与产生的劳动效果的占比。这一概念强调运用最短的时间或最少的劳动量来产生最大的教育实效。可以说,思想政治教育效率概念的提出,能够指导教育者注重节省时间、提高效率、产出成果。与之不同的是,思想政治教育效能的根本目的在于推动社会进步和促进人的发展,最终结果侧重正面效果。可见,不能把效率和效能简单地等同,因为两者的作用场域和产出成果很难保持一致。但是,从根

---

[1] 习近平:《干在实处走在前列:推进浙江新发展的思考与实践》,中共中央党校出版社2006年版,第445页。

本上遵循效率的基本原则，能够助力效能的充分发挥。效率体现的是达成效能的程度，通过提升效率，落脚于教育活动的高效运转，效能才能完全表现出来。效率是效能的重要构成部分，是效能的必要不充分条件，效率高不一定意味着效能高，但是效率低的教育一定不是高效能的教育。[1]效率反映着教育者的能力发挥，所以效率是效能的核心，提高思想政治教育效率是提高思想政治教育效能的关键。[2]

思想政治教育效益是指人们的实践活动产生的对人们、对社会带来益处的效果[3]。显然，思想政治教育效益的优越性在于，它正确反映了活动目标和效果相统一的内在关联，相比效率而言，其是一个更加注重效果的全面评价指标。但是，如果单纯运用这一指标评价效果，可能会出现仅仅关注短期效果而忽视其长期效果的不利倾向，特别是在具体思想政治教育实践过程中，由于教育对象的差异化较大、可塑性较强，教育者更应重视长期效果的把控和实现，确保受教育者能够在教育滋养下茁壮成长。思想政治教育效能是思想政治教育所含功效的发挥程度与实现能力，而思想政治教育效益则是思想政治教育效能内蕴的实际效果。可以说，思想政治教育效能一定意义上影响了思想政治教育效益的状况。行之有效的实践活动有助于明确思想政治教育效能的目标和任务，并确保其如期达成。

思想政治教育效果既是一种客观性结果呈现，又带有评价性认识因素。思想政治教育效果力求实现教育者预期的精神成果或物质成果。教育者在追求效率与效益的同时，也要注重提升思想政治教育效能，从而提升思想政治教育效果。思想政治教育效能的高低直接影响到教育的效果。效果是效能的真实反映，进一步优化思想政治教育效能的目标、任务和结构，有助于思想政治教育效果达到新发展境界。

因此，思想政治教育效率、效益、效果都是反映和衡量思想政治教育效能的指标，但都不是思想政治教育效能本身，思想政治教育效能是这些融合生成的整体涌现性的内在依据。综上，思想政治教育效能的基本要素包括思

---

[1] 参见喻聪舟、温恒福：《以高效能为抓手促进"教"与"学"的有机融合》，载《当代教育论坛》2020年第4期。

[2] 参见温恒福：《学校效能的基本理论问题探究》，载《教育研究》2007年第2期。

[3] 参见余仰涛：《思想关系学：思想政治工作原理》，武汉测绘科技大学出版社2000年版，第544页。

想政治教育目标,这是思想政治教育效能的前提;思想政治教育者能力,这是思想政治教育效能的基础;思想政治教育效率、效益、效果,这是思想政治教育效能的集中反映。

第二节　思想政治教育效能的本质

探析思想政治教育效能的本质,需要深刻分析思想政治教育效能的特征,厘清思想政治教育效能与意识形态的关系,科学探讨思想政治教育效能的本质要义,从而能够认识和把握思想政治教育效能的本质。

一、思想政治教育效能的基本特征

思想政治教育效能具有实践性、综合性、系统性、评价复杂性等方面的特征,具体分析如下:

(一)实践性

思想政治教育效能作为一种现实存在,这已经在中外历史实践中有所体现。首先,思想政治教育效能生成于实践过程。伴随着思想政治教育的产生,效能学说契合了不同群体成员发展的利益主张,既满足了统治阶级稳固政权地位的实践需求,又体现了不同阶层迎合国家进步的实践特征。其次,思想政治教育效能发展于实践过程。思想政治教育作为一种服务于实践指导的教育活动,其效能标准、手段、目标已经在实践中得到充分检验。历史实践深刻表明,古今中外的统治阶级无不重视对其成员的教育,这种教育呈现为各种占主体地位的思想意识,并在国家与社会有序管理过程中发挥积极作用。最后,思想政治教育效能最终落脚于实践。思想政治教育发展要求自身以更加高效合理、卓有成效的教育活动投身于实践环节。思想政治教育效能的发挥则是一个循环发展系统,通过落脚于实践对象并得到明确反馈,推动教育者深受启发,进而不断优化和创新教育活动。

(二)综合性

思想政治教育效能是程序科学合理下的结果达成,是思政教育潜在功能与外显效果的动态联结,是效率与价值的结合,是思政教育的活动状态、实践程度、作用效果和社会效益的综合反映。思想政治教育效能提升是一种比较高级和复杂的具有目标行为和价值指向的综合性社会实践活动，注重的是建立和完善促使思政教育发展的合理结构，从而使得思政教育得到有效的发展、功能得到最完全的发挥，包括思政教育内部要素的科学合理组合与运行效率的提升，并能够在面临外部风险时有效控制和化解风险带来的影响。从提升思想政治教育效能的手段来看，它是思想政治教育效能过程有序与思想政治教育效能结果功能良好的有机统一。思想政治教育效能提升不过度强调某一个方面的指标，而是把各方面看成一个综合整体，它注重可持续发展特质，注重目标的达成程度，在重视质量层面的同时更强调实现效果的能力，具有超越质量的独特优势。

（三）系统性

思想政治教育效能本身是一种系统性的存在，其目标是实现统治阶级的利益要求，这是目标系统；通过主流意识形态的灌输与引导，促进社会进步与人的发展，这是任务系统；面对内、外部风险挑战，及时关注社会矛盾发展变化，需要全面解决并处理好方方面面的矛盾关系，适应受教育者的发展需要，这是导引系统；加强制度建设，这是保障系统；需要整合各方面力量与能力，这是动力系统；把提高能力、优化结构、注重效率、增强效益相统一，这是系统应对。从这些意义上看，思想政治教育效能具有系统性的特点。

（四）评价复杂性

思想政治教育不是立竿见影、立即见效的，思想政治教育效能的发挥也是，其具有内隐性的能量、特征或品质，需要教育者奋力进取来实现。对思想政治教育效能进行评价，需要通过客观公正的思政教育评价活动来落实。评价活动本身具有长期性、复杂性和艰巨性，因为评价对象难以界定、评价指标难以量化、评价内容难以细化、评价方式难以固化、评价主体难以明确等。从心理学视角分析，人的思想由大脑衍生，大脑既要受到现有经验知识和主观臆断的影响，又要受到外界诸多不利因素的频繁干扰，这一评价活动直接造成评价对象、评价指标、评价内容、评价方式的不一致，所产生的效能高低评价也各有不同。因此，全面认识思想政治教育评价活动的复杂性特征，有助于我们采取有针对性的政策举措加以调整，尽可能消除负面因素的影响，确保评价活动有条不紊地进行。

二、思想政治教育效能与意识形态的关系

前面已经论述过思想政治教育和思想政治教育效能,在此不多做赘述。"意识形态"这一概念由法国思想家德斯杜特·德·特拉西最早使用。目前,学术界认为"意识形态是一种自觉地反映一定社会集团（在阶级社会就是阶级）经济政治利益的系统化、理论化的思想观念体系。"[1]一般情况下,意识形态主要指"统治阶级的思想",也就是统治阶级的意识形态。

思想政治教育效能与意识形态的关系本质上是思想政治教育与意识形态的关系,是思想政治教育与意识形态关系的一个方面、一个重要表现。那么,理清思想政治教育与意识形态的关系、思想政治教育各要素与意识形态的关系,也就说清了思想政治教育效能与意识形态的关系。思想政治教育本质是意识形态教育,那么思想政治教育效能也必然体现在意识形态教育效果上、意识形态教育评价上。淡化或偏离意识形态属性,必然影响到思想政治教育效能。

（一）思想政治教育与意识形态的关系

思想政治教育与意识形态既有联系又有区别。思想政治教育与意识形态的区别有：第一,思想政治教育与意识形态的概念层次不一样。思想政治教育"是指一定的阶级、政党、社会群体……对其成员施加有目的、有计划、有组织的影响,使他们形成符合一定社会、一定阶级所需要的思想道德的社会实践活动。"[2]而意识形态是"社会意识诸形式中构成观念上层建筑的部分。"[3]也就是说思想政治教育是一种社会实践活动,而意识形态属于社会意识范畴。第二,思想政治教育与意识形态主要作用的对象层次不一样。思政教育主要作用于人,具体来说,是直接作用于人的思想品德和行为,更强调的是个体；而意识形态主要作用于社会整体或阶级整体,是经济上占统治地位的阶级,在社会生活的精神方面作用于被统治阶级,以维护其统治的方式。第三,思想政治教育与意识形态的研究内容不尽相同。思政教育研究的内

---

[1] 郑永廷等：《社会主义意识形态研究》,中山大学出版社1999年版,第4页。
[2] 张耀灿等：《现代思想政治教育学》,人民出版社2006年版,第50页。
[3] 本书编写组：《马克思主义基本原理》,高等教育出版社2021年版,第114页。

容主要包括科学世界观教育、道德观教育等方面，[1]意识形态"主要包括政治法律思想、道德、艺术、宗教、哲学等"。[2]从本质上来讲，思想政治教育无疑是具有意识形态性的，但就内容来看，尤其随着时代发展，思想政治教育研究的内容更加多样化，许多内容诸如心理健康教育等，并不与意识形态直接相关。

思想政治教育与意识形态的联系。第一，思想政治教育属于意识形态，是意识形态的重要内容。从唯物史观角度来看，社会存在和社会意识是社会历史领域两个基本范畴。意识形态区别于社会心理，是高层次的、自觉的、系统的、定型的社会意识，它区别于非意识形态，是反映经济关系和阶级关系的社会意识。而思想政治教育作为一门学科必然具有自觉性、系统性特点，且具有鲜明的阶级性。第二，思想政治教育与意识形态相互支持。一方面，思想政治教育支持意识形态。意识形态工作极端重要，意识形态工作的开展更应注重方式方法，这样才能保证意识形态工作落地并取得良好效果。思想政治教育为意识形态工作的开展提供积极有效支持，是意识形态工作开展的渠道。另一方面，意识形态指导、引领思想政治教育方向。思想政治教育工作离开了意识形态的引导，就会丧失其本质属性，迷失其工作方向，其作用也难以发挥。因此，要发挥思想政治教育在意识形态中的作用，处理好其与意识形态核心部分的关系。

（二）思想政治教育要素与意识形态的关系

思想政治教育要素主要包括思想政治教育内容、目的、方法、环境等，这些都体现着意识形态。

第一，思想政治教育内容与意识形态的关系。思想政治教育的内容指在教育过程中，教育者向教育对象输送的信息。思想政治教育内容广泛，尤其现代教育内容更加多样化，其内容主要包括科学世界观教育、政治观教育等方面。[3]就其与意识形态的关系来看，一方面，思想政治教育内容与意识形

---

[1] 参见《思想政治教育学原理》编写组：《思想政治教育学原理》，高等教育出版社2018年版，第95页。

[2] 本书编写组：《马克思主义基本原理》，高等教育出版社2021年版，第114页。

[3] 参见《思想政治教育学原理》编写组：《思想政治教育学原理》，高等教育出版社2018年版，第95页。

态的内容不尽相同，思想政治教育内容强调个人的发展需要，许多内容诸如心理健康教育等，并不与意识形态直接相关。另一方面，思想政治教育主要内容具有鲜明的意识形态性。社会意识形态的内容引导、规范着思想政治教育内容，思想政治教育主要内容是进行主流意识形态教育。第二，思想政治教育目的与意识形态的关系。思想政治教育的目的即教育活动所达到的效果，思想政治教育的特殊矛盾决定了其根本目的在于提高受教育者的思想政治道德素质。就其与意识形态的关系而言，一方面，思想政治教育目的与意识形态的目的不尽相同，其侧重于对个人思想政治道德素质以及行为的提高，而意识形态更强调达到统治阶级整体的利益，具有鲜明的群体性；另一方面，思想政治教育目的体现了思想政治教育意识形态的本质，从根本上讲是提高个人思想政治道德素质以及行为，完成思想政治教育任务，旨在维护和巩固统治阶级的阶级统治。思想政治教育只有按照主流意识形态的确立方向和运用主导意识形态的内容开展，才能实现思想政治教育目的。第三，思想政治教育方法与意识形态的关系。方法即在思想政治教育过程中教育者为实现教育目的对教育对象所采取的方式、程序和手段的总和。思想政治教育的主要方法有理论灌输法、自我教育法、实践锻炼法、榜样示范法等。单纯方法本身并没有意识形态性，但思想政治教育的方法与内容相结合，在长期的思政教育工作中，逐渐渗透着意识形态的内容，反映着主流意识形态的要求，具有了鲜明的意识形态色彩。此外，思想政治教育的理论基础、环境、载体也无不体现了主流意识形态的要求，具有鲜明的意识形态性。思想政治教育效能是各要素的一个综合体现，必然体现意识形态。

（三）思想政治教育效能体现意识形态

首先，前面论述了思想政治教育与意识形态的关系、思想政治教育各要素与意识形态的关系。思想政治教育目标、内容、方法、载体等都体现着意识形态，如果内容、目标、方法和载体等没有效能，就都会影响意识形态教育的效果。其次，在意识形态领域，科学思想是落地执行的先导，是指导实践方略有序开展的前提。意识形态本身是发展变化的，其发展变化对思想政治教育不断提出新的更高的要求，对思想政治教育方式方法有着更为直接而深刻的影响，也对思想政治教育效能提出了高要求。追求思想政治教育效能是为了能更有效地落实意识形态教育的目标任务。

基于此，意识形态的理论优化和实践创新，应在思想政治教育效能理论生成、宣讲、阐发的基础上，着力发挥思想政治教育效能与意识形态的关系。思想政治教育效能紧紧围绕意识形态建设的战略目标和紧迫任务，依托成熟定型的教育体系，确立其标准和目标，带动意识形态教育迈入新阶段。在理论生成层面，理清思想政治教育效能与意识形态的内在关联，把握其生成逻辑和演进走向；在理论宣讲层面，总结和提炼思想政治教育效能独特优势，讲清楚新形势下其历史必然、现实诉求、时代价值、世界意义，进一步凸显意识形态加强对于思想政治教育效能提升的价值功用；在理论阐发层面，立足于多元学科理论的融合与创新，讲清楚思想政治教育效能对于巩固意识形态凝聚力和引领力的重要意义，从而以思想政治教育理论创新为实践遵循，以思想政治教育效能提升为目标导向，不断凸显思想政治教育的意识形态底色，不断夯实民众的思想意识、政治素养、实干本领。

意识形态发展既能驱动教育者与受教育者双向互动、共同发力，又能驱动思想政治教育活动高度契合现实需求，深层次挖掘思想政治教育效能的各类积极要素。有效加强意识形态，绝不意味着局限于狭窄的意识形态领域，而是通过外延的强大辐射力和影响力，促使教育者夯实思想意识、坚守价值自觉、促发能动实践，促使受教育者明确政治意识、坚守政治定力、锤炼素质修养，促使思政教育活动的积极因素得以激发、消极因素得以遏制。在我国，社会主义意识形态本身具有较强的引领力、驱动力和影响力，是明确思想政治教育效能的关键所在，良好的意识形态有利于思政教育活动稳步推进，效果显著。但是，面对新时代的重大机遇与棘手挑战，要更加注重我国意识形态领域的潜在性危机与突发性事件，通过牢牢抓住意识形态的主线工程，始终坚持全国一盘棋、资源分配合理的原则，进而实时传播社会正能量、循序壮大社会主旋律；要有力批驳思想政治教育领域的多元社会思潮，秉持意识形态交锋不松懈的战斗意志，善于引导受众自觉认同思政教育理论，自觉落实思政教育政策，自觉践行思政教育理念，助推意识形态建设，更好地展现思想政治教育效能。

根据以上分析，思想政治教育效能与意识形态的关系本质上是思想政治教育与意识形态的关系，是思想政治教育与意识形态关系的一个方面、一个重要表现。思想政治教育本质是意识形态教育，思想政治教育效能是思想政治教育各要素的一个综合体现，也必然体现在意识形态教育效果上、意识形态教育评价上。淡化或偏离意识形态属性，必然影响到思想政治教育效能。

三、思想政治教育效能的本质涵义

事物的本质是最能体现事物自身独特特点的，是自身所独有的并决定自身存在和发展的属性。思想政治教育效能的本质是在思想政治教育本质的基础上进行分析的。思想政治教育效能本质要以思想政治教育本质为依据。思想政治教育效能的本质涵义在于坚持思想政治教育本质，发挥思想政治教育价值，发挥思想政治教育的应有作用。

（一）思想政治教育的本质

本质即事物的根本性质，是一事物区别于其他事物的质的规定性。"思想政治教育具有意识形态性和非意识形态性两个方面性质，思想政治教育的本质规定主要在于思想政治教育的意识形态性。"[1]

第一，从思想政治教育的概念中探究思想政治教育的本质。思想政治教育旨在对受教育者传播思想观念、政治观点、道德规范，而意识形态"主要包括政治法律思想、道德、艺术、宗教、哲学等"。[2]由此可见，前者作为一种社会实践活动，其涉及领域都体现意识形态性。第二，从思想政治教育的特殊矛盾中探究思想政治教育的本质。矛盾是标志着对立统一的哲学范畴，事物内在的特殊矛盾，构成了一事物区别于其他事物的特殊性质，思想政治教育的特殊矛盾决定了其内在本质。思想政治教育学研究领域的特殊矛盾是"一定社会发展所提出的思想品德要求与人们思想品德水平之间的矛盾"，[3]这一特殊矛盾决定了其目的就在于提高受教育者的思想政治道德素质，并使之与社会发展要求相适应，从本质上来说也就是与经济上占统治地位的阶级的要求相适应。而意识形态是反映"一定阶级或社会集团利益和要求的思想体系，是社会意识诸形式中构成观念上层建筑的部分"。[4]显然这一特殊矛盾决定了其本质属性在于意识形态性。第三，从追溯思想政治教育生成动力中

---

[1] 石书臣：《思想政治教育的本质规定及其把握》，载《马克思主义与现实》2009年第1期。
[2] 本书编写组：《马克思主义基本原理》，高等教育出版社2021年版，第114页。
[3] 《思想政治教育学原理》编写组：《思想政治教育学原理》，高等教育出版社2018年版，第136页。
[4] 本书编写组：《马克思主义基本原理》，高等教育出版社2021年版，第114页。

探究思想政治教育的本质。思想政治教育是伴随意识形态而产生的，两者密不可分。

(二) 思想政治教育的价值分析

思想政治教育的价值，即思想政治教育对个人发展以及社会发展的积极意义。按照层次分，可以分为思想政治教育的个体价值、群体价值和社会价值三个层次，由于针对不同的社会群体，价值具有不同表现，所以这里主要分析思想政治教育的个体价值和社会价值。

思想政治教育的目的在于提高受教育者的思想政治道德素质，由于思想是行为的先导，所以其必然对个体的行为产生深刻的影响。具体来看，思想政治教育的个体价值有以下几个方面：第一，引导个体政治方向。也就是教育者运用灌输、宣传、动员、启发等手段，引导个体的思想和行为，使之与社会的意识形态方向相一致，符合社会的发展要求，为社会发展作出积极贡献。第二，规范个体行为。也就是教育者向受教育者宣传、阐释法律思想、道德规范以及规章制度，使受教育者形成与社会规范相适应的思想和行为，与社会发展同向同行。第三，塑造个体价值观念。价值观是在世界观和人生观的基础上形成的，价值观一经确立，就会对个人的思想和行为产生持久而深远的影响。教育者通过向受教育者宣传科学的世界观、正确的人生观，通过向受教育者传播社会正反人生价值案例，引导和启发受教育者形成正确的价值观，为社会发展贡献力量。第四，激发个体精神动力。教育者通过正向激励、反向激励、榜样激励、民主激励等方式方法，充分调动受教育者的积极性，促使其积极参加社会建设。第五，提高个体精神境界。教育者通过不断发展和完善受教育者的道德情操，提高受教育者的精神境界，促进受教育者的品德提升和全面发展。第六，塑造个体健康心理。心理健康教育也是思想政治教育研究的重要内容，教育者重视个体心理健康发展，充分遵循个体心理的形成和发展规律，帮助受教育者形成健康的心理品质。在现代工作中，教育者和受教育者的关系基于教学相长的教育规律，教育者在帮助受教育者实现上述个体价值的同时，自身相应的个体价值也必然得到发展。

思想政治教育的社会价值主要有以下几个方面：第一，社会政治价值。思想政治教育的社会政治价值即思想政治教育在社会政治发展方面所具有的积极意义，在其社会价值体系中，政治价值最能直接体现其意识形态本质，居于核心地位。其社会价值主要体现在传导主流意识形态、传播主导政治法律思想、引导社会政治规范、培养社会政治人才等方面。第二，社会经济价值。思想政治教育的社会经济价值即其在经济建设方面所具有的积极意义，主要体现在三个方面：一是保障社会经济建设的正确方向；我国是社会主义国家，思想政治教育社会经济价值首先体现在确保我国经济建设的社会主义方向；二是为经济发展提供精神动力；三是调节经济发展过程中的社会关系，营造良好的经济环境。第三，社会和谐价值。思想政治教育的社会和谐价值即其在营造和谐社会方面所具有的积极意义。其社会和谐价值主要体现在通过化解社会矛盾助力营造和谐良好的社会环境。第四，社会文化价值。思想政治教育的社会文化价值即其在社会文化及其发展过程中所具有的积极意义，主要包括引导社会文化发展方向、选择积极有益文化、为社会文化传播提供渠道支持、激发文化创造活力等方面。第五，社会生态价值。思想政治教育的社会生态价值即其在促进生态文明建设方面的积极意义。其社会生态价值主要表现为思想政治教育可以丰富生态文明内容、开展生态文明活动，提高社会成员的生态保护意识、帮助社会成员形成正确的生态文明观念。

（三）思想政治教育效能的本质分析

思想政治教育的基本矛盾是"一定社会发展所提出的思想品德要求与人们思想品德水平之间的矛盾。"[1]目前社会发展对人们的思想品德提出了新的要求，要求人们的思想品德水平与追求效能提升的社会发展保持相适应，然而人们已有思想品德水平与追求效能提升的社会发展存在一定的差距，存在不相适应和不相契合的现象。也就是说，存在的这一矛盾影响着思政教育的现实效果，督促着思政教育效能的提升，以达到社会发展对人们思想品德所提出的要求。

在已然明确了思想政治教育的本质规定主要在于意识形态性以及个人价值与社会价值的基础上，需要强调的是，思想政治教育效能还应着重强调发挥思政教育作用以培养"现实的个人"的其他方面的内容。思想政治教育效能不能只考虑投入与产出达到的效率和效益，而不顾受教育者的心理感受和体验，否则思想政治教育效能不会持久；也不能一味地强制灌输，而不顾让

---

[1]《思想政治教育学原理》编写组：《思想政治教育学原理》，高等教育出版社2018年版，第136页。

受教育者内化于心、外化于行的育人效果，否则思想政治教育效能就会落空。因而，要关注整个思政教育过程，全面、系统、真实、整体地反映思政教育情况，既要注重政治性、思想性、理论性，又要增强亲和力、针对性和实效性。

因此，思想政治教育效能的本质涵义要从思想政治教育的本质、思想政治教育的价值等方面进行分析。思想政治教育效能的本质涵义在于坚持思想政治教育本质，充分发挥思想政治教育价值，充分发挥思想政治教育的积极作用。所以思想政治教育效能本质与思想政治教育本质是内在一致的，要坚持思想政治教育本质，贯彻思想政治教育本质要求，发挥思想政治教育的应有作用。

第三节 思想政治教育效能提升的价值

思想政治教育效能提升的价值，表现在有助于增强思想政治教育主导力、强化思想政治教育目标、提高思想政治教育有效性等方面。

一、增强思想政治教育主导力

主导，指主要的并且引起事物向某方面发展的，也指起主导作用的事物。[1]那么，主导力是指主要的并且引导事物向某方面发展的力，也指起主导作用的事物的力。主导力是多力合一后的力，是能够引导事物向某方面发展或起主导作用的事物的主要力量、核心力量。向某方面发展或起主导作用的事物只有在主导力的作用发挥下，才能到达预期的或人们想要的目的。以此为基础，思想政治教育主导力就是思想政治教育主要的并且引导事物向着积极方面发展的力，也指起主导作用的力，可以从思想主导力、政治主导力、文化主导力和价值主导力等方面进行探讨。第一，思想主导力。思想主导力就是指科学先进的理论所发挥的能够说服人、指引人的主导作用力。第二，政治主导力。着眼于政治领域，统治阶级的政治活动和政治实践，本质上是为了获取和维护自身阶级的核心利益，依托于一定的政治资源、政治地位、

---

〔1〕参见《现代华语词典》，上海书局（私人）有限公司1978年版，第1311页。转引石书臣：《现代思想政治教育主导性研究》，学林出版社2004年版，第8页。

政治实体在国家和社会层面形成主导力,以此维护其利益诉求的合理性与合法性。由于思想政治教育服务于政治活动,因此其一直处于政治生态运转的核心,或多或少地受政治影响。这样,针对不同社会群体的观念主张和利益差别,可通过发挥政治主导力逐步形成明确具体的价值导向。第三,文化主导力。文化不仅影响柔性教育和熏陶方式的形成,同时也是正向影响和引导人们思想观念的关键要素。思想政治教育在牢固坚持马克思主义立场的基础上,与时俱进地丰富和完善文化作品、文化符号、文化精神,助推文化主导力实现循序渐进式的发展。第四,价值主导力。形式多元的价值观相互影响、交织碰撞,一定程度上弱化了核心价值观的主导力。因此,教育者要重视社会价值观层面的积极引导,不仅体现在要科学规制现有社会价值、尽力避免社会陷入价值紊乱局面,还体现在要大力倡导向善向上的价值观念,正向引领社会价值取得长足发展和进步。

(一)思想政治教育效能提升有助于进一步增强思想主导力的指导作用

着力强化教育对象的思想政治素质,进而增强教育者对教育对象的思想主导力是思想政治教育效能提升的目标之一。比如,中国共产党历来重视思想建设作用,通过不断加大中国共产党的思想理论创新力度,不断优化中国共产党的思想理论指导能力,进一步夯实了思想主导力所需的理论根基。深入推进教育工作是大势所趋,中国共产党人始终把这项工作视为思想主导力稳如磐石的关键,通过不断提升思想政治教育效能,注重建设网络教育宣传阵地,及时把中国共产党的思想资源和媒体优势转化为正面教育的影响力和价值观念的主导力。可以说,在新时代纷繁复杂的教育环境下,更需要从思想理论上夯实中国共产党的主导地位,通过丰富和发展中国共产党的思想理论体系,循序推进教育话语风格调适和话语表达创新,不断增强思想理论本身对广大人民群众的主导力和号召力。

(二)思想政治教育效能提升有助于进一步发挥政治主导力的引领作用

思想政治教育效能提升有助于进一步发挥政治主导力的引领作用,其实质上反映了政治上层建筑与思想上层建筑的内在关联。唯物史观认为,政治上层建筑是在一定思想观念指导下逐步建立起来的,政治、法律制度和相关设施一旦形成,便会汇聚成一种强大的现实物质基础,能够在很大程度上影响或指导人们的思想观念和实践范式。政治上层建筑和思想上层建筑都植根于一定的经济基础，并在社会生产、交往和实践过程中协同互促。这为我们全面认识思想政治教育效能提升的逻辑理路提供了现实依据，主要表现在以下三个方面：第一，引领公众政治舆论导向。政治舆论带有明显的自发性和无序性，实质上是由社会群体明确政治立场、提出政治观点所引发的舆论效应，其对人们的政治活动具有直接有力的推动作用，因此政治舆论往往真实反映了人们的政治活动、政治参与和政治实践。思想政治教育效能提升有助于发挥政治引领力，不仅可以培育积极向上的政治舆论，而且对于引导政治舆论发展至关重要。第二，增强民族团结和凝聚力。民族团结的政治局面是建设良好国家政治环境的基础与前提。思想政治教育效能提升有利于充分运用思想政治教育团结民族共同奋斗，增强民族凝聚力。比如，在中国，历年来党和国家十分重视思想政治教育对于增强民族团结、凝聚社会共识的价值功用。可以说，思想政治教育效能提升具有明确的目标指向性，意在重塑教育对象的价值观念和行为准则，确保全国各民族坚持以增强民族团结为现实出发点，自觉在生活实践中保持持久稳定的民族凝聚力。而思想政治教育效能提升的这种凝聚功能又主要是通过树立共同理想和共同信仰来指明正确方向和树立民族振兴的精神支柱。第三，促进社会政治稳定和发展。政治稳定和发展是一个国家长治久安的基础前提，而思想政治教育效能提升无疑能够坚定社会民众的政治立场，进而促使他们自觉为营造良好政治生态作出应有贡献。通过循序渐进的思想政治教育效能提升，可以把执政党和国家的政治价值观内化于个体的政治信仰和政治行为，以此在设定社会群体各自政治角色的过程中，不断为政治体系运转提供坚定可靠的支持者和维护者，确保现行政治体系的正常延续和适当调整。

（三）思想政治教育效能提升有助于进一步促进文化主导力的观念形成

文化具有一定的民族性、时代性、阶级性特征，本质上具有鲜明的意识形态属性，因此同思想政治教育效能提升紧密相关。思想政治教育旨在传导主流意识形态，其效能的显著提升必然助推意识形态话语权和主导权有所强化，进而助推文化主导力得以生成和演进。大体来看，其效能的显著提升有助于协调文化环境的构成要素，引导人们自觉遵循主流文化倡导的价值主张和行为准则。第一，保持主流文化的主导地位。当前，文化领域的斗争主要表现为中西方意识形态交锋。西方社会思潮打着文化交流、合作与研究的幌子,妄图否定和动摇社会主义文化在中国的主导地位。鉴于此,在中国,更要加速推进思想政治教育效能提升,确保思政教育水平稳步推进,意识形态建设各领域硕果累累,国家文化软实力与经济实力相匹配。不仅要保证文化产业发展的社会主义方向,还要通过着力培养人们的思想文化素养和道德伦理意识,切实推动社会主义文化的主导地位稳如磐石。第二,引导文化选择的方向。思想政治教育效能的显著提升可以使教育者深刻认识到掌握文化主导力的极端重要性,对文化的选择趋于理性,筛选出精华内容,剔除消极有害部分,在牢固坚定远大理想信念的基础上,充分依托专业知识背景和时代热门事件,将富有生机活力、极具时代意义的文化资源融入教育内容中,促使受教育者获得情感体验和实践锻炼,矢志不渝地认同主流文化的前进方向。对于中国而言,特别是在文化日益多元融合的新时代,要突出主流文化的先进性、特色性和优越性,助推文化主导有期望、文化选择有方向、信息选择有价值。第三,继承和弘扬民族文化。民族文化是一个民族阔步向前发展的精神支柱和灵魂所在。在纷繁复杂的现代社会文化场景中,大力传承和弘扬民族文化是思想政治教育效能提升的应有之义。植根于民族文化沃土,思想政治教育模式和运行机制必然受到所处文化背景的影响,必然肩负着繁荣发展民族文化的使命重任。因此,要通过强有力的思想政治教育活动,指导教育对象有效解决文化资源匮乏、文化内容空泛的问题,结合新型育人载体的文化熏陶功能,展开点、线、面的思想政治教育指导与文化引领,从而全面提升文化的主导力。

(四)思想政治教育效能提升有助于进一步实现价值主导力的人格塑造

国家和社会往往并存着多种价值观,其中占主导地位的只有核心价值观。通过思想政治教育效能提升可以增强价值主导力,进而实现全面优化的人格塑造。在中国,随着社会主义市场经济建设的繁荣发展,一些人过分追求物质利益,滋生了"拜金主义""利己主义""享乐主义",造成人们理想信念淡化、精神生活萎靡、道德伦理失范等不良现象,这些都是扭曲的价值观在作祟,一定程度上削弱了社会主义核心价值观的主导力。思想品德对于人格塑造有着重要作用,只有实质性提升思想政治教育效能,确保人们的思想观念和言行举止不越过核心价值观的界限,更好地引导人们树立积极向上的价值观,进而为执政党和国家作出力所能及的贡献,才能真正使自身才学本领服务于社会所需、服务于人民所求。相反，如果一心只为自身利益得失着想，一味崇尚个人主义的价值观，则必然无视国家和人民的集体利益，甚至会严重阻碍国家和社会的长远健康发展。思想政治教育效能提升旨在主动调控人的思想品德，对于适合核心价值观要求的言行给予正向激励，对于不符合核心价值观要求的言行给予教育引导，促使其自觉认同和践行核心价值观的精髓要义。就是要通过培育和践行核心价值观，牢固树立促进社会稳定和个体发展的正确价值导向，科学引导全社会成员不断坚定远大的理想信念，从而增强价值主导力，更好地培育人们健全的人格。

二、强化思想政治教育目标

目标是思想政治教育本质的直接反映，受本质直接制约。思想政治教育目标时刻以国家和社会为本位，遵从并服务于国家和社会需要，满足社会发展的实际需要及其客观发展水平，以教育者为责任主体，并清楚指向受教育者，满足受教育者的思想实际及价值实现的需求，使得思想政治教育更有针对性，更好地完成培养国家和社会所需人才的任务。

思想政治教育目标为思想政治教育效能提升提供了检验的尺度与标准。目标在效能中具有统领作用，既指引着效能发挥的方向，又规定着要完成的任务。同样地，效能提升也能强化实现目标。效能是围绕目标服务的，思想政治教育效能提升，有助于强化思想政治教育目标，表现在如下五个方面：

（一）思想政治教育效能提升具有维护国家稳定、推动社会进步的有利作用

首先，思想政治教育起源于阶级社会，提升其效能可以满足阶级统治需求，继而更好地坚持以教育为主要表现形式，使统治阶级的思想占据主导地位，进而为其长期推行的阶级统治奠定坚实可靠的思想根基。其次，思想政治教育是由国家倡导的，依靠国家力量普遍施行，提升其效能旨在更好地提高人们社会实践活动的思想水准，引导人们坚持正确的政治方向、坚守正确的政治立场、维护最广大人民的切身利益，进而巩固和强化政权。无可置疑，提升思想政治教育效能是国家意志的外在表征，意在从根本上体现和维护国家、社会的利益。最后，思想政治教育效能提升是应对国家社会发展过程中出现的问题的重要力量。这是因为思想政治教育在"疏导社会心理、规范社会行

为、协调社会关系、维护社会稳定、批判错误思潮等方面,发挥着重要的作用"。[1]也就是说,提升其效能旨在从根本上遵循国家意志,最大限度地服务于国家和社会良性运转的迫切需要。唯有如此,才能切实保证目标实现的可行性与合理性。因此,提升思想政治教育效能,有助于为维护国家稳定和推动社会进步发挥最大限度的功能和能力,从而强化思想政治教育目标。

(二)思想教育效能提升有助于积极满足社会发展的现实需要及其客观发展水平

提升思想政治教育效能有助于积极满足社会发展现实需要及其客观发展水平。第一,在提升思想政治教育效能过程中,教育者对受教育者施加的影响,集中反映出国家对受教育者思想意识和行为举止等方面的目标要求,为契合国家战略规划和社会发展进步的现实需要储备人才资源。第二,思想政治教育效能提升需要以一定社会生产力所创造出来的活动条件为基础。在提升思想政治教育效能的过程中,督促并推动着当今社会所提供的多媒体教育设施、微媒体教育平台等生产力水平的提高。第三,思想政治教育效能提升只有真正意义上反映社会发展的鲜明特征和多元需求,才能积极稳妥地推动目标的最终达成。同时,只有在科学目标的指导下,才能循序增强目标指导实践的能力。因此,思想政治教育效能提升能够积极地反映社会的客观发展水平和发展需求,从而强化思想政治教育的目标。

(三)思想政治教育效能提升有利于强化培养国家建设者和接班人的能力

思想政治教育的任务是为国家事业培育建设者和接班人,其效能提升有利于更好地培养国家的建设者和接班人。第一,思想政治教育效能提升作为一种积极的特殊的社会实践活动,是人的源源不断的物质生产劳动,能够推动人类社会紧跟时代步伐继续前进,能够产生推进全体社会发展的主体动力——社会建设者和接班人。第二,思想政治教育效能自身的阶级性确定了它必须服务于阶级社会,思想政治教育效能提升协助受教育者具备契合当时社会发展要求的思想道德素养,从而成为具有正确政治方向并积极投身于社会各项建设的助推力。第三,思想政治教育效能提升通过更好地武装受教育者的头

---

[1] 郑永廷、田雪梅:《社会治理与思想政治教育的发展》,载《思想理论教育》2017年第6期。

脑，帮助受教育者认清国情，培养其成为符合社会道德需求的建设者和接班人，从而使其奋力拼搏。

（四）思想政治教育效能提升具有更加契合受教育者思想实际和价值实现需求的功能

第一，育人是提升思想政治教育效能的内在规定。一方面，人是提升思想政治教育效能的出发点。另一方面，人是提升思想政治教育效能的归宿。提升思想政治教育效能本质上是为更好地培育人的综合素质，使人们投身于符合一定阶级、社会发展要求的社会实践活动。第二，提升思想政治教育效能，旨在通过提升人们的思想道德素养，不断增进人们自由全面发展的主观能动性。只有从人们的思想道德现实出发，才能最大限度地促进思政教育目标实现。第三，提升思想政治教育效能，能够满足人的多样化发展需求。只有从人们的需求来考虑，尽可能贴近人们面临的困境，才能卓有成效地开展思想政治教育；只有充分兼顾受教育者追求卓越、奋力拼搏的需求，才能最大化地助力思想政治教育效能的提升，思想政治教育也就具有更好地契合教育对象思想实际和价值实现需求的功能。

（五）思想政治教育效能提升有助于培养受教育者健全而优秀的人格

受教育者的素质是一个国家未来的整体实力，也关系一个社会的幸福程度，思想政治教育效能提升有助于更好地发挥培根、铸魂、启智、润心的有利作用，培养受教育者成为终身运动者、问题解决者、责任担当者，以健全而优秀的人格，造福国家社会。思想政治教育效能提升的真谛，既是其使命与价值，也是社会各界的共识，即提高国民素质，推动社会进步，促进人的发展。

综上所述，我们具体分析了思想政治教育效能提升具有维护国家稳定和推动社会进步的有利作用、有助于积极满足社会发展的现实需要及其客观发展水平、有利于强化培养国家建设者和接班人的能力、具有更好地契合受教育者思想实际和价值实现需求的功能、能够助力培养受教育者健全而优秀的人格等，这也就揭示出思想政治教育效能提升能够更好地强化思想政治教育目标。

三、提高思想政治教育有效性

思想政治教育有效性是指"思想政治教育活动在满足人们的相应需要、实现人们的相应目的方面所表现出的积极特性。"[1]马克思认为需要本身能够使人产生动机，动机能够促使人去劳动、创造和实践，并在实践的基础上产生新的更高层次需要，进而不断驱使人去开拓更广阔的领域。[2]提升思想政治教育效能同样因需要而生、因需要而变，更因需要而循序发展。在这一过程中，受教育者有无自身需要以及需要程度的高低，直接决定了他们能否积极参与到思政教育活动中，通过认真学习、主动吸收、力争转化思政教育内容，逐步将所学知识内化为道德观念、外化为实践行动的积极性，助推展现思政教育活动取得更好的效果。此外，思想政治教育效能提升强调通过积极发挥教育者的能力和活动所产生的有利作用来提高目标的实现程度，在提高目标的实现程度的同时，也表现出对于人与社会的满足与促进作用。思想政治教育效能提升则有利于满足受教育者需要和社会需要，从而进一步提高思想政治教育有效性，表现在如下几个方面：

（一）思想政治教育效能提升有利于满足受教育者的需要

个体有生存、发展以及享用的需要，那么，思想政治教育效能提升有利于满足受教育者的生存、发展、享用需要。

1. 思想政治教育效能提升有利于满足受教育者的生存需要

人既生存在物质世界，也生存在精神世界。人为了能够生存下去，就得先得到生理需要的满足，再进一步去追求更高层次的，比如心理和精神需要的满足。没有生存，没有"活着"，没有健康的生命，其他的需要与追求都是空中楼阁。物质需要得到满足，是人的生存的基本要求，同时也是人进一步发展的基础。生存需要是个体内生的基本需要，只有通过个体实践与社会规则的调适，需要才能得到真切的满足。思想政治教育效能提升在尊重和理解人的这种需要的基础上，通过不断地以自身的积极能量推动物质文明的进步，提高人的生活水平，最大程度地满足人们的需要。思想政治教育效能提升既

---

[1] 沈壮海：《思想政治教育有效性研究》，武汉大学出版社2016年版，第2页。
[2] 参见宋德勇：《现代思想政治教育的人学解读》，北京交通大学2011年博士学位论文。

重视教育者的能力，也重视教育者对受教育者的能力水平的提高，教育受教育者得到更好更高更强的生存手段与技能，使受教育者能够很好地生存在物质世界，能够自己把握、自主建构自己的精神世界。思想政治教育效能提升能够更好地促进受教育者形成正确的世界观、人生观、价值观，具备较高的道德行为，从而更好地规约受教育者，使受教育者的现实生活顺利进行；思想政治教育效能提升能够更好地促进教育者与受教育者的沟通，加强人与自然、社会以及自我之间的交流，使受教育者的内部精神生活能够适应客观外部世界。

2. 思想政治教育效能提升有利于满足受教育者的发展需要

当受教育者得到生存需要的满足后，就想得到更高层次的需要满足，即追求自身发展的需要。例如人们通常选择先就业后择业，或者在满足人的生存需要即有一份工作能够养活自己后，就想着尝试多种手段能够使自身得到更好的发展，比如，提高工作岗位级别、提高学历、提高职称等。马克思主义中关于人的全面发展理论，不仅包括了人的个性发展，还把人的个性发展放在极其高的地位。那么，思想政治教育及其效能提升重视受教育者的个性发展及其发展需要满足。思想政治教育能够通过引导受教育者的政治方向、约束规范受教育者的行为、激发受教育者的精神动力、塑造受教育者的人格，使得受教育者健康积极地发展，并旨在通过培养受教育者牢固树立正确的世界观、人生观和价值观，科学掌握人类社会发展进步的基本规律，切实提高人们认识世界和改造世界的现实能力，从而丰富社会交往关系，满足精神方面更高层次的需要，促进人的全面而自由的发展。

3. 思想政治教育效能提升有利于满足受教育者的享用需要

受教育者在满足生存与发展的需要后，也想获得享用需要的满足。"人不仅为生存而斗争，而且为享受，为增加自己的享受而斗争。"[1]人的享用既包括物质享用，也包括精神享用。思想政治教育效能提升作为一种独特的教育活动，本身具有教育的一般性质和目标任务，即着力培养人的思维意识、提升人的思想境界、锤炼人的实战本领。主观能动性是人的本质特征，决定了人这一生命体与生俱来的精神和思想需要，这种需要的满足往往带有多重价

---

[1] 中共中央马克思恩格斯列宁斯大林著作编译局编译：《马克思恩格斯文集》（第十卷），人民出版社2009年版，第412页。

值功用，不仅可以更好地指导实践活动，全面保障个人的生存和发展，也是对人这一本质力量的确证和彰显。随着人民生活水平和生活质量的显著提升，思想政治教育效能提升为正确指引人的思想和行为提供了现实可能，通过有效满足受教育者的某种精神需要，全方位推动教育对象获得惬意、快乐、幸福的精神享受。这种境界的精神需要满足，并不是基于粗浅的感官欲求而产生，也不是为了改善物质生活而延续（如为获得良好就业机会，满足知识技能需要等），而是指个体为了获得精神上的全面自由解放。

思想政治教育效能提升通过提升受教育者的思想道德品质，能够满足受教育者的精神需要，使受教育者逐步提高自己的精神境界，受教育者继而以一种审美心态去审视自我，从而获得审美愉悦。受教育者的高尚道德行为在得到他人的赞扬与肯定时，自我审视自身的行为时也会感到幸福和满足，彰显自身价值，充实精神世界，幸福而又快乐，灵魂得到升华与提升。马克思恩格斯指出，"对于没有音乐感的耳朵来说，最美的音乐也毫无意义。"[1]这就是说受教育者只有具备了鉴赏音乐的能力，才能欣赏继而享用世上一切美好的音乐。同样地，受教育者只有具备美好的道德心灵，才能体验世上所有善良和美好。因此，思想政治教育效能提升能够发展与提高受教育者的德行，使受教育者具备美好的道德心灵，使受教育者体会与享受世界的一切美好。

思想政治教育效能提升能够不断满足受教育者的享用需要，通过深度挖掘一定阶级、政党、社会团体的思想观念、政治主张和道德操守的价值，使其满足个体超越生命至上、物质至上的高层次精神需要。根据马斯洛需求层次理论，满足高层次的需要可以使人获得更持久的幸福感、获得感和成就感，在这一发展过程中受教育者能够获得精神享受，即满足受教育者自我价值肯定的需要，以获得满足感；满足受教育者自我完善发展的需要，以获得成就感；满足受教育者自我实现目标的需要，以获得幸福感；满足受教育者自我超越理想的需要，以获得自由感。

（二）思想政治教育效能提升有利于满足社会需要

如同受教育者需要具有层次性、复杂性、多样性一般，社会需要也是丰富多元、新颖具体的多方面呈现。思想政治教育效能提升有利于满足社会需

---

[1] 中共中央马克思恩格斯列宁斯大林著作编译局编译：《马克思恩格斯文集》（第一卷），人民出版社2009年版，第191页。

要，主要表现在以下三个方面：

1. 思想政治教育效能提升有利于满足社会认同的需要

社会认同需要强调社会对于生活其中的人们在社会政治原则、道德规范、价值观念等方面达成一致认同的需要。[1]思想政治教育效能提升通过对社会成员采取易于接受的手段与方法，有效与人们进行沟通交流，了解人们的思想状况与心理需求，并启发人们设身处地地考虑他人，有利于双方达成共识。思想政治教育效能提升能够对不同受教育者进行思想意识、价值观念与行为规范的积极引导，发挥重要的引导力，调动受教育者的有效配合与积极合作，促使不同受教育者形成更广泛的社会认同的思想意识与价值观念，并逐步内化为受教育者的思想意识、价值观念等，促使受教育者把社会利益与自身利益看作是一致的，调动不同的群体进行高层次的共同价值认同，调节不同群体之间的关系，实现社会整合与凝聚。因此，思想政治教育效能提升有利于满足社会认同需要。

2. 思想政治教育效能提升有利于满足社会动员的需要

思想政治教育效能提升有利于满足社会动员的需要。思想政治教育效能提升注重创新创造，营造创新创造奋发图强的社会氛围，调动人们树立远大梦想和信念，鼓励人们具备百折不挠和求真务实的精神品质，调动人们的正能量投身到社会发展中去；注重思想政治教育的严密组织性与周详的计划性，从而组织并调动人们；注重教育对象的心理感受，通过适当的心理调适方法以解决人们的思想问题，引导人们积极向上，使人们具有较强的内在发展动力和期望；强调运用多种激励手段以鼓舞人心，聚合人力，调动人们的积极性和主动性，团结带领人们为社会发展建功立业，为社会发展贡献智慧与才能；注重引导人们的价值取向与实际行动相统一、自我发展与社会发展方向相一致。可以说，思想政治教育效能提升有利于满足社会动员的需要，在思政教育过程中的各个环节都发挥着社会动员的积极作用，提振社会成员信心、厚植社会成员信念、激发社会成员情感。

3. 思想政治教育效能提升有利于满足社会精神构建的需要

思想政治教育效能提升作为统治阶级更好实现统治目标的一种手段，对统治阶级更好统治人们所需要的精神构建有一定的满足性，能够更好体现统

---

[1] 参见沈壮海：《思想政治教育有效性研究》，武汉大学出版社2016年版，第136页。

治阶级的政治主张与思想意志。思想政治教育效能提升，通过对人们思想行为进行预测与规引，能够引导人们对社会更加理解与包容。思想政治教育效能提升通过实施激励教育，加强理想信念教育进行精神家园的构建，人们的人生目标与人格境界得到提升，人们的行为驱动更坚定、更持久、更有力、更强烈，从而为社会提供高效率、高效益的精神动力和精神支撑。

　　总之，思想政治教育效能提升有利于满足受教育者和社会的需要，也就是思想政治教育效能提升是一种积极改变人的思想和行为的教育实践活动，满足受教育者需要和社会需要，从而有助于增强思想政治教育有效性，使得受教育者一方面积极吸收教育内容，另一方面将其内化于自身价值观结构，并在自身价值观重塑进程中不断向教育者的要求靠拢，进而运用正确立场、思维、方式方法来解决实际难题，达到与社会和国家教育方向的一致。

第二章 思想政治教育效能提升的理论资源

马克思主义、中国古代以及西方理论中虽然没有直接提出思想政治教育效能，但是，其中不乏可以被我们吸收、借鉴与弘扬的相关理论知识。对马克思、恩格斯、列宁等马克思主义经典作家和中国共产党主要领导人的思想政治教育效能提升相关理论进行系统梳理，吸收中国古代教化效能提升的思想资源，借鉴西方关于教育效能提升的相关内容等，有助于更好地把握思想政治教育效能提升的理论资源。当前面临的发展环境错综复杂，需要发挥这些相关思想的基本价值。

第一节 马克思主义思想政治教育效能提升的相关理论

马克思主义不仅为思想政治教育奠定了哲学层面的世界观、方法论指导基础，还以其丰富系统的基本理论与具体论断，为思想政治教育效能提升提供了智慧启迪。马克思恩格斯在创立马克思主义理论与领导无产阶级革命运动过程中，有着丰富的与思想政治教育效能提升相关的思想理论，为我们开展研究奠定了扎实的理论基础。

一、历史合力论思想

历史合力论思想为我们研究思想政治教育效能提升提供了方法论指导，为思想政治教育效能提升提供了路径指引，具有重要意义。

（一）历史合力论思想的内容

马克思和恩格斯在著作中对于"合力""协作""协力"等的相关论述，

对于推动社会历史发展有着重要意义。

马克思在论述物质生产及其发展规律时曾经指出:"单个劳动者的力量的机械总和,与许多人手同时共同完成同一不可分割的操作(例如举起重物、转绞车、清除道路上的障碍物等)所发挥的社会力量有本质的差别。"〔1〕也就是说单个劳动力简单的相加与多个劳动力协作融合所发挥的作用力不同,应注重协作所产生的新生强大力量,体现出了马克思的生产合力思想。

恩格斯明确系统地提出了历史合力论思想,即"历史是这样创造的:最终的结果总是从许多单个的意志的相互冲突中产生出来的……这样就有无数互相交错的力量,有无数个力的平行四边形,由此就产生出一个合力"〔2〕。历史合力论的内容丰富,它的重要内容主要包括:第一,历史合力论揭示了主体发挥主观能动性不能脱离客观规律而独立存在。第二,历史合力论揭示了无论是历史发展过程还是人的发展过程或者思想政治教育改革创新的过程,都是曲折复杂的。第三,人的能力在社会历史发展长河中发挥着重要的能量。第四,推动社会历史发展需要各个主体、各种因素、各个方面与各个部分形成相互交错、稳固的合力。

(二)历史合力论思想对思想政治教育效能提升的启发意义

历史合力论思想为我们研究思想政治教育效能提升问题提供了方法论指导,具有重要的启发意义。

第一,历史合力论所蕴含的整体性思维,是思想政治教育效能提升研究的基本思维方式。历史合力论已清楚地表明,整个人类社会是一个有机统一体,整个有机统一体诸如经济、政治等因素是相互联系、相互作用、相互影响的。这种相互影响是网格化的、立体交叉的,奠定了社会历史发展的基础。"恩格斯要求人们从世界观和方法论的高度确立整体性思维。"〔3〕因此,历史合力论思想为思想政治教育效能提升提供了理论基础与实践指导。

第二,历史合力论所揭示的人的能力在社会历史发展长河中发挥着重要的

---

〔1〕 中共中央马克思恩格斯列宁斯大林著作编译局编译:《马克思恩格斯文集》(第五卷),人民出版社2009年版,第378页。

〔2〕 中共中央马克思恩格斯列宁斯大林著作编译局编译:《马克思恩格斯选集》(第四卷),人民出版社2012年版,第605页。

〔3〕 张婧:《马克思生产力理论及其在当代中国的发展》,安徽大学2010年硕士学位论文。

作用，有利于我们在思想政治教育效能提升过程中注重人的主观能动性的发挥，重视提高人的能力素质，增强思政教育活动对人的吸引力、凝聚力，激发人的积极性，增强人的自身使命感与责任感，促进人对于国家、社会的巨大推动作用。

第三，历史合力论中包含的"交互作用"理论，为我们提升思想政治教育的效能给予了方法论指导。首先，提升思想政治教育效能，施加作用的每种力量都不是孤立进行的，而是交互作用且协同并进的；其次，思想政治教育效能提升的过程中，参与交互作用的各种力量实际上是不均衡的，其中经济力量是最具决定性作用的力量。需要明确主体之间产生合力，强调创造历史的不同群体之间的交互作用，是诸多个体意志相互冲突的应然结果，主要包括：人们是在基本历史前提下从事一定的历史活动；人们不同的意志和能力源自他们特殊的物质生活条件；人们是主体合力的重要构成并以此合力创造历史；个人对社会历史的发展具有一定的推动作用。历史合力论中包含的"交互作用"理论，为我们提升思想政治教育效能给予了方法论指导，需要多种力量交互作用、协同互促、形成合力。

第四，历史合力论对思想政治教育效能提升有着主导和整合作用。对思想政治教育效能提升起主导作用指历史合力论指引着思想政治教育的目标和方向，各方面只有看着同一个方向、朝着同一个目标努力，才会产生巨大的功效；对思想政治教育效能提升起整合作用指一方面把各个方面综合起来，发挥出最优化的功能，另一方面是通过多种方式方法整合思想与利益，推动矛盾减少和积极向上发展。

（三）历史合力论思想为思想政治教育效能提升提供途径指引

思想政治教育效能提升是一个综合系统，需要多个因素发生交互作用，在各方面相互作用、相互协调的过程中发生与变化。第一，推动家庭、学校、社会等形成合力。在历史合力论体系中，家庭、学校、社会等因素始终占据着重要的地位。外部因素对思想政治教育效能提升的作用过程其实也是一种合力作用的结果。因此，三者在发挥各自作用的基础上，协同互促、相互配合，促进思想政治教育效能的提升。第二，推动教育者与受教育者形成总合力。从历史合力论看，教育者和受教育者之间的交互作用形成了合力系统。内部因素对思想政治教育效能提升的作用过程也是一种人的合力作用的结果。人是社会历史的创造者，教育者与受教育者在思想政治教育效能提升中占据着重要地位，教育者需在其中发挥主导作用，受教育者需在其中发挥能动作用。因而也内在要求了教育者与受教育者之间必须形成一种合力。教育者与受教育者形成总合力将会形成巨大的能量，产生积极效果。第三，利用马克思主义合力论分析思想政治教育效能提升，需要注意以下几点。首先，形成合力的主体是人，思想政治教育效能提升需注重对人进行统筹安排与调动其最大积极性。其次，形成合力的人在实践活动过程中会有不同的行为表现。加强他们之间的合力，需综合考虑其内在需求，从而激发其积极性，形成强大的合力。最后，不能过分注重个体利益而忽视集体利益，需把实现集体利益作为增强合力的出发点，切实保证统一领导和统一指挥的运行体系，使思想政治教育呈现有序发展和稳定提升状态。

总之，在思想政治教育过程中诸多作用力的合力有利于发挥积极作用和呈现有利效果。思想政治教育效能提升是由诸多思政教育因素综合发挥作用而成，主要以活动为载体，采取专业教育和实践活动相结合的方式，密切配合一套科学合理的管理手段，教育者、受教育者、方法、环境等形成思政教育合力。要发挥教育者的动力、导向力和施教力，调动受教育者的激活力、感悟力和内化力，促进教育者与受教育者之间的沟通力，增强思想政治教育目标的吸引力，扩大社会、学校、家庭等的支撑力，加深内容说服力和方法有效力等，增强整个系统的影响力。

二、治理效能提升的相关论述

关于治理效能提升主要强调国家通过一些措施手段在把牢正确方向基础上所发挥的积极作用，所表现出来的执政效率、办事能力、服务质量以及取得的工作效益的增强，比如在政治、经济、文化、社会、生态、党的建设等方面所表现出来的能力、效率和效益增强等。思想政治教育是国家治理的重要内容，治理效能提升相关理论为研究思想政治教育效能提升提供了一定的理论指导和支持。

（一）马克思恩格斯列宁关于治理效能提升的相关论述

伴随着奴隶社会后期国家的出现，国家治理就开始了。[1]治理相比于管

---

〔1〕参见徐海燕：《马克思主义国家治理思想及其当代价值》，载《重庆社会科学》2014年第10期。

理、统治等来说，更能够发挥人的能力，更具有计划性与协调性，更能调动整个社会的积极性以及体现出科学性与高效率。[1]虽然马克思并未直接提出国家治理概念，但是其关于无产阶级专政、工人阶级斗争、人民群众与国家的关系等，都体现着国家治理的思想。俄国十月革命的一些手段也丰富了有关治理的思想。虽然马克思主义国家治理理论中没有直接提出马克思主义国家治理效能提升思想，但是其有关治理的理论与实践中都体现出对治理效能提升的追求，为思想政治教育效能提升研究提供了理论基础。

1. 马克思恩格斯关于治理效能提升的相关论述

关于国家治理效能提升的经济方面，主要强调通过治理所产生的对于经济发展的积极作用。马克思注重发挥公社的作用，考虑人民的切身利益，借助民主、法治与经济治理，维护人民的生存利益，提升了治理效能。关于治理效能提升的文化方面，主要强调对文化发展起到积极有效的支撑作用。马克思提出特定的生产方式对精神文化发展产生的影响及二者之间的矛盾关系。恩格斯曾指出："经济上落后的国家在哲学上仍然能够演奏第一小提琴。"[2]马克思恩格斯认为先进的社会意识可以作为精神生产力对社会发展起促进作用，他们在认识到文化发展的特性基础上，揭示出文化治理效能提升规律，为探索文化治理效能提升提供了指导。关于治理效能提升的社会方面，主要强调在极大促进社会良性运行和协调发展中所产生的有利作用。马克思认为公共服务和公共产品功能的有效发挥能够极大促进社会治理效能提升。

2. 列宁关于治理效能提升的相关论述

列宁对于更好地管理国家，增强国家机关的执行效率与效果，在国家治理效能提升方面有着丰富的经验。第一，坚持集体领导制，提高政府决策科学性。列宁倡导国家大事既要通过进行集体讨论，也要坚持民主集中制原则，提高政府决策效率，提高服务社会主义事业的有效性。第二，坚持个人负责制，提高政府执行效率。列宁为防止出现相互推诿、相互扯皮等不负责任现象，倡导坚持个人负责制，提高为民办事的执行效率。第三，建立责任追究制度，保障政府工作效能提升。列宁注重对于政府办事过程中出现的问题进

---

［1］参见许耀桐：《治理与国家治理的演进发展》，载《中共福建省委党校学报》2016年第9期。

［2］中共中央马克思恩格斯列宁斯大林著作编译局编译：《马克思恩格斯选集》（第四卷），人民出版社2012年版，第612页。

行责任追究，倡导政府人员工作认真负责，提高工作人员能力素质，助推政府工作效能提升。第四，建立党政联合监督机制，提高监督效能。列宁注重发挥党政联合监督机制的功效以防止政府官员权力过于集中，有效杜绝官僚主义作风，提高了监督效能。第五，建立权力清单制，优化审批制，推动政府高效服务；建立和推广模范机关并精简政府机构，缩小政府规模以提高政府效率。列宁认为政府机构"宁可数量少些，但要质量高些"。[1]只有提高政府效能，才能更好地维护人民的利益。

马克思恩格斯虽然没有全面的直接的国家治理的经验，但是对国家治理提出了自己的看法。可以说，马克思恩格斯列宁关于国家治理的探索，关于国家治理效能提升的努力，为我们提供了很好的理论支撑。

(二) 中国共产党历代领导人治理效能提升相关论述

中国共产党历代领导人都高度重视治理效能提升，注重在提高治理效率的基础上，加强治理效能提升，增强治理效益，促进治理效果的实现，从而使得人民群众更好地生活，人民群众的利益得到满足，党和国家得到发展与进步。

1. 毛泽东关于治理效能提升的相关论述

毛泽东通过一系列富有成效的治理手段，整体上提升了国家治理效能。第一，毛泽东在抗日战争时期，为了有力抗击敌人，提高政府机构效率，开展"精兵简政"以提高治理效能。他指出："这一次精兵简政，必须是严格的、彻底的、普遍的……必须达到精简、统一、效能、节约和反对官僚主义五项目的。"[2]在机构方面进行精简，裁减冗员，减少开支，减少办事流程，提高政府执政效率，凝聚人心以力破大敌。此外，他注重提高领导干部效能，注重领导干部的工作能力和工作效率，物尽其用，人尽其才，减少资源浪费，杜绝领导干部的不良生活作风，加强领导干部与群众联系。第二，毛泽东的一系列文化治理方法，有效提升了文化治理效能，为研究思想政治教育效能提升提供了指引。他在考虑本国国情的背景下，注重考虑人民群众的切身利益与提高人民的精神文化水平，坚持"百花齐放，百家争鸣"，促进文化发

---

[1] 中共中央马克思恩格斯列宁斯大林著作编译局编译：《列宁全集》(第四十三卷)，人民出版社2017年版，第384页。

[2] 《毛泽东选集》(第三卷)，人民出版社1991年版，第895页。

展,对待外来文化则"取其精华,去其糟粕",在很大程度上提升了文化方面的治理效能,既避免了不良文化影响本国文化发展,还促进了文化的繁荣发展,很大程度上展现了文化作为一种生产力提高人民生活质量与水平,给人民群众带来了强大的精神动力与精神效益。第三,为营造公正平等的社会环境,全方位提高人民生活质量,最大限度地保障人民最低生活水平,毛泽东特别强调运用统筹兼顾思维妥当安排相关事务,显著改善党内及社会上存在的不良作风,贯彻落实党风廉政建设以及社会保障制度,从而提升了国家治理中社会方面的效能,建立了有效的社会秩序。

2. 邓小平关于治理效能提升的相关论述

邓小平把推动国家治理效能提升作为国家和军队建设的主要原则。第一,邓小平注重提高政府工作效率,裁减机构,明确各部门之间的分工与职责,提高政府工作人员的能力与工作积极性,克服官僚主义,以提高政府效能,促进国家与社会的发展。第二,通过完善选举制度,把选举制度优势转化为治理效能的动力。首先,一些救亡团体组织由人民群众选举产生。其次,注重选举法的完善,从而使得制度既为国家服务,又让人民遵从与切实满意,增强人民群众的凝聚力。最后,政府、军队不干涉民众团体工作,避免"限制群众的自动性、积极性,无法发挥其应有的效能。"[1]第三,邓小平在国家治理的社会效能提升方面,首先,立足中国实际,坚持实事求是原则,推动中国经济发展;其次,正确处理改革发展稳定的关系;最后,倡导"两手抓,两手都要硬",既促进经济加快发展,提高经济治理效能,又能够带动经济效益。

3. 江泽民关于治理效能提升的相关论述

第一,江泽民围绕政府建设与国家发展紧抓政府效能提升。其一,提出"三个代表"重要思想,始终加强效能提升,以促进人民群众利益为重点,一切出发点与立足点是为了人民,把人民的利益放在最高处。其二,精简政府机构以提高政府效能。江泽民倡导必须下大力度推进行政体制改革,控制"三公"经费,把阻碍政府工作效率的、影响政府机构高效运行的、各部门纠葛不清的进行进一步改革,提高政府的整体质量。其三,提高监督效能,推动治理有效进行。江泽民提倡"针对腐败现象易发多发的部位和环节,充分

---

[1]《邓小平军事文集》(第一卷),军事科学出版社、中央文献出版社2004年版,第93页。

运用各种手段和方式，提高教育和惩治、管理和监督的效能，"[1]注重发挥国家全社会的力量，多方面、多手段进行有效监督。其四，主抓政府工作人员的工作能力与素质作风，注重提高政府决策能力与水平。江泽民注重加强党员干部的能力建设，培养党员干部的政治意识与政治领悟水平，不断增强党员干部的执政本领，能干事、干的了事、干的了正确的事。第二，江泽民注重文化治理效能提升，推进"三个代表"重要思想，推进文化体制改革，促进文化建设，重视文化发展的价值导向，推动文化发展产生经济利益与社会利益，增强民族利益与国家利益。第三，江泽民注重社会治理效能提升。其一，把德治与法治相统一，注重发挥二者相得益彰在社会治理中的有效作用。其二，把社会治安工作放在极其重要的地位，发挥其推动国家发展稳定的积极作用。

4. 胡锦涛关于治理效能提升的相关论述

胡锦涛适应时代发展趋势和历史发展规律，提出科学发展观，对国家治理效能建设提出了更高要求，不断进行政府管理体制创新。第一，推进政府机构改革，胡锦涛提出始终加强自身建设，从机构自身上找问题，加强服务型政府建设，理顺结构关系，裁减冗员。第二，创新管理方式，在提高行政效率上取得突破。坚持有所为与有所不为，提高行政效率。第三，继续处理好政府与企业、社会、市场等的关系。我国实行市场经济后，就要对不该管的事情坚决不管，向着"大社会，小政府"的方向发展。第四，建立科学决策机制和评估机制。"要深化行政管理体制改革，推进政府职能转变，健全科学决策机制，提高行政效能。"[2]第五，强化监督机制，增强监督效能。第六，发挥法治作用，规范机关行为。一切机关作风和行为在法的规制与约束下将会不断得以完善与改进。

5. 习近平关于治理效能提升的相关论述

习近平指出："提高国家治理能力才能充分发挥国家治理体系的效能"[3]。习近平的相关理论与实践经验为思想政治教育效能提升提供了指南。

第一，推进政府效能提升制度化。政府效能建设是习近平在福建工作时

---

[1]《江泽民文选》（第三卷），人民出版社2006年版，第191页。
[2]《胡锦涛文选》（第三卷），人民出版社2016年版，第415页。
[3]《习近平谈治国理政》，外文出版社2014年版，第91页。

做的一项极其有意义的工作。自2000年全面开展以来，福建省政府效能建设形成了一套完整的制度机制，积累了一些成熟的做法与经验，在推动作风改变、提高行政效能等方面发挥了重要作用，得到了党中央、国务院和中央纪委监察部的充分肯定。《福建省机关效能建设工作条例》作为全国首部审议通过的机关效能建设工作的地方性法规，使得福建省机关效能建设有法可依，推进政府效能提升制度化。第二，通过"八项规定""六项禁令"等降低国家行政开支，助推国家治理效能提升。党中央在国家治理效能提升方面重视程度之高，主要体现在制度制定上，比如说"八项规定"和"六项禁令"等针对改进工作作风的制度与规定的相继出台，为进一步推进国家治理现代化进程提供了制度保障和行动指南。习近平注重通过对权力监督制约机制的完善，避免国家治理效率低下，在一定程度上维护政府形象。这些规定一方面对政府人员的行为起了约束作用，另一方面也节省了开支，提高了政府效益，助推国家治理效能提升。第三，通过进一步实施党的群众路线教育实践活动，助推国家治理效能提升。习近平始终坚持江山就是人民，人民就是江山，注重执政能力建设，注重人民群众的利益，加强与人民群众的联系，既推动了国家治理效能提升，又赢得了民心。第四，通过大力推进"放管服"改革，简政放权，加强政府自我能力建设。统筹推进"放""管""服"改革，建设人民满意的服务型政府。第五，习近平注重创新体制机制，提高资源配置效率效能。一方面，习近平注重创新体制机制，正确处理好与当前市场的关系。另一方面，习近平注重坚持优化协同高效的原则，提高行政效率以增强政府执行力。

习近平注重文化治理方面的效能提升。习近平注重加强社会主义核心价值体系建设，推进文化治理迈上了新台阶，对文化治理布局起到重要推进作用，增强了文化效益，提高了国家文化软实力。第一，注重推进文化体制改革。第二，推动文化全面发展。第三，促进文化效应积极呈现，提高国际话语权，塑造国家形象。注重提高文化传播能力，提高文化产品的品质，加强文化交流，推动文化主动走出去，加强文化的宣传教育。第四，充分挖掘传统文化资源，提高资源利用效率。一方面，将传统文化资源合理分配，落到实处。另一方面，开发保护传统文化资源。第五，提升文化创新力，为文化发展提供持久的动力，促进文化治理效能提升。

三、思想政治教育效能提升的重要论述

马克思主义经典理论以及毛泽东思想和中国特色社会主义理论体系中有着丰富的理论与实践经验，对思想政治教育效能提升提供了重要指导。

（一）马克思恩格斯列宁关于思想政治教育效能提升的重要论述

马克思恩格斯虽然没有直接提出思想政治教育以及思想政治教育效能提升，但是，马克思恩格斯在起草《共产主义者同盟章程》、思想论战、书信、评述时广泛使用"宣传"一词，在鼓动与反动思想理论进行斗争等方面也体现着宣传的味道。其有关宣传与促进实现宣传更好效果的理论与实践，为思想政治教育效能提升提供了积极的指导作用。

马克思恩格斯注重提高思想政治教育的积极作用，强调只有具备科学的理论，思政教育的内容科学无误，思政教育才会发挥长期效应，发挥其最大效能。第一，通过运用科学的社会主义理论激发工人运动由自发向自觉转变。"理论一经掌握群众，也会变成物质力量"[1]。他们强调思政教育的科学内容决定着思政教育对无产阶级有着重要的价值。第二，强调提高思想政治教育的目标导向作用。注重通过正确的目标导向指引思政教育过程，始终发挥指导工人运动的作用。第三，注重提高思想政治教育方法的有利作用，增强舆论引导力。首先，马克思恩格斯根据当时社会发展情况和能够有效在工人阶级中传播最大化，选取工人能够买到并传看的报纸作为增强思政教育目标实现程度、提高思政教育效果的手段，比如，通过刊登在报纸上的《关于林木盗窃法的辩论》等文章来为贫困劳动人民捍卫利益，宣传了科学社会主义。其次，马克思恩格斯强调要注重思想政治教育方法与实践相联系，才能发挥最大效应，倡导劳动教育、智育和体育相结合。再次，开办学校，发挥学校教育的积极作用。"都到无产阶级的阅览室去阅读"[2]。开办学校可以使思政教育集中在一个固定的场所，设置固定的时间，大大提高思政教育的效率与质量，提高工人阶级的思想觉悟水平。第四，注重运用客观事实宣传思想

---

[1] 中共中央马克思恩格斯列宁斯大林著作编译局编译：《马克思恩格斯选集》（第一卷），人民出版社2012年版，第9页。

[2] 中共中央马克思恩格斯列宁斯大林著作编译局编译：《马克思恩格斯选集》（第一卷），人民出版社2012年版，第130页。

和引导舆论，推动社会主义的宣传教育以提升思政教育效能。第五，阐明思想政治教育效能提升的历史唯物主义原理。马克思在论述社会意识对社会存在的反映和反作用理论时，阐明了统治阶级想要更好地维护和巩固政权时，发挥人的主观能动性，必须加强把统治阶级意识转化为全社会意识，以更好地发挥社会心理影响个人心理的有利作用，最终产生积极的影响效果。第六，指出影响思想政治教育效能提升中教育者应具备的能力。马克思恩格斯对思政教育效能提升中教育者的理论素质和能力素质标准做了说明，强调教育者要具有综合能力，要始终头脑冷静，对思政教育效能提升有一种长远的考量，发挥思政教育效能并进而进一步提升思政教育效能，这是一个渐进的过程，要做到久久为功，从长远考虑思政教育的整体效应。第七，指出检验思想政治教育效能提升的标准。马克思恩格斯作为马克思主义理论的创始人，非常重视思政教育所产生的效果，并认为实践结果是检验思政教育效能是否提升的唯一标准，思政教育对人类所起的积极作用是经得起历史和实践的检验的。第八，强调发挥与提升思想政治教育效能必须坚持与时俱进原则。"我们的理论是发展着的理论，"[1]思政教育效能的提高是建立在思政教育不断进行创新、不断与时俱进的基础上的，只有思政教育不断与时俱进，才符合时代发展要求，才能获得持久永恒的动力。

列宁虽然没有直接提出思想政治教育以及思想政治教育效能提升，但是列宁提出了"政治教育""政治教育工作"概念，[2]其有关政治教育、政治教育工作与促进实现政治教育、政治教育工作更好效果的理论与实践，为思想政治教育效能及其提升提供了积极的指导作用。第一，列宁提出需坚持"灌输"方法。列宁在促进革命运动开展，助推思政教育效能提升方面有了新的探索。他认为通过宣传社会主义来唤醒工人是进行革命建设的必备条件，也是无产阶级政党的一项重要任务，并全面系统地论述了著名的"灌输"理论，通过"灌输"产生了非常好的效果，提升了思政教育的效能。列宁强调思政教育"灌输"的效能作用，"把社会主义思想和政治自觉性灌输到无产阶

---

〔1〕 中共中央马克思恩格斯列宁斯大林著作编译局编译：《马克思恩格斯选集》（第四卷），人民出版社2012年版，第588页。

〔2〕 参见《思想政治教育学原理》编写组：《思想政治教育学原理》，高等教育出版社2018年版，第1页。

级群众中去,"[1]并引导工人阶级掌握科学的世界观和方法论,从而使思想达到统一,以利于凝心聚力。第二,列宁除了注重"灌输"方法,还探讨了思想政治教育效能提升的其他方法。首先,方法要具有针对性。思政教育工作要贴合教育对象,面向教育对象的生产生活,并被教育对象所熟知,自然也就能够引起教育对象的广泛关注和积极参与。列宁认为提升思想政治教育的效能,提高思政教育的效果,一方面,要面向教育对象的生产斗争实际和日常生活实际展开。生产斗争直接关系教育对象的利益,是教育对象关注的焦点。那些能够真正致力于改良教育对象日常生活的思政教育工作才能得到教育对象的广泛认同与支持,"应当少说空话,因为空话满足不了劳动人民的需要。"[2]要面向教育对象的日常生活、针对不同教育对象进行思政教育工作。另一方面,要结合社会背景客观实际进行,倡导"共产主义星期六义务劳动"制度,这些为增强思政教育效果、更好地实现统治阶级目标起到了很好的作用。其次,榜样教育法。列宁要求党员需发挥不要劳动报酬的带头示范作用,从而使工人群体信服党员、依靠党员、向党员靠拢。

(二) 毛泽东关于思想政治教育效能提升的重要论述

毛泽东时期,主要运用思想教育、思想政治工作这一概念,[3]其有关促进思想政治教育实现更好效果的理论与实践,为思想政治教育效能提升提供了积极的指导作用。

毛泽东注重思想政治教育内容的贴合实际性以加强其效能。"传单小册子的内容、讲演人的口号均宜十分切合群众本身实际要求。"[4]注重从工农群众的日常生活中抓取事实材料,对工农群众进行宣讲时的内容取材于工农群众实际生活,从而在实质上推进工农运动。

毛泽东注重提升思想政治教育效能的方式方法。毛泽东善于运用多种多

---

[1] 中共中央马克思恩格斯列宁斯大林著作编译局编译:《列宁全集》(第四卷),人民出版社2013年版,第335页。

[2] 中共中央马克思恩格斯列宁斯大林著作编译局编译:《列宁选集》(第四卷),人民出版社2012年版,第309页。

[3] 参见《思想政治教育学原理》编写组:《思想政治教育学原理》,高等教育出版社2018年版,第2页。

[4] 中共中央文献研究室、中央档案馆编:《建党以来重要文献选编(1921—1949)》(第2册),中央文献出版社2011年版,第257页。

样的群众喜闻乐见的形式与途径开展思想政治教育工作。第一，注重思想政治教育方式方法的方向性。在经历一系列革命战争尤其是经历第一次国内革命战争失败后，毛泽东强调必须在开展思想教育工作时坚持党的领导方向，用适当的方式引导和教育人民（尤其是当时军队中绝大多数是农民），提高方式方法的方向性，从而更好地达到思想政治教育的目的。第二，注重思想政治教育方式方法的针对性。针对工农群众当时不识字的人占绝大多数的情况，注重提升工农群众的语言和思想，更加贴近群众的兴趣、通俗易懂。比如，在土地革命战争时期，为了能够有效开展土地革命，通过印传单、办黑板报、演出等形式来宣传土地革命，因地制宜地开展宣传工作，增强其渲染力和感染力，提升了思想政治教育的效能，有效防止工农群众产生厌烦的情绪。第三，注重思想政治教育方式方法的创新性。毛泽东倡导除了有效使用报刊、标语、演讲、动员大会、小型文艺节目等思政教育方法外，还注重思政教育方法的创新性，创造文艺精品，比如田汉作词、聂耳谱曲的《义勇军进行曲》，铿锵有力，深入人心，唤起了广大群众团结一致、保家卫国、奋勇抗战的决心，激励广大人民群众的爱国主义精神，起到了良好的凝聚效果。第四，注重思想政治教育方式方法的客观性。毛泽东注重思想政治教育要从实际出发，实事求是，强调调查研究不是随意进行的，而要做深入、正确的调查，调查要搞明白调查的目的、区域、纲目和对象，在调查过程中亲自做记录，做调查研究必须眼睛向下，甘当小学生，从而高效地开展思想政治教育，调动群众的积极性。第五，注重思想政治教育方式方法的高效率。毛泽东在进行思想政治教育工作时注重运用矛盾分析法，并利用矛盾分析法发表了《星星之火，可以燎原》等文章，为思想政治教育的开展提供了方向和目标，能够在工作过程中发现和把握主要矛盾，提高工作的效率，促进思想政治教育工作的效能提升。此外，毛泽东注重采取说服教育，但说服也需要技巧，强调对待错误思想要通过辩论、批评、说理的方法来进行。

毛泽东注重教育者的能力建设。第一，毛泽东注重教育者的理论修养。"中央各部、省、专区、县三级，都要比培养'秀才'……这些人要较多地懂得马克思主义，又有一定的文化水平、科学知识、词章修养。"[1]第二，毛泽东注重教育者的高素质。重视教育者素质的提高，优质高效地完成党的思想

---

[1]《毛泽东文集》（第七卷），人民出版社1999年版，第360页。

政治工作任务。早在土地革命战争时期,毛泽东就要求积极地改进宣传中的质量。[1]第三,毛泽东注重加强对思想政治教育队伍的培训。毛泽东从红军时代起就重视宣传队的培训要有计划、有步骤地进行,以提高宣传教育队伍的素质,保证宣传教育的质量。第四,毛泽东注重思想政治教育领导干部的能力。毛泽东注重各级领导不仅要亲自抓思想政治教育,而且要抓得好。第五,毛泽东注重教育者的语言表达能力。强调教育工作者在日常生活中要口头表达群众化,实现语言表达的转变,使口头语言符合人民群众的语言习惯和心理习惯,从而消弭教育者与受教育者潜在的隐形距离。

(三) 邓小平关于思想政治教育效能提升的重要论述

第一,"三个有利于"标准有助于检验思想政治教育效能提升。邓小平提出的"三个有利于"标准,是他坚持解放思想,实事求是地分析、总结改革开放和社会主义现代化建设过程中出现的各种新情况、新经验的结果,有助于进一步检验思想政治教育效能的提升。第二,发挥思政教育手段解决风险的有利作用。邓小平指出,"用法律和教育这两个手段来解决这个问题。"[2]注重探索更好发挥思政教育作用的有效手段,并使得思想教育与制度约束相结合,加强法制建设并突出法制的教育功能,有利于发挥思政教育手段解决风险的有利作用,提升思想政治教育的效能,从而提高人们的思想认识。加强社会主义文化事业建设,能够进一步增加人民群众的向心力和凝聚力。第三,强调思想政治教育的层次性。邓小平认为可以从很多方面划分受教育者,包括政治面貌、阶级程度、品德才能等,同一阶层划分中又可形成不同的层次,这对于具有针对性地开展思政教育工作具有指导意义。同时,社会主义现代化建设要求区别看待不同层次的受教育者,但是要从实际出发来确定具体的思政教育目标和方式,务必要坚持具体问题和具体分析相结合的工作思路,尽最大能力增强思政教育工作的实效作用。第四,强调提升军队的马克思主义理论教育效能。邓小平强调不管怎么样,军队里的马克思主义理论教育必须加强,号召军队所有的人都要重视和参与政治思想工作,在《精简军队,提高战斗力》中有所体现。第五,注重加强教育者的能力。邓小平指出"要提

---

[1] 参见《毛泽东军事文集》(第一卷),军事科学出版社、中央文献出版社1993年版,第108页。

[2] 《邓小平文选》(第三卷),人民出版社1993年版,第156页。

高教师的水平,包括政治思想水平、业务工作能力以及改进作风等。"[1]他认为提高教育者的能力,对思想政治教育的效能提升有利。

(四) 江泽民关于思想政治教育效能提升的重要论述

第一,注重提升思想政治教育效能以促进社会全面进步。江泽民指出,"促进社会全面进步,需要宣传思想工作提供有力的保证。"[2]他认为思想政治教育效能的提升,可以为经济发展提供不竭的精神动力,可以凝聚社会力量,促进社会和谐与全面进步。第二,注重在提高现代化水平过程中助推思想政治教育效能提升。江泽民认为应突破传统思想政治教育理念与方式方法,根据我国国情与当今时代变化,助推思想政治教育效能提升并在提高现代化水平的过程中进行。第三,注重运用信息网络技术增强思想政治教育效能。江泽民注重运用网络技术辅助思想政治教育实践活动的开展,从而使得思想政治教育普及面增强、实践活动效率提高、舆论影响力增强。这对于今天有效提升思想政治教育效能仍然有着重要的现实作用和方法论指导价值。第四,注重思想政治教育的质量与效益。江泽民以科学的规划以及相应的政策和措施的保障来贯彻思想政治教育方针,来提高思想政治教育效能。他一再强调人才培养以及人才培养的质量与效益,需立足国家与社会实际情况,完善思想政治教育结构与布局,提高资源利用率,从而推动效果进一步增强。

(五) 胡锦涛关于思想政治教育效能提升的重要论述

第一,注重加强意识形态引领。胡锦涛倡导用社会主义核心价值体系整合思想政治教育的新内容,这是胡锦涛对思想政治内容的丰富与发展,也是增加思想政治教育效果的创新之举。第二,注重原则建设。胡锦涛对思想政治教育的特点和规律不断进行探索,根据思想政治教育工作开展的现实情况,对于增强思想政治教育效能提出坚持"三贴近"原则,也就是贴近实际、贴近生活、贴近群众,[3]有利于深入人民群众、动员人民群众、引领人民群众。第三,注重方式方法。胡锦涛一方面注重加强思想政治教育方法的针对性,

---

[1] 《邓小平文选》(第二卷),人民出版社2019年版,第55页。

[2] 《江泽民文选》(第一卷),人民出版社2006年版,第496页。

[3] 参见胡锦涛:《胡锦涛在全国宣传思想工作会议上发表重要讲话强调:坚持用"三个代表"重要思想统领宣传思想工作,为全面建设小康社会提供科学理论指导和强大舆论力量》,载《人民日报》2003年12月8日,第1版。

另一方面，注重思想教育与解决实践问题相结合，使思想政治教育既接地气，接近受教育者的思想实际，又能发挥思想政治理论指导实践的积极作用。第四，用科学发展观衡量思想政治教育工作效能提升。胡锦涛注重科学发展观的作用发挥，强调发展是科学发展观的第一要义，也同样是对思想政治教育的要求。以人为本是科学发展观的核心，也是思想政治教育的核心理念。科学发展观是指导我们一切工作的世界观和方法论，也是新时期思想政治教育的指导思想和其效能提升的衡量标准。

（六）习近平关于思想政治教育效能提升的重要论述

习近平注重意识形态建设，注重思想政治教育的效能提升，主要表现在以下几个方面：

第一，深化"三全育人"，推动"大思政"格局建设。习近平注重思想政治教育效能的提升，注重思想政治教育过程中的每一个环节，强调思想政治教育应是全方位的，要把思想政治教育工作贯穿学校教育管理全过程，[1]不是局限于思想政治理论课堂这一时空范围和思想政治理论课教师这一主体，构建"大思政"的教育工作格局，以提升思想政治教育效能。通过这一建设，建强队伍，压实责任，形成全员育人"大合唱"；健全体系，抓住节点，注重在受教育者发展的各个阶段、各个方面的连续性和渐进性，形成全程育人"一盘棋"；加强多线联动，统筹规划，形成全方位育人"协奏曲"。第二，强抓教育者的能力素质。习近平非常重视教育者能力素质培养。他认为教育者对于思想政治教育工作及其效能提升起着关键作用，专门召开思想政治理论课教师座谈会，对教育者的能力素质有着十分明确的要求，为教育者增加教育工作的底气、为教育者朝着怎样的方向发展提供了方向指引。习近平为增强思想政治教育效能，促进最佳效果实现提供了重要抓手。第三，有针对性有层次地开展思想政治教育，重视青少年学生和领导干部的思想政治教育效能。习近平重视对领导干部、青少年学生群体的教育，注重提升思想政治教育的效能，从而增强思想政治教育的实际效果。首先，推进领导干部反腐倡廉建设，强调领导干部坚持党性与人民性相统一的原则，其推动的一系列实践改革取得了巨大的成效，对于思想政治教育效能提升具有重要指导作用。

---

[1] 参见《习近平在全国教育大会上强调：坚持中国特色社会主义教育发展道路培养德智体美劳全面发展的社会主义建设者和接班人》，载《人民日报》2018年9月11日，第1版。

其次，党的十八大以来，习近平注重青少年学生的思想政治教育效能提升，强调青年兴则国家兴，青年强则国家强；青年要做新时代的奋斗者；青少年要自觉为国家和人民奉献自我，实现个人价值与社会价值的统一。第四，注重对思想政治教育内容的丰富与完善。习近平注重发挥思政教育内容的积极作用。习近平注重把社会主义核心价值观、中华优秀传统文化融入思想政治教育全过程，润化、启迪与熏陶受教育者的头脑。加强理想信念教育，补足受教育者的内在营养。注重生态文明教育，助推生态文明建设。加强廉政法纪教育，深化思想政治教育的底线思维，强调："把法治教育纳入国民教育体系"〔1〕，注重为受教育者打下良好的法律基础。第五，调好思想政治教育"盐味"，遵循因事而化、因时而进、因势而新理念，提升方法效能。习近平注重思想政治教育的效能提升，使受教育者真信、真服、真懂，使思政教育效果倍增。首先，习近平通过把人们所熟知的"盐"加入思政教育工作过程中，强调思政教育需把握引领、融入人心的方式方法，能够使得思政教育的精髓被良好吸收。其次，习近平强调思想政治教育需把握时机与分寸，在全国高校思想政治工作会议上指出"做好高校思想政治工作，要因事而化、因时而进、因势而新，"〔2〕才能助推思政教育效能提升。第六，健全思想政治教育组织机构与完善相关规章制度。习近平注重加强组织机构建设、模式规范建设，推动思想政治教育制度化、法制化更上新台阶。对学校、机关、农村、社区、企业等加强完善领导体制、管理体制、队伍建设，创新协同育人机制。

第二节 中国古代教化效能提升的思想资源

思想政治教育这一概念在中国古代并不是直接就有的。但是在中国古代，一些思想家、教育家进行的论述、著说不乏有关于思想教育、政治教育、道德教育等理论观点。思想政治教育在中国古代被称为"教化"。〔3〕马克思指

---

〔1〕《习近平谈治国理政》（第二卷），外文出版社2017年版，第122页。
〔2〕《习近平在全国高校思想政治工作会议上强调：把思想政治工作贯穿教育教学全过程 开创我国高等教育事业发展新局面》，载《人民日报》2016年12月9日，第1版。
〔3〕 邢丽芳：《儒家教化及其有效性研究——先秦至西汉时期》，南开大学2014年博士学位论文。

第二章 思想政治教育效能提升的理论资源

出,人们必须基于"直接碰到的、既定的、从过去承继下来的条件,"[1]去创造自己的历史。同样的,思想政治教育效能提升也必须基于一定的历史文化传承,立足当前的社会现实条件,才能获得更好提升。为此,全面回顾我国古代教化实践中所蕴含的教化效能提升思想,系统梳理古代大家关于教化效能提升的理论与实践,对于当前推动思想政治教育效能提升,促进思想政治教育科学发展具有重要的现实价值。我国古代教化效能提升理论与实践博大精深,意蕴丰富,在促进人的发展、维护社会稳定中发挥了巨大作用。立足当前社会发展形势和思想政治教育效能实际,推究我国古代悠久灿烂文明中的效能提升实践智慧,有助于更好把握思想政治教育效能提升的未来发展走向。

中国古代奴隶社会与封建社会的分期有很大分歧,且奴隶社会留下的文献资料少之又少,故此文参照的中国古代思想主要指封建社会思想。此外,儒家思想在封建社会中一直占据意识形态的统治地位,[2]所以,有关提高儒家教化效能的理论与方法就成为我们研究中国古代教化效能提升的主要依据。

一、中国古代教化效能提升的目标

在中国古代,思想政治教育主要是通过道德教化来实施的,所以,道德教化效能提升的目标就成为中国古代教化效能提升的目标。但是这种道德教化效能提升的目标与我们今天的道德教育效能提升的目标是有所不同的。中国古代主要是更好地通过提高个人自身修养来成为"圣人""君子",从而更好地实现巩固君主统治的目标。

孔子提出"为政以德,譬如北辰,居其所而众星共之。"[3]孔子认为用道德教化来治理国家,能够起到良好的效果,强调了提高教化的方式方法的重要性,从而更好地实现教化目标。墨子指出"以学为无益也教,悖。"[4]墨子认为在教化时应明确教化目标的重要作用和意义,否则将出现教化效能降低、教化效果向相反的方向发展。秦代,吕不韦撰写的《吕氏春秋》中指

---

[1] 中共中央马克思恩格斯列宁斯大林著作编译局编译:《马克思恩格斯选集》(第一卷),人民出版社2012年版,第669页。
[2] 参见石书臣:《现代思想政治教育主导性研究》,学林出版社2004年版,第60页。
[3] 《论语·为政》。
[4] 《墨子·经说下》。

出"身成则为人子弗使而孝矣……有大势可以为天下正矣。"[1]吕不韦通过强调道德教化的效能的重要性，强调道德教化效能提升的重要意义，以及申明可以实现治国理政，安顺臣民。董仲舒提出"任德教而不任刑。"[2]董仲舒认为通过政教风化、教育感化等方法推动教化效能提升，能够达到教化的目标，使之达到育德于民、社会和谐、民风朴实的效果。张载认为教化具有重要的意义，要通过多种举措推动教化效能提升，达到人人拥有的圣贤境界。[3]朱熹推行"三纲五常，天理民彝之大节，而治道之本根也。"[4]朱熹强调要通过规定目标、任务、原则、方法等来更好地实现教化目的以为统治阶级服务。王阳明提出"安其农、工、商、贾之分"，天下和乐，"熙熙皞皞，皆相视如一家之亲。"[5]他强调要加强教化效能提升，从而实现教化人心、稳固家业和社会安定的目的。黄宗羲提出想要改变"蛊惑不除，奢侈不革，则民仍不可使富也。"[6]这一问题需要"学校之教明而后可也，"[7]他强调教化的重要作用以及通过推动教化效能提升实现教化的目标从而实现国家之利，服务天下苍生。顾炎武提出"风俗者，天下之大事，"[8]强调通过推动教化效能提升能够实现人心向正，改变社会风气。王夫之提出"正志为本，"[9]认为通过推动教化效能提升能够更好地实现治理国家的目标。颜元提出"正谊便谋利，明道便计功，"[10]强调要推动教化效能提升，明确功利目标也就能够实现天下富强安定。

二、中国古代教化效能提升中的教育者与受教育者的能力

中国古代有关教化效能提升的理论与实践，注重教育者与受教育者的能力，主要强调教育者自身的以身作则与沟通、创新能力，受教育者能够发挥

---

[1]《吕氏春秋·孟夏纪·尊师》。
[2]《汉书·董仲舒传》。
[3] 参见《张子语录·语录中》。
[4]《晦庵先生朱文公文集·奏札·戊申延和奏札一》。
[5]《王阳明全书·传习录中》。
[6]《明夷待访录·财计三》。
[7]《明夷待访录·财计三》。
[8]《日知录·廉耻》。
[9]《张子正蒙注·卷四》。
[10]《颜元集·颜习斋先生言行录·教及门第》。

积极主动性，从而达到教育者与受教育者平等、合作、互动的境界。

孔子认为助推道德教化效能提升需要教育者具备一定的能力，即"上好信，则民莫敢不用情。"[1]要"能近取譬，可谓仁之方也已"，[2]倡导教育者具备良好的能力与素质，能够推己及人，从而有利于发展自身；提出"我欲仁，斯仁至矣"，[3]指出需要发挥受教育对象的主观能动性。孟子认为助推道德教化效能提升要从整体上进行规划，教育者的能力和以身作则影响着教化效能提升，强调"君仁，莫不仁；君义，莫不义；君正，莫不正"；[4]在强调教育者的同时认为教育对象的主观能动性的发挥对实现教化目标具有重要意义，"凡有四端于我者……苟能充之，足以保四海，苟不充之，不足以事父母。"[5]荀子指出助推教化效能提升既要教育者带头示范"上公正则下易直矣"，[6]发挥教育者"有师法者，人之大宝也"[7]的积极作用，又强调教育对象能够提高自我教育能力、发挥主观能动性以及自觉能动性，主张"修身自强"。[8]荀子还强调教育环境潜移默化地影响着受教育者道德品质的形成与发展，应优化环境，选择良师益友。同时，荀子指出"故圣人者，人之所积而致矣"，[9]他看到了助推教化效能提升具有长期性。墨子认为强化道德教化目标能够激发教育对象的主观能动性，从而助推道德教化效能提升。吕不韦认为教育者对助推教化效能发挥具有重要的积极作用，看重教育者的地位"位尊者其教受"，[10]以及教育者与受教育者的关系"视徒如己，反己以教，则得教之情也"。[11]吕不韦认为教化手段的分寸应掌握好，指出"强令之为道也，可以成小，而不可以成大"，[12]并认为教化效能的提升在于教育者的诚

---

[1]《论语·子路》。
[2]《论语·雍也》。
[3]《论语·述而》。
[4]《孟子·离娄上》。
[5]《孟子·公孙丑上》。
[6]《荀子·正论》。
[7]《荀子·儒效》。
[8]《荀子·修身》。
[9]《荀子·性恶》。
[10]《吕氏春秋·审分览·慎势》。
[11]《吕氏春秋·孟夏纪·诬徒》。
[12]《吕氏春秋·仲春纪·功名》。

恳"说与治不诚,其动人心不神"[1]和受教育者的自身靠拢性"因其来而与来,因其往而与往",[2]吕不韦还强调教育者与受教育者的良好互动与接受能够助推教化效能提升,否则"说者虽工,不能喻矣"。[3]董仲舒指出"性有善质,而未能为善",[4]"无其质,则王教不能化",[5]强调从受教育者本身情况出发来看教化的效能,尊重受教育者的本质是教化效能提升的基础。刘安认为助推教化效能提升首先需要教育者的优秀道德修养,否则"虽口辩而户说之,不能化一人。"[6]他强调要把教化内容转化为受教育者的自身内在品质,这也直接影响着教化效能提升和最终教化效果。张载强调"教人者必知至学之难易。"[7]他注重教育者的能力建设,强调教育者应对教化内容进行熟悉把握和整体设计,并掌握受教育者的现实情况和发展规律。王夫之认为助推教化效能提升需要教育者注重教化对象的知与行相统一,"行而后知有道,道犹路也。得而后见有德,德犹得也。"[8]

三、中国古代教化效能提升的方法途径

中国古代关于助推教化效能提升的方法途径,主要包括把握教化的时机,注重教化内容的层次性、阶段性与衔接性,有效把握教化方法,优化教化环境,遵循教化规律,调动教化对象积极性等途径。

孔子重视助推教化效能提升的方法途径,比如他认为在开展教化时,要"不愤不启",[9]充分考虑受教育者的状态与时机。注重教授内容的层次性与阶段性和衔接性,"中人以上,可以语上也",[10]"视其所以,观其所由,察其所安",[11]从而能够顺应受教育者的发展规律。并通过"三年无改于父之

---

[1]《吕氏春秋·审应览·具备》。
[2]《吕氏春秋·慎大览·顺说》。
[3]《吕氏春秋·先识览·知接》。
[4]《春秋繁露·实性》。
[5]《春秋繁露·实性》。
[6]《淮南子·原道训》。
[7]《张载集·正蒙·中正》。
[8]《思问录·内篇》。
[9]《论语·述而》。
[10]《论语·雍也》。
[11]《论语·为政》。

道，可谓孝矣"，[1]检验教化效果和教化效能是否提升。孟子注重对受教育者言辞说教的程度，提出"言近而指远者，善言也。"[2]荀子看重艺术手段对助推教化效能提升的积极作用，倡导"乐行而志清，礼修而行成"，[3]从而使得高雅艺术熏陶身心，促进受教育者的积极性。墨子强调提升教化效果、助推教化效能提升要注重环境对受教者发展的重要影响，提出"士亦有染"，[4]受教者遇见什么样的环境，会受到什么样的环境的影响，形成与之相应的德行，因此需重视优化环境。贾谊重视教化效能的提升，强调"教者，政之本也……有教，然后政治也"，[5]他认为助推教化效能提升必须尊重一定的规律即"师傅之道，既美其施，又慎其齐"，[6]违背受教育者发展规律，则"夫心未滥而先谕教，则化易成也。"[7]董仲舒强调通过艺术载体来助推教化效能提升，从而提高教化效果以"变民也易，其化人也著。"[8]张载注重教化的时机，从而实现最佳教化效果，指出"当其可，乘其间而施之"，[9]并认为"教人者必知至学之难易"，[10]强调要遵循学生成长、成才规律，从幼到大是由简单到复杂、由容易到困难进行教学的。朱熹强调遵循循序渐进原则从而提高教化效能，朱熹曾说"以二书言之，则先《论》而后《孟》，通一书而后及一书"，[11]他从先学习《论语》后学习《孟子》引出要尊重学习的先后顺序，强调从基本常识到复杂内容，不急于求成，方能学有所成。黄宗羲认为通过"清议"从而移风易俗、让民众自我参与与教化群众、发动群众力量，从而达到巩固社会的目标。顾炎武认为通过树立学习的榜样能够助推教化效能提升，从而"变化人心，荡涤污俗者，莫急于劝学、奖廉二事。"[12]颜元

---

[1]《论语·学而》。
[2]《孟子·尽心下》。
[3]《荀子·乐论》。
[4]《墨子·所染》。
[5]《贾谊新书·大政下》。
[6]《贾谊新书·容经》。
[7]《汉书·贾谊传》。
[8]《汉书·董仲舒传》。
[9]《张载集·正蒙·中正》。
[10]《张载集摘》。
[11]《朱子读书法》。
[12]《日知录·名教》。

提出"身习而今日所以实践之"[1]以助推教化效能提升,必须进行实践才能更好地达到教化效果。

第三节　西方关于教育效能提升的思想借鉴

西方国家虽然没有直接使用思想政治教育这个概念,但是却做了有关思想政治教育工作的实践活动,比如政治教育、公民教育、道德教育等。为此,系统地梳理西方关于教育效能提升的相关理论,汲取西方关于教育效能提升的相关养料,有利于更好地推动当前思想政治教育效能提升向纵深发展。

一、苏格拉底、柏拉图、亚里士多德的教育效能提升主张

在古希腊罗马时期,一些教育家的教育效能提升思想,主张为维护奴隶主阶级利益、实现奴隶主统治目标展现出教育者一定的能力和发挥教育活动一定的积极作用,为思想政治教育效能提升提供了丰富的理论借鉴。

(一) 关于教育效能提升的目标

古希腊罗马时期,国家教育主要是为了培养执政者及其接班人。苏格拉底注重助推教育效能提升以培养受教育者成为有才能的人,从而来执掌国家政权。柏拉图在其《理想国》中探讨了助推教育效能提升以使受教育者成为国家掌权者,成为才能与政治智慧的统一体。亚里士多德倡导从人处于儿童阶段起就要统一接受教育。可以说,苏格拉底、柏拉图等人,看到了教育效能提升对于国家政权建设所产生的深远影响,也关注到助推教育效能提升的目标就是要通过发挥教育的积极有利作用和执政者的能力以维护与巩固奴隶主阶级的政治统治。

(二) 关于教育效能提升中教育者与受教育者的能力

苏格拉底提出"自知其无知"[2]思想,认为教育者的能力影响着教育效能提升以及教育效果,他强调教育者要有谦虚的品质与态度。他强调受教育

---

[1]《颜元集·存学篇·学辨一》。
[2]《申辩篇》。

者要重视学习,强调提升自我教育能力,认为"越是禀赋好的人越是需要教育",[1]否则就会产生更大的危害。柏拉图认为受教育者要从小接受教育,拥有主动学习的能力,"一个儿童从小受到了好的教育……他就会变得温文有礼",并要具备优良的素质,"体态举止,以及其他诸如此类,都要注意。"[2]亚里士多德强调受教育者要具备"善"的能力。可以说,苏格拉底、柏拉图、亚里士多德等人认为教育者与受教育者的能力素质关乎教育效能提升。

(三) 关于教育效能提升的方法途径

古希腊罗马时期普罗泰戈拉曾与苏格拉底进行过著名的"德行是否可教"的论辩,表现为进行德行教育后是否产生良好的效果和满足教育要求。苏格拉底认为美德即知识,知识是可教的,那么美德也可以教,这就蕴含着通过探讨积极有效的方式方法,通过进行良好的德行教育能够产生出培养人们具有良好水平的积极意义。苏格拉底还认为在教育过程中通过采用"苏格拉底法"或叫"问答法",以提问的方式来引导受教育者,循循善诱,虽然不直接告诉受教育者答案,也不直接纠正,但是锻炼了受教育者的思考能力,能够起到良好的教育效果,是一种对后世影响很深的教育方法。对于提升教育效能,柏拉图认为教育方式方法的选择直接关系到教育效能的提升,要注重教育方法带来的积极性。苏格拉底运用的是启发式教育方法帮助学生思考、学习、认识一定的概念和定义。而柏拉图是运用"回忆即知识"的教育方法,教育者通过启发受教育者,来调动潜藏在受教育者脑袋里面的固有知识(这种固有知识指的是关于善的相关知识和理念),从而达到教育的目的。亚里士多德在继承柏拉图的基础上认为公民教育要想取得良好的效果需要注重助推教育效能提升,这需要"在一切艺术和科学中我们对于目的与方法应该同样掌握",[3]强调对公民进行理性的教导、训练和养成良好的习惯,"方能产生最佳的效果。"[4]亚里士多德也特别注重以音乐教育的形式来净化心灵,要充分考虑"为了培养公民政治方面的德性……他们在学习中应该使用哪种乐器",[5]以提高儿童

---

[1] [古希腊] 色诺芬:《回忆苏格拉底》,吴永泉译,商务印书馆1986年版,第139页。

[2] 《理想国》。

[3] 华东师范大学教育系、杭州大学教育系合编:《西方古代教育论著选》,人民教育出版社1985年版,第100页。

[4] 苗力田主编:《亚里士多德全集》(第九卷),中国人民大学出版社1994年版,第263页。

[5] 苗力田主编:《亚里士多德全集》(第九卷),中国人民大学出版社1994年版,第282页。

受教育的效能。亚里士多德还运用举例法提高道德教育的效果，通过生活中受教育者所熟悉的生活例子进行讲解，既贴近生活又贴近受教育者内心，从而更好提升道德教育效能。

二、伊拉斯谟、培根、夸美纽斯的教育效能提升主张

在中世纪时期，西方一些教育家的教育效能提升思想笼罩上了神学色彩，一些教育家的教育效能提升思想又在文艺复兴运动背景下为统治阶级服务，阐述着自己的伦理道德教育观，主张为维护统治阶级利益、实现统治阶级统治目标展现出教育者一定的能力和发挥教育活动一定的积极作用，为促进思想政治教育效能的进一步提升提供了丰富的理论借鉴。

（一）关于教育效能提升的目标

伊拉斯谟认为助推教育效能提升有助于使受教育者具备良好的品行，从而能够服务于国家发展、社会进步和家庭和谐，成为明达善良的人。弗兰西斯·培根认为"知识就是力量"，强调教育知识的重要性，注重助推教育效能提升，培养人们具备更好的德性。夸美纽斯认为助推教育效能提升就是要通过有效地教育知识，培养良好的道德和信仰，从而使人得到德智体等方面的良好发展，"如果要造就一个人，就必须由教育去完成"，"只有通过恰当的教育，人才能成为人。"[1]

（二）关于教育效能提升中教育者与受教育者的能力

伊拉斯谟认为实现更好的教育效果首先应看教育者在教育效能提升中的作用，他认为教育者应具备优秀的品德、精通理论等，强调教育者要先爱受教育者，尊重受教育者和其本身的兴趣爱好而不是体罚受教育者，教育者要与受教育者形成良好的互动关系，并根据年龄和个别差异进行趣味教学。伊拉斯谟认为受教育者既需要具备勤奋努力的能力，又要有自己的兴趣爱好、献身于学习的精神、端赖于坚忍不拔的意志。[2]培根强调教育者要有融会贯

---

〔1〕［捷克］夸美纽斯：《大教学论·教学法解析》，任钟印译，人民教育出版社2006年版，第51页。

〔2〕参见华东师范大学教育系、杭州大学教育系合编：《西方古代教育论著选》，人民教育出版社1985年版，第204页。

通的能力，能够举一反三，从而能够驾驭受教育者在不同的阶段具备不同的能力，既让受教育者了解知识的来龙去脉，又让受教育者学会整体把握。培根还强调教育者和受教育者具备探索质疑的能力，否则影响教育的效能提升。捷克教育家杨·阿姆司·夸美纽斯强调教育者的带头示范作用，假如教育者不能起到很好的带头示范作用，一切教育工作将功亏一篑、毁于一旦。他认为受教育者也要有主动接受外来影响的能力，认为不管是聪明的人还是愚钝的人、不管是男子还是女子，教育并主动接受教育的本领需要提高，同时夸美纽斯认为这是教育效能发挥及其提升的基础。

（三）关于教育效能提升的方法途径

伊拉斯谟认为助推教育效能提升的方法要达到"作用正像喝酒一样"，[1]要通过潜移默化的隐蔽性的教育方法实现。此外，伊拉斯谟还认为提升效能的教育方法应该在受教育者能够具备接受教育能力素质的基础上，辅以教育者熟练地进行教育指导，并通过受教育者主观上主动、实践上不断地反复练习。培根在探讨教育效能提升方法时注重培养受教育者的善行，强调心理培育法，注重对受教育者的目标激励性。同时，培根还倡导科学归纳法，进行分类总结，避免重复讲解，以提高教育效率。注重以格言、警句的形式来提高受教育者的接受知识的程度。以一问题一解答的教学方法可以提高教育全程实效性，并伴随加强练习，从而巩固教育效果。夸美纽斯则第一强调实践、知识教育对于德行形成的作用并认同"直观性"教育方法，能够做到图文并茂吸引受教育者的喜爱。第二，夸美纽斯强调所有教学科目都要符合受教育者的年龄，不能过度学习，他举例说假如把水不以滴灌的形式倒进去，而是以猛灌形式的话，水不仅灌进去的少，反而还损失了很多水。第三，夸美纽斯强调教育需要循序渐进，所有班的每一门功课都要划分阶段，分清不同阶段的教学内容。第四，在循序渐进的教学后，他还强调应采用巩固性方法，也就是他在《大教学论·教学法解析》中提到的"教与学的彻底性原则"，认为需要保障受教育者所接触到的内容必须是有用的，然后激发受教育者的求知欲使得知识固化到脑里，并经由实践不断分析归纳总结，继而不断地反复

---

[1] 华东师范大学教育系、杭州大学教育系合编：《西方古代教育论著选》，人民教育出版社1985年版，第225页。

练习。[1]第五，夸美纽斯要求采用因材施教的方法，能够按照受教育者的个别特征和差异进行教育，从而能够促进受教育者的发展。

三、洛克、卢梭、爱尔维修的教育效能提升主张

从16世纪末期一直到19世纪末期，一些教育家的教育效能提升思想在欧洲资本主义处于建立与上升时期的背景影响下，注重为新兴资产阶级服务与发声，注重教育效能的提升从而为资产阶级利益服务。其有关政治与道德等方面的教育效能提升思想，为思想政治教育效能提升提供了丰富的理论借鉴。

（一）关于教育效能提升的目标

约翰·洛克是英国新兴自由资产阶级的代表，他注重助推德行教育效能提升以培养有德行、有能力的绅士，对个体幸福和国家富强有着促进作用。他认为通过助推德行教育效能提升能够实现理性对欲望的更好引导。让·雅克·卢梭是法国启蒙运动的巨匠，他强调适应自然，阐述了德行教育效能提升的相关论述，他认为要实现培育出全面发展的人的教育。爱尔维修是"教育万能论"的倡导者，他注重提高教育效能，认为人们一切行为都可以从利益角度进行分析，"利益是我们用以判断各种行为的根据"，[2]他认为要通过"健全的教育"，实现"健全的人格"。追求教育效益，通过教育效能的提升，使个人利益与国家利益和集体利益相一致。[3]威廉·葛德文受卢梭、爱尔维修等人思想的影响，着重分析德行教育效能提升问题，倡导教育让人具有良好的道德行为，能够实现持久激励的效果，使他人获得持久的幸福。

（二）关于教育效能提升教育者与受教育者的能力

约翰·洛克认为教育者除了具备学习学识的能力还应具备保持头脑清醒、极具忍耐力、勤奋谨慎、培养理性的能力，"应有良好的教养"，[4]有能力的

---

[1] 参见［捷克］夸美纽斯：《大教学论·教学法解析》，任钟印译，人民教育出版社2006年版，第134—145页。

[2] 周辅成编：《西方伦理学名著选辑》（下卷），商务印书馆1964年版，第44页。

[3] 参见周辅成编：《西方伦理学名著选辑》（下卷），商务印书馆1964年版，第66页。

[4] ［英］约翰·洛克：《教育漫话》，杨汉麟译，人民教育出版社2006年版，第83页。

教育者才能教育出品德优良的受教育者。对于受教育者，洛克认为要保持天真的天性和勇于学习与挑战的本领，能够有自己的兴趣爱好、主动求知和选择的理性，从而"习惯于依靠自己的努力，去获得自己所需要的事物。"[1]卢梭认为教育者要从受教育者的发展需要出发，避免不分年龄段和接受程度进行教育，要有掌握受教育者顺序性和阶段性的能力，能够合理分析不同年龄、不同成长环境、不同个性特点。教育者要有共情能力，能够调动受教育者的积极性和主动性。受教育者只有到了青春期后才具备接受教育的能力，因此他强调受教育者能够自我认识、自我体验、自我判断等，强调受教育者要具备自身判断能力、自我控制能力和个体理性判断能力等，更为重要的是卢梭认为培养教育者与受教育者的情感互动能力，可以潜移默化地影响受教育者，实现"润物细无声"的最佳效果。爱尔维修强调教育者应具备积极向上不断进取的能力，同时具有高超的教育本领，能够多方面培养受教育者的良好德行。对于受教育者，他认为受教育者要具备自觉和自学能力等。

(三) 关于教育效能提升的方法途径

洛克注重理性的培养以利于助推德行教育效能提升，洛克倡导"白板说"，倡导从小接受什么样的教育就会在受教育者身上有什么样的教育效果并获得相应的理性。[2]洛克反对进行强制式的教育方法而是采用温和的教育手段，从而避免暂时的屈从，达到真正抵达受教育者内心深处进行教育的目的。他认为进行说理并辅以温和的态度，效果比强制的教育手段更有优势。[3]洛克认为良好的"习惯有很大的魔力"，[4]要通过习惯教育法使得教育过程更加顺利、更加和谐、更有吸引力、更有效率和持久性。在以上方法之上还要伴随榜样教育法，是"最简单、最容易而又最有效的办法"，[5]染于青则青、染于黄则黄，从而增强教育的直观性和渗透感染力，提高教育的效率，提升教育效果。让·雅克·卢梭认为需要尊重受教育者自身实际和发展规律，主张采取模范榜样带头示范、参观考察、实践习惯等方法来助推教育效能提升，

---

[1] [英] 约翰·洛克:《教育漫话》,杨汉麟译,人民教育出版社2006年版,第126页。
[2] 参见[英] 约翰·洛克:《教育漫话》,杨汉麟译,人民教育出版社2006年版,第31页。
[3] 参见[英] 约翰·洛克:《教育漫话》,杨汉麟译,人民教育出版社2006年版,第82页。
[4] [英] 约翰·洛克:《人类理解论》(上册),关文运译,商务印书馆1959年版,第250页。
[5] [英] 约翰·洛克:《教育漫话》,杨汉麟译,人民教育出版社2006年版,第83页。

但卢梭不提倡进行说理教育，他主张安排受教育者去实地参观医院、监狱等地点，从而使受教育者能够"看到人间的悲伤景象"，从而潜移默化激发受教育者同情和仁爱的情感。他主张培养受教育者先学会"自爱"，再学会"爱亲近的人"，然后"爱全人类"这一教育路线。卢梭主张采用直观式教育方法也就是纯实物教育，类似于"比着葫芦画瓢"，"用太阳讲太阳的办法"，[1]以举例说明进行教育，这样有利于增强针对性，有利于德行教育效能提升。爱尔维修认为通过法律、政治统治等手段方法可以辅助教育效能提升，同时也通过优化环境——自然环境和社会环境来促进教育效能提升，效果增强。葛德文认为助推教育效能提升的途径是通过很好地观察和经验，"如果我们打算获得知识，就必须打开眼界观察宇宙。"[2]

四、迪尔凯姆、杜威、柯尔伯格的教育效能提升主张

在20世纪初及以后，一些教育家的教育效能提升思想开始注重反思教育效能的高低，反思教育的效果的问题，以及通过注重教育效能提升更好地维护并巩固资产阶级统治，为思想政治教育效能提升提供了丰富的理论借鉴。

（一）关于教育效能提升的目标

迪尔凯姆有着"当代道德教育理论之父"之称，他认为提升教育效能，要实现使个人在道德上社会化，成为既通晓社会观念与规范，又能够言行一致的有道德的人。杜威被称为美国进步主义教育运动的代表之一，主要围绕着提高学校教育效能进行论述。他认为判断是否提高教育效能要看教育目标实现的程度和是否使人具备稳定的信仰追求。[3]杜威认为提高教育目标的实现程度，应既提高每个成员的个性化满足程度，又使社会利益最大化，也就是实现个人与社会利益共赢、目前利益和长远利益共生。柯尔伯格通过否定传统教育构成的"美德袋"所具有的效能，认为"美德袋"难以反映教育对

---

〔1〕［法］卢梭：《爱弥儿》（上卷），李平沤译，商务印书馆2007年版，第219-220页。

〔2〕［英］威廉·葛德文：《政治正义论》（第23卷），何慕李译，商务印书馆1997年版，第319页。

〔3〕参见［美］约翰·杜威：《民主主义与教育》，王承绪译，人民教育出版社1990年版，第375页。

象行为的内在心理结构,[1] 探讨如何通过道德教育与心理教育相结合提高教育效能以实现促进教育对象各个阶段的发展。

(二) 关于教育效能提升教育者与受教育者的能力

迪尔凯姆认为提升教育效能,教育者至关重要,教育者必须自身具有成为权威的能力,并具备"诚心和热情"的感染力和意志坚强的持久力,这样才能具备信心完成教育工作,"教师是一个伟大的人格,即社会的代言人。"[2] 同时迪尔凯姆认为教育者要像古代僧侣那般具有奉献精神,一生追求教育,热爱教育工作、忠于教育工作,具备为了自己的信仰坚持不懈的能力。对于受教育者,迪尔凯姆认为,受教育者要具备守纪律、永奉献和意志自由的本领,受教育者要不断地把实践经验上升到科学的认知水平,从而促使知识与实践科学化,以提高教育效能,促进教育效果。杜威认为教育者要具有丰富的社会经验,能够钻研受教育者的兴趣、需要和能力,助推受教育者获得个性化与社会化的提升,通过注重改革教育方法和内容,实现教育、理论和实践的合力最大化。杜威强调提高教育效能必须以尊重受教育者的能力为基础,受教育者要有交谈也就是社交的能力,还有创新创造的能力,探索研究的能力,最后还得具有拼搏的能力,正如杜威说:"这四方面的兴趣是天赋的资源"[3]。杜威在此强调受教育者需要及时主动调整自己的能力从而应付新出现的情况,只有具备通过经验不断地改变和调整活动的能力才能彰显教育的魅力。劳伦斯·柯尔伯格认为教育者要具备引起受教育者从内在冲突到内在自我判断的能力,教育者的言语表达能力、推理判断能力与受教育者的已有认识水平之间是否良性互动,影响着教育活动的效能提升和效果。教育者要加强对受教育者的认知能力提高,而不是机械地教学和灌输,并用自身良好的道德水平启发并感染受教育者。

(三) 关于教育效能提升的方法途径

迪尔凯姆认为提升教育效能,不能单纯地否定强制和灌输的方法。一方

---

[1] See Kohlberg L., Turiel E, *Moral Development and Moral Education*, In G. S. Lesser (Ed.), Psychology and Educational Practice, 1971.

[2] [法] 迪尔凯姆:《教育及其性质与作用》,载张人杰主编:《国外教育社会学基本文选》,华东师范大学出版社1989年版,第23页。

[3] 赵祥麟、王承绪编译:《杜威教育论著选》,华东师范大学出版社1981年版,第38页。

面他强调教育者在教授给受教育者的时候,"不论过去还是现在,总是一个不断强迫的过程"〔1〕,因此他认为受教育者脱离了强制和灌输的方法,不能成为适应社会的人。另一方面他认为教育者比受教育者有经验,把相关教育原则和观点阐述给受教育者是合情合理且有必要的。他还强调通过加强自律,可以抵挡灌输带来的不足,从而使受教育者成为既能反省又能思考的独立自主的人。杜威坚持"教育即生活""学校即社会""从做中学"的方法论观点,这些方法有利于"促进教育知识的增长、传播和有效应用"〔2〕,对于助推教育效能提升有着重要意义。杜威认为生活中所发生的事情皆是学问,教育者实施教育、受教育者接受教育以及积极性得到提高,都是发生在生活中,因此从生活实际落手,探讨教育效能提升,是很好的借鉴。同时杜威强调所有人都可以接受教育,受教育者一直处于并想办法生存于日常社会生活中,〔3〕因此,杜威认为教育离不开学校,而学校与社会不是脱钩的,是社会的缩小版,只有学校教育与社会相联系才能增强教育的针对性,从而提高教育效能。再者,杜威认为"从做中学"能够切合教育实际,能够在学习的时候与实践相结合,又能够推动实践的反馈,从而提高受教育者的实践与独立思考能力。劳伦斯·柯尔伯格坚决反对传统的灌输教育方法,认为阻碍了受教育者的自主发展,难以真正解决受教育者的价值冲突,影响了受教育者自我思考与推理能力以及对所学教育内容进行客观判断的能力,〔4〕他强调必须注重从受教育者自己思考、自己实践、自己总结的方法角度,才能提高教育效能,受教育者对所学内容与外界事物的道德判断与评价不依赖于外界任何人与事,〔5〕他认为提高教育效能必须把方法与受教育者实际相结合,并伴有参加社会实践活动来提高自身发展水平。

五、班杜拉的自我效能理论

(一) 自我效能理论的内容

自我效能理论的创始人是 1977 年美国著名心理学家阿尔伯特·班杜拉,

---

〔1〕[法]迪尔凯姆:《社会学研究方法论》,胡伟译,华夏出版社 1988 年版,第 7 页。
〔2〕康永久:《超主体的教育认识论》,载《教育研究与实验》2005 年第 3 期。
〔3〕参见 [美] 杜威:《杜威五大讲演》,胡适口译,安徽教育出版社 1999 年版。
〔4〕参见瞿葆奎主编:《教育学文集·教育与人的发展》,人民教育出版社 1989 年版,第 701 页。
〔5〕参见瞿葆奎主编:《教育学文集·教育与人的发展》,人民教育出版社 1989 年版,第 701 页。

他提出的"自我效能感"是指个人对自己任务成功具备能力的自信程度，个体效能越高，认为具备相应能力越高，越有利于发挥积极的主观能动性。那么，个体自我效能越高，则思想政治教育效能越高；个体自我效能低，则会影响思想政治教育效能提升。

（二）自我效能理论的特征

首先，自我效能感具有多样性的特征。个体在不同的情况下，其自我效能感是不同的，发挥的作用也是不同的，并且在思想政治教育活动发生前实现目标的程度有自我水平的认知、在思想政治教育活动发生中对解决困难能力有自我水平的认知、在思想政治教育活动发生后对反思与评价有自我水平的认知等，这都体现了自我效能感的多样性，也影响着思想政治教育效能提升。其次，自我效能感具有复杂性的特征。自我效能感的表现形式不仅与面对不同情况有关，而且与不同的对象、不同的阶段等相关。教育者与受教育者面对同样的情况时的自我认知是不同的，不同的阶段时期也会做出不同的选择。最后，自我效能感具有实用性特征。强大的自我效能感具有促进思想政治教育效能提升的原动力，自我效能感的水平直接影响着思想政治教育目标的制定程度、具体完成程度，决定着教育者与受教育者具有的对事物的认知、在具体实践活动中的行为表现等方面的能力，并通过对这些能力运用以完成各种目标；强大的自我效能感是一股类似于永动机的推动力，让人们不管遇到多大困难都能对思想政治教育活动坚持进行，朝着既定的目标"越雪山""兵来将挡水来土掩"似地向前进；强大的自我效能感作为思想政治教育面临风险挑战时的催化剂，影响着教育者与受教育者的一切行为，决定着在面临内外部风险挑战时人们的随机应变能力。

（三）自我效能理论对思想政治教育效能提升的功能

自我效能感直接影响到教育者和受教育者在执行思政教育活动时的功能有效发挥，影响思政教育目标实现的程度，左右着思政教育效能提升。第一，自我效能感具有影响思想政治教育成员行为选择的功能。班杜拉指出，人能够通过自我效能感选择某些特定的活动和环境，并对所处的环境加以改造。[1]

---

[1] See Wood Robert, Bandura Albert, "Social Cognitive Theory of Organizational Management", *The Academy of Management Review*, 1989, Vol. 14.

人们尽量选择自己可以积极有效应付得了的环境或者活动，避免选择超出自身能力范围的环境或者活动，并通过自己的选择，得到不同的提高，从而影响自身世界观、人生观和价值观。自我效能感较高的教育者与受教育者，在思想政治教育活动中遇到挑战或挫折时采取积极乐观的态度，发挥自身主观能动性，以"乘风破浪"的姿态开辟出"柳暗花明又一村"的人生境界。第二，自我效能感具有影响思想政治教育成员动机和努力程度的功能。当教育者与受教育者自我认为在思想政治教育活动中有较高的自我效能感时，则会更加努力；当自我认为不具备某种能力时，也就没有那么努力。高自我效能感的人能够给自己设置很高的目标，并付诸上千倍的努力、下上千倍的功夫，不惜流血流汗，从而实现自身的理想目标。此外，自我效能感高的人既能够对自己的能力充满自信，也能够达到自我有效控制。自我效能感低的人遇到具有挑战性事情之前先担惊受怕、寝食难安、自我逃避，设置较低的完成目标，最后达到的效果也不是特别好。他们既对自己的能力不够自信，又经常被生活种种所困。可以说，自我效能感能够影响教育者在活动过程中所发挥的能力和实现目标的程度，影响活动过程的效率。自我效能感高的教育者与受教育者通过自身的成功激励自身进一步努力，进一步提高自己的能力水平。第三，自我效能感具有影响教育者与受教育者思维过程的功能。这种思维过程有可能是积极的也有可能是消极的。高自我效能感的教育者与受教育者对待问题心态很平和，通过分析问题找出问题的原因，并给予积极应对。低自我效能感的人对待问题心态不稳定，情绪不稳定，不把注意力放在解决问题上，消极避让。可以说，在思想政治教育过程中，教育者与受教育者具有高自我效能感时，一般已经自我策划或预演怎么成功，如何采取行动，怎么发挥积极有效的作用有助于效果良好；相反，低自我效能感的教育者与受教育者，总是担心哪会出差错，失败了会怎样，也就降低了发挥主观能动性的水平。第四，自我效能感能够影响个体的情绪过程。当教育者与受教育者对任务的成功有信心时，则会表现出乐观积极的心态，情绪激昂，具有积极的主观能动性，并伴随着很高的兴趣，从而促进能力的增长，积极主动地进行问题的解决，从而产生好的效果，紧接着又能提高自我效能感，提高活动的效能。

（四）自我效能理论为思想政治教育效能提升提供路径指引

首先，通过增加个体对成功的体验来提高教育者与受教育者的自我效能感。自我效能感是以教育者与受教育者多次经历之后，或者经历了同一个事件之后产生的成功经验为依据的。这是提高思政教育效能的一种途径，也是对教育者与受教育者发挥主观能动性的一种验证。假如，教育者与受教育者的互动过程不是成功的，则会降低教育者与受教育者的积极性，假如教育者与受教育者的互动效果良好，则会带动教育者与受教育者的积极性，从而提高思想政治教育效能。其次，通过增加替代性经验来提高教育者与受教育者的自我效能感。增加替代性经验是指教育者与受教育者在观看到与自身情况差不多的实践例子时，通过成功的经验来判断自己的能力与水平。在中国，"大中小学思政课一体化"建设得如火如荼，对小学、初中、高中不同学段的教育者进行集体备课，探索一体化教学方案。通过成功的案例来增强教育者与受教育者的自我效能感，从而整体上提高思想政治教育效能。最后，通过语言说服来提高教育者与受教育者的自我效能感。教育者与受教育者对自身能力的判断很大程度上受思想政治教育周围环境和领域内权威人士评价的影响，尤其是其评价来自对自身很重要的人或者权威人士。通过言语说服是指可以通过专家学者等权威人士的指导、建议或者鼓励等来增强教育者与受教育者的自我效能感。当教育者与受教育者经常性地从权威人士那里获得关心与支持时，教育者与受教育者的效能感就会增强。但要注意的是，假如权威人士的评价和鼓励与教育者、受教育者不相匹配时，初始可能使教育者与受教育者具有自我效能感，效果显佳，但是经过检验后，很有可能会降低教育者与受教育者的自我效能感。

CHAPTER 3 第三章
思想政治教育效能提升的因素考量

马克思恩格斯指出:"人们的社会存在决定人们的意识。"[1]思想政治教育效能提升是一个系统的、动态的、复杂的有机体系,是各方面条件综合作用的产物。提升思想政治教育效能从本质上来讲是依据一定阶级或集团的核心利益主张、意识形态教育要求,逐步去影响和指导受教育者的思想和行动,使之产生一系列更加有利于统治的正向效果的一项实践活动,这一活动必定会受到各方面因素制约和影响。从因素整体考量来讲,有必要理清思想政治教育效能提升的内在机理与具体影响因素,并对各影响因素进行过程控制,从而有效把握思想政治教育效能提升的因素考量。

第一节 思想政治教育效能提升的内在机理

要了解思想政治教育效能提升的内在机理,必须回答思想政治教育效能提升的前提是什么?关键是什么?只有如此,才能进一步探讨思想政治教育效能提升的影响因素,从而进行良性耦合与互动,把握思想政治教育效能提升的达成度。

一、健全的思想政治教育制度体系是提升思想政治教育效能的前提

健全的思想政治教育制度体系可以通过实践活动来搭桥,从而充分调动

---

[1] 中共中央马克思恩格斯列宁斯大林著作编译局编译:《马克思恩格斯选集》(第二卷),人民出版社1995年版,第32页。

教育者的主体性，整合思政教育资源，以其管理、规范作用，保障教育者在思政教育实践中带来的积极效应和有效产能。思想政治教育制度体系的质量水平和完善程度体现着思想政治教育效能的提升程度。

（一）思想政治教育制度体系与思想政治教育效能提升的关联性

第一，思想政治教育制度体系与思想政治教育效能提升是辩证的统一体。思政教育制度体系可以认为是人们在思政教育实践探索基础上将思政教育理念固化为一系列制度而形成的体系。思政教育目标被通过特定制度体系进行实践安排与调整来调和思政教育内部之间的关系，从而不断增强思政教育的合法性与有效性，在这一过程中，制度建设及其执行力为此提供了保障。思想政治教育效能是教育者和整个思政教育活动围绕目标所展现出来的教育者能力以及所取得的思政教育效率、效益和效果的综合反映。在制度治理的国家，衡量一种制度体系优越不优越，要看它能否对于思政教育带来实实在在的好处，也就是说，思想政治教育效能提升能够反映出制度体系的建设情况。因此，思想政治教育制度体系与效能提升是相互影响、相互制约的辩证统一关系。制度体系是相对固化的，思想政治教育效能提升是相对动态的，制度体系侧重于规范性，思想政治教育效能提升侧重于协调性。制度体系的科学性、合理性是要靠思想政治教育的效能来体现的。制度体系为思想政治教育效能提升提供了坚实基础，思想政治教育效能提升是运用制度体系促进思想政治教育的高效率、综合效益的体现，是制度体系的整体转化成果。

第二，思想政治教育制度体系渗透在思想政治教育效能提升的各领域。制度体系不是封闭的体系，它始终是与思政教育的各项活动紧密结合的，而思想政治教育效能提升是一个系统性的总体工程，涉及教育者、受教育者、内容、环境、方法等各个方面，在这些方面，遵循着一系列的思想政治教育制度体系规定。

第三，思想政治教育制度体系成为思想政治教育效能提升的有机组成部分。习近平指出，"意识形态工作是党的一项极端重要的工作。"[1]这充分彰显了意识形态工作意义重大、关乎国家长治久安，也决定了思想政治教育制度体系对于国家长治久安、国家治理高效与高质量发展的重要功能。思想政

---

[1]《习近平谈治国理政》，外文出版社2014年版，第153页。

治教育效能提升属于促进国家治理中的一个环节，那么同理，制度体系对于思想政治教育效能提升也有着重要作用。

（二）思想政治教育制度体系提升思想政治教育效能的表现方式

第一，思想政治教育制度体系通过巩固思想政治教育实践活动运行基础来提升思想政治教育效能。制度体系，是巩固思政教育实践活动运行基础的重要依托。思政教育制度体系包括规则体系、目标体系、主题教育体系、理论学习体系等，这些都促进了思政教育的体系深化和效果呈现。制度体系，对于保持思政教育的政治本色，确保实践活动运行的方向与性质，提升思想领导力，具有重要意义。制度体系，能够对教育者进行理论、方向、道德方面的引领与塑造，增强受教育者的道德品行，推动思政教育沿着正确的方向运行。而思想政治教育效能提升离不开正确的实践活动运行方向，离不开强有力的思想领导力，也离不开教育者的良好素养，离不开日益缜密的思想政治教育制度体系等。可以说，这些都为提升思想政治教育效能提供了运行基础。

第二，思想政治教育制度体系通过凝聚不同群体的共识来提升思想政治教育效能。思想政治教育经过实践的检验被证明既具有主导性，也具有人民性。思想政治教育效能提升需要在广泛凝聚不同群体政治共识的基础上形成自身的价值取向。这就要求在思想政治教育运行过程中建立有效的沟通、协调、整合机制，形成缜密的思想政治教育制度体系，从而助推不同群体思想共识的形成。比如，在中国，中国共产党建立了比较完善的针对社会层面的思想政治教育制度体系。根据不同的社会经济成分涌入，社会的组织方式发生了变化，以及就业渠道和就业形势复杂多变，形成了相应的思想政治教育制度体系，有效凝聚与增强了不同利益群体的政治共识和政治认同，这都为思想政治教育效能提升提供了强有力的支撑。

第三，思想政治教育制度体系通过规范约束教育者与受教育者的价值选择和行为方式来提升思想政治教育效能。提升思想政治教育效能，需要教育者与受教育者予以支持并具备积极向上的思想意识与行为方式。思想政治教育制度蕴含着一定的价值原则与价值取向，其执行能够对教育者与受教育者有着强大的威慑力，对教育者与受教育者的思想与行为具有导向性与强制性。激励与惩治相结合，帮助教育者与受教育者对制度规范认同与服从，克服自身行为的不自觉性,由被动应付变为积极主动,对品行良好的予以激励褒扬,对品行败坏的予以制裁,督促教育者具备优秀的能力素质,推动受教育者在理解、支持、参与教育的过程中表现良好的品行等。

(三) 思想政治教育制度体系对思想政治教育效能提升的重要意义

有助于提升思想政治教育效能的制度体系,应该是带有根本性、全局性、稳定性、长期性、系统性和规范性地致力于提高效率与效益、增强能力与效果的制度体系。制度体系从根本上说,是实现思想政治教育效能提升的根本保证,有着重要意义。

第一,思想政治教育制度体系助推思想政治教育实践活动的顺利开展,产生有利作用和正向效果。思政教育制度作为规范体系,本身是静态的,其内在价值只能在动态的思政教育实践中得以彰显。思政教育是通过制度体系的建构和应用,以及各项功能的发挥,来实现人与社会发展的根本目标的方式和过程。思想政治教育效能说到底就是教育者在思政教育实践中带来的积极效应和有效产能,或者可以认为是思政教育实践活动所产生的有利作用和正向效果。思想政治教育效能提升在很大程度上是通过思想政治教育的效率、效益或功效等展现出来的。因此,思想政治教育制度体系推动教育活动的积极运行,对思想政治教育效能提升有着重要意义。

第二,思想政治教育制度体系在思想政治教育运行过程中起着全局性的作用,是思想政治教育的重要资源与组织化的体现,对思想政治教育效能提升有着重要意义。习近平指出完善国家治理体系要"形成总体效应、取得总体效果。"[1]同理,思想政治教育效能提升需要使制度体系发挥全局性作用。理论上而言,制度体系促进思政教育实践的效能,充分发挥思政教育中制度资源的优势,需要制度体系自身是科学、完备、有效的。思想政治教育效能提升要求建构体系化的制度,体系化的制度促进思政教育积极效果的产生。因此,必须把握好制度体系结构的层次关系,有利于保证制度体系促进思想政治教育效能提升的作用发挥。

第三,思想政治教育制度体现有利因素的系统嵌入,并对各项制度有利因素进行内在整合和有效转化,对提升思想政治教育效能具有重要意义。制

---

[1]《习近平谈治国理政》(第一卷),外文出版社 2018 年版,第 105 页。

度体系可以基于思想政治教育效能提升的实际结果情况进行评估和予以反馈，促进制度体系和思想政治教育效能提升紧密衔接的实现，继而在提升制度体系有利因素的基础上推进思想政治教育效能的不断升级。思想政治教育效能提升是众多制度协同发力以及各项制度功能在运行过程中得以整合和释放的结果。从另一个角度看，思想政治教育效能提升也是检验制度体系有没有用的标准。因此，制度体系对思想政治教育效能提升有着重要意义。

二、掌握正确的原理方法是提升思想政治教育效能的关键

毛泽东强调，我们不但要提出任务，还要为完成任务提供原理方法。[1]提出目标任务是基础，而完成目标任务的关键在于掌握正确的原理方法。我们不但提出思想政治教育效能提升的目标任务，而且要掌握完成任务的正确的原理方法，以加快推进其步伐。对于思想政治教育效能提升来说，首先要坚持马克思主义关于普遍联系的观点，继而把握整体性原理，并以战略思维谋划这一任务实现。

（一）运用联系的方法

恩格斯指出："当我们通过思维来考察自然界或人类历史或我们自己的精神活动的时候，首先呈现在我们眼前的，是一幅由种种联系和相互作用无穷无尽地交织起来的画面。"[2]马克思主义关于普遍联系的观点有助于指引我们正确提升思想政治教育效能。

第一，联系具有客观性，思想政治教育效能提升应遵循联系的客观性观点。在整个环环相扣的思想政治教育效能提升过程中不存在形单影只的事物，每一个环节、每一个步骤、每一个方面都与其他事物相联系，各部分、各环节、各方面的联系是本身所固有存在的，不是凭空想象出来的。思想政治教育效能提升要正确把握联系的客观性，要从思想政治教育本身所固有的联系进行认识。

第二，联系具有普遍性，思想政治教育效能提升应正确把握联系的普遍

---

[1] 参见《毛泽东选集》（第一卷），人民出版社1991年版，第139页。
[2] 中共中央马克思恩格斯列宁斯大林著作编译局编译：《马克思恩格斯选集》（第三卷），人民出版社2012年版，第395页。

性观点。其一，思想政治教育效能提升内部的不同部分和要素之间是相互联系的，也就是说其具有内在的结构性。其二，思想政治教育效能提升不是形单影只存在的，都与周围的各个事物处于"唇亡齿寒"的微妙联系之中。其三，整个思想政治教育效能提升通过实践来实现。实践是人类所特有的联系形式，是一切现实联系的基本方式和途径，思想政治教育效能提升是通过实践这个联系之网来构建的。因此，思想政治教育效能提升应遵循联系的普遍性观点。

第三，联系具有多样性，思想政治教育效能提升应正确把握联系的多样性观点。地球上的每一个事物都是多样的，因而，思想政治教育效能提升过程中的联系也是多样的，思想政治教育效能提升呈现球体样态，比如，有通过直接的联系方式提高思想政治教育效率，有的则通过间接的联系方式来予以提高；有通过内部联合的联系方式增强思想政治教育效益，也有通过外部整合的联系方式来予以增强；有通过理清必然的联系方式以促进思想政治教育效果，也有理清偶然的联系方式以更好把握；有通过掌握好思政教育效能提升内部的本质联系以抓住要害之处，也有通过把握好思政教育效能提升内部的非本质联系以防内部紊乱。正是因为联系的多样性，才使得思政教育可以呈现出不同的绚烂之姿，才能通过把握思政教育运行过程中的各个环节以使提升思想政治教育效能成为可能。因此，积极加强思想政治教育效能提升应正确把握联系的多样性观点。

第四，联系具有条件性，思想政治教育效能提升应正确把握联系的条件性观点。达到一定的条件就可以对受教育者存在和发展产生一定的作用。思想政治教育效能提升需要一定的条件才能实现。其一，通过达到一定的条件，能够对思想政治教育效能提升有可能产生推动作用，或者可以产生阻碍作用。就好比药，有可能是良药，可以治病救人，对患者有一定的好处；有可能是毒药，对患者的疾病不仅不能减缓病痛，甚至可能毒害患者。因此，要发挥有利的条件对提升思想政治教育效能的助推作用。其二，条件是可以改变的，可以通过对思政教育效能提升的条件进行改变以影响思政教育效能提升的达成度。人对于条件可以发挥积极的主观能动性，可以化不利于思政教育效能提升的条件为有利条件以推动思政教育效能提升。其三，改变和创造思想政治教育效能提升的条件不是任意的。提升思政教育的效能，必须尊重思政教育实践活动存在、发展进步的客观规律，不能丢掉其本来客观存在。

第五，坚持普遍联系理论，思想政治教育效能提升就要从整体出发。马克思主义的整体性与提升思想政治教育效能具有内在的一致性。那么，需要在宏观上进行整体把握，站在整体和谐有效角度构建思想政治教育效能提升的过程，这既是马克思主义的内在要求，也抓住了马克思主义的关键精华。需要明确的是，一方面，一旦把思想政治教育效能提升系统分解为孤立的各个部分，整体的性能就不复有效呈现了。另一方面，思想政治教育效能提升系统的整体性能"大于部分之和"。思想政治教育效能提升是一个整体，在这一过程中各个环节、所有步骤、每个要素、所有影响因素是相互影响与作用的，是一个有机的整体。因此，思想政治教育效能提升要从整体出发进行布局。

总之，联系具有普遍性、客观性、多样性等特点，要求人们善于分析思想政治教育效能提升中的具体联系，把握事物发展的客观规律，从整体性出发，从动态中考察思想政治教育效能提升中的普遍联系。在这一提升过程中不仅要考虑教育者、受教育者、内容、方法、环境、制度等方面的相互联系，还要考虑目标内部间、教育者内部间、内容内部间、过程内部间的、空间内部间、方法内部间的联系等。因此，从联系的角度出发，探寻思想政治教育效能提升的联系原理，处理好各个方面的关系，从而有助于提升思想政治教育效能。

（二）秉持战略性思维

习近平指出："坚持战略思维、创新思维、辩证思维、法治思维、底线思维。"[1] "战略思维"被放在首位，可见"战略思维"的重要地位与意义。因此，应坚持以战略思维谋划思想政治教育效能提升。关于战略思维，也就是具备对事物发展进行分析判断的一种理性思维，能够从长远上进行谋划、从全局上进行把握，"故上兵伐谋"。战略思维首先要立足长远、统揽全局；其次要权衡利弊，协调好规模、结构与质量的关系。

第一，战略思维为思想政治教育效能提升提供指引。首先，战略思维具有全局性和整体性，思想政治教育效能提升同样需要以此思维审视全局。在这一提升过程中实施运行与上下协调等环节处处以全局为重，思想政治教育

---

[1]《习近平谈治国理政》（第三卷），外文出版社2020年版，第53页。

效益以追求全局的效益为准则，以达到全局整体不断向前迈进的最佳实效。其次，战略思维具有过程性和动态性，思想政治教育效能提升涉及不同阶段，本身是一个持续运行、动态发展的过程，这就要求通过战略预见以总结过去经验教训，审视现在基本优势和条件，预见未来发展大势和走向，进一步增加事物发展的确定性，全程贯通阶段性设定的小目标，最终达到其布局长远发展规划的大目标。思想政治教育效能提升涉及受教育者，要促进受教育者着眼于长远发展机遇和挑战，使受教育者作出科学合理且能够保持可持续发展的规划。最后，战略思维具有结构性和系统性，思想政治教育效能提升不能拘泥于一成不变的方式方法，认清其实现是各个方面、各个环节相继共同发挥功效的结果。这种情形更需要多种主体密切配合、同向发力，最终深层次实质性提高思政教育效果并达到最大化。

第二，以战略思维推动思想政治教育效能提升的具体实践。首先，以战略思维谋划效能提升的方位。战略思维首先是一种立足长远、统揽全局，能够对事物未来发展命运与走向进行把控的能力。应当做好充分的战略考量以助推思想政治教育效能提升。一是坚定政治方向。思想政治教育作为一种社会存在，思想政治教育效能提升要主动适应本国特殊的政治和经济制度。面对世界多样化的教育模式，一定要保持自身政治立场和战略定力，既要借鉴融通，又要毫不动摇地坚持正确的方向和立场。二是要在服务国家和地方战略中谋划自身提升定位。思想政治教育效能提升要结合自身实际，制定符合自身发展战略和有效服务社会的长期规划，立足长远稳定发展的重大需求，避免急功近利的短视行为。三要在把握世界思政教育发展趋势中探明路径。在路径选择方面，要在积极顺应世界思政教育发展趋势的基础上，生动体现新时代思想政治教育效能提升的新目标、新任务、新特点，促使这一效能提升的丰硕成果真正服务于国家和社会所需。其次，以战略思维推动思想政治教育效能提升的改革。战略思维还是一种权衡利弊，能够协调好规模与质量关系的能力。对思想政治教育效能予以提升牵涉面较广，不同群体资源优势略有差异、利益诉求形式多样，既需要协调不同群体的优势资源和利益主张，也需要协调教育者、受教育者其他层面的诉求。同时，更要把握好思想政治教育这一整体观念范畴，基于发展战略视角，平衡和协调好各种潜在棘手的复杂关系。一是协调好规模、结构与质量、效益的关系。思想政治教育效能提升从战略上一定要张弛有度，关键就是要从质量把握和效益管理的原则立场出发,有效控制好思想政治教育规模,实时调整好内部结构。并且目标需要和资源投入能力也要相适应,使自身优势有效地发挥出来。同时,还要综合考虑长线规划建设与短期重点建设的关系。二是协调好教育者教学与科研的关系。如果教育者过分偏重科研而看轻教学,教育者则会减少教书育人的时间与精力,与尽心尽力育人育才相背离。当然,过分偏重教学能力而忽视甚至放弃科研创新,则会导致教育者队伍的理论知识储备不足、知识创新能力弱化,反过来也会不利于思想政治教育效能的循序提升。有效协调平衡教育者在教学与科研方面的精力投入,需要运用战略思维准确把握教学和科研的辩证关系,从教学管理、科研管理、人事管理等制度优化层面着手,科学制定行之有效的教学质量评价体系,全方位助推教育者评价机制改革向好向善发展。

第二节 思想政治教育效能提升的影响因素

思想政治教育效能提升的影响因素比较多,比如教育者、受教育者、内容、方法、环境、制度等具体因素,从整体来看,这些影响因素都是通过影响思想政治教育过程而发挥作用的。

一、教育者维度——思想政治教育者的能力

教育者是活动的发起人、承担者、实施者,决定着思想政治教育是否开展,是否往好的方面发展,主导着思想政治教育往正确的或者错误的方向运行与选择什么样的发展速度,也是思想政治教育内容的发出者,决定着内容的数量、质量,而且决定着选择什么样的思想政治教育载体和方法等。习近平指出:"提高国家治理能力才能充分发挥国家治理体系的效能。"[1]也就是说提高教育者的能力,有助于充分提升思想政治教育效能。人开展实施任何活动都需要具备相应的能力,比如厨师要有烹饪美食的能力,司机要有高超的驾车能力等,否则将会影响实践行动的整体进展。因此,思想政治教育效能提升受教育者的能力影响。

---

[1]《习近平谈治国理政》(第一卷),外文出版社2018年版,第91页。

第三章 思想政治教育效能提升的因素考量

(一) 思想政治教育者能力的重要性

在第一章中我们知道教育者的能力是指思想政治教育活动所需的素质和本领或力量,在思想政治教育效能提升过程中担负着主导过程、组织力量、开展活动、协调关系等职责。教育者通过把自身所学、自身所获等投入到思政教育过程中,使得思政教育能够顺利进行。能力如何,直接关系到教育者能否有效开展具体的思政教育活动,具有十分特殊的重要性。

第一,教育者是思想政治教育效能提升的主导者。教育者是思政教育效能提升的基础,教育者能够决定传输什么样的思政教育内容,引导受教育者具有什么样的思想和行为,并根据各种反馈信息反过来对思政教育内容、方法等进行调控。总体上说,教育者是思想政治教育效能提升的组织者、实施者与主导者。教育者能不能把握好主导权,影响着思想政治教育效能提升活动能否顺利展开,影响着受教育者能否有效接受信息和接受教育,并影响着思想政治教育效能提升能否促进受教育者的身心健康、能否为经济建设提供智慧保障、能否为社会发展提供维稳因素、能否为国家治理提供思想指导。因此,通过以上分析,教育者是影响思想政治教育效能提升的主导因素。第二,教育者是思想政治教育效能提升的"把关人"。在思政教育效能提升过程中,教育者是施教者,始终控制着思政教育效能提升的整个过程。在这一过程中,施教内容最为重要,因此,教育者在对内容进行采集、鉴别、选择、加工、传播、搜集反馈等环节中充当"把关人"。[1]尤其是在思想政治教育效能提升过程中,注重内容的准确性、适合性,而整个世界被互联网包围,是一个信息多元复杂的世界,信息内容来源不确定,信息内容本身是否带有一定阶级立场等,过量的信息、不良信息是否存在等,都需要教育者进行分辨,否则对于受教育者来说不仅没有起到很好的教育效果,相反严重影响了他们对事物的认知和判断,不利于他们正确的世界观、人生观、价值观的形成,良好的道德品质和行为素养也难以保障实现。总之,思想政治教育效能提升是一种特殊的积极的实践活动,其不仅在于实现思想政治教育的社会价值,也在于实现个人价值,要把那些社会倡导的、达成共识的、具有社会效益、能促进受教育者发展的内容重点选择出来。教育者的主导性作用和"把

---

[1] 参见路春艳、张洪忠编著:《大众传播学教程》,北京师范大学出版社2007年版,第25页。

关人"职能对思想政治教育效能提升的整体进程发挥着影响。

(二) 思想政治教育者能力的特征

教育者要顺利而有效地开展思想政治教育工作，应具备一定的能力。对于教育者而言，推动思想政治教育运行并提高其效率是需要教育者的能力发挥基础与保障作用的。教育者是思想政治教育活动的主导者，这就要求教育者提升自己的综合能力以促进思想政治教育效能的提升。因此，就要具体谈谈教育者能力的特征。首先，教育者的能力结构具有稳定性。在现实的社会实践过程中，教育者的能力结构一旦形成，就不会轻易改变。其次，教育者的能力结构具有社会性。人是社会性动物，教育者的能力结构时刻与社会密切联系。再次，教育者的能力结构具有有序性。教育者的能力结构是遵循一定规律，由一定要素构成，以一定的秩序呈现的。最后，教育者的能力结构具有可变性。教育者的能力结构是随着社会变迁而变化的、随着社会矛盾的主次矛盾变化而不断进行调整的。

(三) 思想政治教育者的具体能力

教育者的能力具体包括沟通能力、创新能力、组织管理能力和调查研究能力等，它们影响着思想政治教育效能的提升。下面进行具体论述。

1. 沟通能力

沟通能力是能够通过一定的语言、信息、情感进行人与人之间互动交流的能力，从而使自己的目的得以实现。教育者的沟通能力是教育者为了实现思想政治教育目的，运用语言表达、文字表述等手段把想要传达的内容与受教育者进行有关思想观点、政治目标、道德素质等交流与双向互动，从而使得教育者与受教育者能够在相互了解的基础上，进一步产生信任，进而达成共识以采取一致行动的能力。思想政治教育是一个教育过程，更是教育者与受教育者双向进行沟通的过程，而沟通有效能够助推思想政治教育目的得以实现，促进双方思想认识上实现"志同道合"、情感上达成共鸣，使思想政治教育效果成效卓著。可以说，教育者的沟通能力强不强影响着教育者与受教育者之间沟通效果的有效程度，进而制约着思政教育效能提升的达成度。因此，思想政治教育效能提升影响受教育者的沟通能力。

第一，沟通能力是促进受教育者良好发展的基础。当前思想政治教育中的受教育者追求与众不同，展现着极强的活力个性。教育者具备很强的沟通能力，就能够根据受教育者的心理特点，与受教育者进行情感交流，帮助受教育者认识自身价值，激发他们的创造性和积极性，从而促进受教育者的身心健康，为受教育者发展打下良好基础。第二，沟通能力有利于促进教育者与受教育者和谐共进。在思政教育运行过程中，教育者具备较强的沟通能力，既能抓住受教育者思想上的"敏感点"，能够进行双向互动沟通，使受教育者乐于接受教育，在"润物细无声"中达到思想认识的升华，从而促进受教育者个人与群体的和谐，也能增强教育者与受教育者双方的理解，实现教育者与受教育者之间的和谐。第三，沟通能力有助于促进思想政治教育方式方法更具有针对性。教育者具备沟通能力使得教育者与受教育者以平等的姿态进行思想的交流、情感的沟通。在双方沟通的过程中，教育者能够对受教育者的思想认知水平、心理素质与价值取向进行更深入的了解，对后期开展具有针对性的思想政治教育方法促进受教育者健康全面发展有利，从而能够进一步提高思想政治教育效能。

2. 创新能力

创新能力贵在进行创新，善于发现理论和实践中的新情况、新问题，对事情的认可都经受事实和理性的检验，在选择上、技巧上都具备超越于他人的独特之处，体现在对"有"与"无"的超越。因此，对于教育者来说，在提升思想政治教育效能的过程中，是否具备创新能力以应对世界之变，影响着问题的有效解决。

第一，教育者的创新能力是促进受教育者具有创新能力的基础。思想政治教育效能提升要培养出具有创新精神和创新能力的受教育者，那么教育者的创新能力是关键和保证，其高低直接影响着思想政治教育效能提升效果的好坏，没有创新能力的教育者难以造就具有创新能力的受教育者，受教育者也就不容易在未来人生中把握住更多的机遇。因此，思想政治教育要想取得良好效果，教育者首先要具有呈现良好效果的创新能力。第二，教育者的创新能力左右着受教育者的接受能力。教育者具备了创新能力，能够在思政教育过程中创新教育的方式方法，从而激发受教育者的兴趣，使受教育者最大程度地接受思想政治教育，从而使得内容、观点与立场更容易被接受。第三，教育者的创新能力影响着思想政治教育效能提升的效果是否具有持久性。江泽民指出，创新促进民族进步大放光芒，推动国家奔涌向前，助推政党朝气蓬勃，发挥着引领灵魂的作用，是不可缺少的助推器，也是民族、国家与政党生生不息的源泉。[1]通过在实践基础上进行创新，可以进而助推社会改革发展。通过在理论基础上进行创新，继而推动文化、制度等创新发展。[2]事物是不断发展的，静止是相对的，运动是绝对的，唯有创新才能推动效能提升。马克思主义理论是不断创新的理论，以马克思主义作为理论基础的思想政治教育也是如此。教育者只有具备创新能力才能推动思政教育具有生命力和战斗力，才能使思政教育永葆生机与活力，才能推动思想政治教育效能提升以更好地塑造人的灵魂、培育人的优良品德。

3. 组织管理能力

教育者的组织管理能力是教育者通过把自身知识水平、道德素养等展现出来，有效调度多种力量，灵活协调各种复杂关系，综合运用多种方法，从而对思政教育的过程进行把控，以有效实现思政教育目标的能力。思想政治教育效能提升是为了更好地实现思政教育目标，是为了更好实现思政教育效果，是一个庞大的系统，因此，教育者需要具备组织管理能力才能助推其实现。否则，就难以收到相应的效果。

第一，教育者的组织管理能力有利于调动受教育者的积极性。教育者的组织管理能力能够采取适合思政教育效能提升的正确决策，对思政教育效能整体提升统筹谋划，规定着思政教育的方向，智慧选取能够有效调动受教育者的兴趣的内容与方法，具有强大的吸引力和凝聚力，能调动受教育者的积极性。第二，教育者的组织管理能力有利于把握思政教育效能提升的过程。思政教育效能提升需要设计复杂有效的实施方案、建构合理的运行结构、制定并执行一系列体系化的实施制度，这时，教育者的组织管理能力发挥了作用，影响着思政教育效能提升。第三，教育者的组织管理能力能够协调组织思政教育过程中的多种力量。教育者的组织管理能力能够协调教育者与受教育者之间、各社会育人资源之间的力量，排除一切干扰，从而形成教育合力，推动思想政治教育效能提升目标的实现。

4. 调查研究能力

教育者的调查研究能力，指的是教育者具有敏锐的观察力、洞察力和综

---

〔1〕参见《江泽民文选》（第三卷），人民出版社 2006 年版，第 64 页。

〔2〕参见江泽民：《全面建设小康社会，开创中国特色社会主义事业新局面：在中国共产党第十六次全国代表大会上的报告》，载《人民日报》2002 年 11 月 18 日，第 1 版。

合判断能力，获取和分析各种信息，把握受教育者思想变化与活动内部联系，认清受教育者思想变化与活动规律的能力。思想政治教育效能提升是一个实践过程，毛泽东同志指出，"没有调查，就没有发言权。"[1]教育者的调查研究能力能够客观分析实际情况，对思想政治教育过程中的问题进行对症下药，切实掌握受教育者的思想脉搏，通过调查研究制定科学合理的思想政治教育计划、内容、方法等，避免出现"空""两张皮"的现象。一定程度上教育者的调查研究能力影响着思政教育能否切中要害，进而制约着思想政治教育效能提升，所以教育者的调查研究能力尤为重要。

第一，教育者的调查研究能力有利于加深与受教育者之间的和谐关系。教育者通过调查研究活动深入受教育者实际生活中，考察受教育者实际境遇，倾听受教育者的真情实感，并从受教育者群体中获得丰富的经验智慧等，加深了与受教育者的亲密联系，在进一步了解的基础上采取更加具有针对性的思想政治教育方法，教育者与受教育者的和谐关系得以呈现。第二，教育者的调查研究能力是制定思想政治教育效能提升决策方案的有效前提。思想政治教育效能提升涉及教育者制定决策，规划如何提升，提升到怎样的程度，达成什么样的目标等，因此，教育者的调查研究能力就显得格外重要。通过教育者开展调查研究，可以为制定提升思想政治教育效能的决策提供丰富的数据与信息以及实践思路。第三，教育者的调查研究能力有利于解决思想政治教育效能提升过程中遇到的阻碍。思政教育效能提升过程中，难免会遇到问题与阻碍，而要想解决问题必须通过开展调查研究以分析思政教育效能提升过程中出现问题的原因是什么，这些问题不加以解决会面临怎样的挑战与带来怎样的影响，从而可以提出解决问题的方案等。因此，教育者的调查研究能力能够有效解决思想政治教育效能提升过程中遇到的阻碍。第四，教育者的调查研究能力有助于增强思想政治教育的务实性与科学性。教育者的调查研究能力重在每一步都下功夫，一步一个脚印，能够把每个环节都抓实抓细，从而提高思想政治教育质量和效果。

二、受教育者维度——思想政治教育受教育者的接受能力

思想政治教育效能提升从根本上说是研究如何更好地对受教育者进行教

---

[1]《毛泽东选集》(第一卷)，人民出版社1991年版，第110页。

育,受教育者对教育的接受与否和接受程度直接影响着思想政治教育效能提升的结果。受教育者的接受过程是受教育者既有内在主动需求,又通过外在教育推动与影响,并在受教育者自身已具有的道德水平基础上给予情感推动,对教育中的内容、观点与要求进行选取、理解、内化、外化的过程。受教育者的接受需要受教育者具有主动意识与自觉行动,从外部进行强制硬给难以产生良好效果。内因起决定作用,只有受教育者对教育中的内容、观点等进行主动接受、认同、内化、外化等,才能获得健康持久的发展。

思想政治教育效能提升受到多种因素的影响。但是,从根本上说,不管哪些因素影响,还是采取什么样的教育,或理性教育,或感性教育,都只有通达到受教育者的内心,使受教育者心理过程发生变化,才能发挥作用。任何形式的教育没有催发受教育者心理变化都是零。[1]受教育者对教育的接受主要来自主体自身对教育的判断和筛选,而受教育者的自我认知水平、兴趣爱好、认同意识等自身因素影响着思想政治教育效能提升的积极效果呈现。

(一)思想政治教育受教育者的认知水平

受教育者的认知水平是受教育者对事物所具有的认识、判断和评价能力。思想政治教育过程中,教育者所教授的内容往往通过受教育者的认知起作用,受教育者对认知对象进行筛选、加工等,进而对自身产生一定的影响。

受教育者的认知水平影响着思想政治教育效能提升。假如受教育者的认知水平高、经验丰富,那么其在受教育过程中会更容易理解、接受和配合。受教育者的认知方式是否科学影响着受教育者的接受能力,受教育者认知方式科学,则科学性、合理性的教育内容则易于被接受。此外,受教育者的认知水平推动着受教育者的信息接受度,推动着受教育者的人生观、价值观、世界观形成一种凝聚力。因此,受教育者的认知水平的强弱会对思想政治教育效能提升产生不同的影响。

教育者在教育过程中应考虑受教育者的认知水平,在推动受教育者认知过程中,注重培养受教育者的科学认知、思维品质,增强其认知的广阔性、创造性与预见性,从而深化思想政治教育效果。

---

〔1〕 参见王礼湛、余潇枫主编:《思想政治教育学(修订版)》,浙江大学出版社1999年版,第264页。

（二）思想政治教育受教育者的兴趣爱好

受教育者的兴趣爱好，对受教育者来说是一种推动受教育者主动地愉悦地接受自己所喜欢的教育信息的一种情绪情感推动力，能够促使受教育者长期有效地保持一定的接受行为。"兴趣是最好的教师"，只有受教育者对思想政治教育有着浓厚的兴趣爱好，才会更加有助于受教育者对思想政治教育的接受及其相应行为习惯的养成，从而产生学习动力所具有的持久性与创造性。

第一，受教育者的兴趣爱好推动受教育者的积极主动性。孔子说："知之者不如好之者，好之者不如乐之者。"（《论语·雍也》）对于思想政治教育效能提升来说，只有受教育者"乐之"，受教育者才具有持续性动力，思政教育效能得到充分发挥，进而思政教育效能提升得到彰显，思政教育的效果呈现最佳状态。这里的"乐之"即以学习为乐，实际上就是兴趣。在思想政治教育效能提升中，受教育者的"知之"具有最短效应，是基本目标；"好之"是居中的，是理想目标；"乐之"具有最长效应，是终极目标，深刻影响着受教育者的状态，影响着受教育者在思政教育过程中的满足感。第二，受教育者的兴趣爱好推动思想政治教育活动的持久性。假如受教育者发生对教育产生兴趣的积极行为，那么，这种兴趣推动教育所发挥的功能具有持久性与可持续发展性。兴趣是在受教育者长期的共同生活的经验的基础上形成的，需要依靠自身的习惯方式、群体舆论以及内在信念推动发挥作用，受教育者只有内心自觉地接受，喜欢并认同思想政治教育，才能将其外化为动机行为，并长久地保持下去，如果受教育者对思政教育不感兴趣，对思政教育置之不理，久而久之受教育者的思想行为与政治立场难免发生摇摆不定情况，思政教育也就难以产生推动受教育者行动的内在力量，因此也不能长久地开展下去。此外，受教育者对教育有兴趣，但是存在暂时的兴趣与持久的兴趣情况，受教育者对教育有长期的兴趣并能够把这一兴趣始终保持下去，会更进一步促进思政教育产生的实际效果。对思政教育有积极的持久的兴趣能够产生促进受教育者主动内化与外化为实践行动，就算遇见"暴风雨"，就算"路途遥远"，也会心中怀有梦想，闪闪发光，从而以坚强的毅力与决心越过高山、克服困难。第三，受教育者的兴趣爱好推动思想政治教育具有针对性。教育者能够根据受教育者的兴趣爱好选择具有针对性的内容、方法等，比如在进行思想政治教育的过程中，通过放映具有积极能量的奥运冠军宣传片等，以接地气的形式进行,必然会引起受教育者的兴趣,刺激接受行为的产生。因此,受教育者能够全身心投入到思政教育情境中来,自觉学习精华内容,主动参加思政教育实践活动,在此基础上进行教育才能事半功倍。

(三) 思想政治教育受教育者的认同意识

认同意识表现出主体对人、物、活动等产生认可、赞同等发自内心的效应。受教育者的认同意识,影响着思政教育活动的开展程度,影响着思政教育过程的效率,从而影响着思想政治教育效能提升。

第一,受教育者对教育者的认同影响思想政治教育的顺利开展。受教育者对教育者的整体形象情况、人品好坏、思想境界高低、解决问题的能力以及处事作风等认同情况,影响着思政教育的顺利开展。第二,受教育者被思政教育所激发的情感认同影响着思想政治教育效能提升。思政教育除了助推受教育者积极认识外,能否走进受教育者内心深处,开展心与心的交流,从而实现由"此"及"彼"、由"表"及"里"的转变,影响着思政教育效能提升。第三,受教育者的价值认同影响着思想政治教育效能提升。受教育者的价值认同代表着受教育者的思想认识水平提高,那么就推动着受教育者的行为动机,引导其有着正确的价值追求,从而起到正向牵引的作用。第四,受教育者的政治认同影响着思想政治教育效能提升。政治认同体现了对执政党、阶级等观念、目标的认可、理解、赞同、支持等。在现代社会条件下,思想政治教育效能提升受教育者的政治认同感影响着。

三、内容维度——思想政治教育内容的实用

思想政治教育内容是教育者与受教育者交流与共享的内容,思想政治教育效能提升的目标再怎么正确和高远,教育者的可信性再强,思想政治教育技术和手段再怎么先进,如果内容不是真理的、不是科学的,不能促进受教育者认知的提高、思想的进步、品德的塑造和能力的提升,不是受教育者所需要的信息,那么也就毫无效能提升而言。因此,内容是影响思想政治教育效能提升的关键环节。研究表明,正确、合理、适量的教育内容是提高受教育者效能的重要因素。思想政治教育效能提升作为一种特殊的教育活动,有其特定的、基本的教育内容。虽然思想政治教育内容在不同的社会条件和历史时期具有不同的侧重点,但其具有很强的连续性和稳定性。那么,什么样

的内容能够引起受教育者的注意，被其有效接受，产生正向积极作用呢？这与思想政治教育内容的真理性、合目的性、先进性、层次性等有很大的关系。

（一）思想政治教育内容的真理性

内容的真理性，强调内容要客观真实反映思想政治教育的性质。马克思指出："理论只要彻底，就能说服人。"[1]内容的真理性影响着内容的说服力，内容的说服力影响着受教育者的接受度，因此，思想政治教育内容是否体现客观真理、是否严谨有着很高的要求。内容缺乏真理性，也就失去思想政治教育的意义和价值，没有根基。只有立得住的根基才有继续搭建高楼的基础，才会产生价值与效益，呈现良好的效果。思想政治教育效能提升是为了更好地实现引导、规范、促进人的作用，内容具有真理性对于思想政治教育效能提升有着重要意义。

（二）思想政治教育内容的合目的性

内容的合目的性强调内容要符合思想政治教育目标，符合教育者对受教育者思想行为变化的期望，满足社会发展的方向。恩格斯指出："任何事情的发生都不是没有自觉的意图，没有预期的目的的。"[2]思想政治教育作为人的一种社会实践活动，是有目的有指向的，那么也就要求教育者所教授的内容具有合目的性。内容的合目的性，关系到教育者对教育活动的进行，关系到是否满足受教育者的个人诉求和社会要求。内容是思想政治教育目标的具体的表现，内容能够对目标的实现发挥作用，思想政治教育效能提升受内容的设置、传达出的信息、呈现形式等影响。

（三）思想政治教育内容的先进性

内容的先进性强调内容必须遵循客观发展规律、反映人类社会发展趋势、反映先进的思想等，必须是具有前瞻性的、进步性的。思政教育有传承优秀文明的价值，也具有不断更新知识内容的作用。思政教育以培养人、塑造人为目的，担负着宣传科学的理论、塑造美好心灵的职责。思政教育一方面要

---

[1] 中共中央马克思恩格斯列宁斯大林著作编译局编译：《马克思恩格斯选集》（第一卷），人民出版社2012年版，第9页。

[2] 中共中央马克思恩格斯列宁斯大林著作编译局编译：《马克思恩格斯选集》（第四卷），人民出版社2012年版，第253页。

顺应时代发展大势，另一方面要顺应受教育者发展规律与完善自身的诉求，通过一系列的思政教育内容促使受教育者思想观念实现由不正确到正确、由落后到先进积极的转变，其中，起关键作用的就是内容，思想政治教育内容在符合领导阶级要求与现实真实情况的基础上，具有鲜明的先进性，能够实现以先进科学的内容为导向，避免受教育者的思想水平、政治觉悟程度、心理素质还处于停滞不前甚至落后的状态。假如思想政治教育内容不能够把既符合国内外发展潮流又符合社会进步规律的思想观点、道德要求让受教育者接受，那么，受教育者的思想认知水平、理想信念以及外在行为很难体现出科学性、先进性的特点，也就很难适应于社会整体发展大势。因此，思想政治教育效能提升受内容是否具有先进性的影响。

（四）思想政治教育内容的层次性

"层次是指系统要素有机结合的等级秩序。"[1]思想政治教育内容的层次性强调教育者尊重受教育者的客观实际，根据不同受教育者的思想情况和发展状况，在对受教育者有充分了解的基础上，尊重受教育者的差异性，因材施教，循序渐进，科学递进思政教育的要求，对内容进行分层安排，从而提升思政教育效果。对于思想政治教育来说，面临着接受教育的对象身处不同的家庭背景、从小到大生活经历与社会阅历不一样、处在不同的年龄阶段和有着不同的受教育程度等，这些都可能导致受教育者们所表现出来的理想信念、涵养素质不同，那么，思想政治教育内容是否具有层次性，教育者是否从整体上进行谋划，尊重差异，包容不同，对不同层次的受教育者制定不同层次的思想政治教育内容，是否按照不一样的受教育者以及不一样的思想认识水平提出不同的要求、进行不同的思想政治教育等，这都影响着是否能够最大限度地发挥整体功效。

四、方法维度——思想政治教育方法的有效

教育者所采用的方法是否有效，是否具有科学性、开放性、灵活性、综合性等深刻影响着思想政治教育能否在推动受教育者增长见识、构建观念、协调心理等方面发挥积极作用，影响着思想政治教育效能的发挥及提升。下

---

[1] 熊建生：《论思想政治教育内容形态的层次结构》，载《思想理论教育导刊》2006年第9期。

面进行具体论述。

(一) 思想政治教育方法的科学性

科学性"是反映人们认识客观事物的本质及其规律准确性、深刻性程度的标志。"[1]思想政治教育方法具有科学性强调教育者在教育过程中遵循客观规律，通过把握思想政治教育方法的内在机理，增强教育的效果。方法的科学性影响着教育者在思政教育过程中是否与受教育者的发展和思政教育方向具有一致性。伴随国家现代化发展、社会纷繁复杂、受教育者所处时代更新快，假如教育者还是采用传统的经验型方法，而不注重思政教育方法的科学性，或者科学方法投入程度不足等，则会造成传统思政教育方法与之割裂甚至并不相符，产生强烈的无力感甚至效果不佳，难以满足受教育者的发展需要。因此，教育者假如没有有效探索思政教育方法内在发展规律，也没有正确把握思政教育方法运用对象即受教育者的发展规律，则难以把握好思政教育方法科学性的内在本质，影响着思政教育活动的最终效果。可以说，思想政治教育效能的提升受方法的科学性影响。

(二) 思想政治教育方法的开放性

"开放性"是与"封闭性"相对的，强调对其他事物的接纳性。任何一个事物都不是孤立存在的，思想政治教育也不是孤立的，总是在一定的空间内进行。这就决定了进行思政教育时是选择封闭的还是选择开放的，假如采取封闭性的模式，则会制约着新事物的出现，影响着思政教育的发展；假如采取创新性的模式，则会不断地吐故纳新，不断地进行优化、调整和补充，使得思政教育方法更加完善，从而提高思政教育的效能。因此，思政教育效能提升决定了思政教育方法是一个开放的容器，思政教育方法要依据不同的教育活动采用不同的形式，并逐渐深入发展，随着时代变化不断发展，随着受教育者的发展变化而变化。因此，思想政治教育效能提升受方法的开放性影响。

(三) 思想政治教育方法的灵活性

灵活性，强调采取的方法手段不死板、不拘泥，能够随机应变，变通处

---

[1] 李德顺主编：《价值学大词典》，中国人民大学出版社1995年版，第367页。

置。方法的灵活性强调思想政治教育方法不是像机器一样重复式、一成不变地进行，而是在思政教育过程中具体问题具体分析，灵活运用，把思政教育内容讲活讲透。思政教育如果不根据教育时间、地点、对象等具体条件，僵硬、毫无针对性地使用固定的方法，这样的思政教育方法毫无生机活力，这样的思政教育过程也就毫无效率可言。比如，对受教育者进行爱国主义教育时，假如单纯地进行爱国主义知识宣讲，其功效不如与带领受教育者进入爱国主义教育基地进行面对面的、触动心灵的参观学习相结合。再比如，是否根据受教育者的专业特长等选择思政教育方法，将影响着思政教育效能提升。面对艺术类的受教育者，普通的课堂讲书无法有效带动他们学习的兴趣，不如把音乐、多媒体、表演、朗诵等艺术手段融合进去。因此，思政教育方法是否根据思政教育内容的类型、受教育者的特长与教育环节有效衔接，灵活掌握思政教育过程中的每一个关节点，是否采用最有效、最灵活、最快捷、最方便、最经济的方法和手段等，都对思想政治教育效能提升产生影响。

（四）思想政治教育方法的综合性

方法的综合性强调教育者综合思考各个思想政治教育方法的优劣、共同之处，取长补短、优化组合，形成一个有机联系的统一体，从而促使思想政治教育形成合力。传统社会条件下教育者采取的相对单一的教育方法虽然取得了培养人才相对有效的思想政治教育效果，但那是因为社会相对封闭，人们的思想观念容易统一。随着全球化、信息化给现代社会带来的加速发展变化、对外开放性程度较高、不同群体不同思想多元多样、网络传播更新快等现象，思想政治教育还像之前一样采取单一的方法已经不可取，产生出良好的效果已不可能，再加之思想政治教育内容、受教育者、环境也发生变化，就对传统的单一的思想政治教育方法提出了挑战，这要求教育者与时俱进，要求教育者采取综合性的思想政治教育方法。综合教育方法发挥着越来越重要的作用[1]，在思想政治教育过程中形成的这种方法合力达到的教育效果比实行单个教育方法更具有持久影响。因此，思想政治教育效能提升受思想政治教育方法的综合性影响。

---

[1] 参见郑永廷主编：《思想政治教育方法论（修订版）》，高等教育出版社2010年版，第228页。

五、环境维度——思想政治教育环境的渗透

并不是所有的环境都能起到积极的促进作用,思想政治教育效能提升对环境有一定的条件要求。思想政治教育环境是否具有适切性、是否具有整体性、是否具有可创造性等,影响着思想政治教育效能提升。

（一）思想政治教育环境的适切性

适切性主要指事物之间的协调统一程度,是否适应、切合某方面的需要。[1]世界是相互联系的统一体,处处有联系,事事有联系。环境对思想政治教育具有积极的正向的价值,环境和思想政治教育之间相适应与相契合,致力于发挥育人的积极作用。环境对思政教育的适切性越高,则思政教育对环境的利用价值越大,满意度也就越高。[2]环境的适切性,一方面强调思政教育与环境要素之间的适应性,另一方面强调环境与思政教育其他要素相联系。环境的适切性能够切合环境发挥育人的潜移默化的作用,有利于增强环境育人的实效性。可以说,思想教育效能的提升受环境的适切性影响。

首先,思想政治教育各环境要素发展应遵循客观规律。环境是一种客观存在,人们不能随意选择环境,也不能随意改变环境。环境不以教育者与受教育者的主观意识而改变,但要充分利用人的主观能动性,选择符合思政教育方向的、有利于思政教育发展的环境。受教育者的良好品德与修养等都体现着环境的影响与反映,因此思想政治教育效能提升要求环境各要素遵循客观规律。其次,思想政治教育各环境要素应有机整合。思想政治教育效能提升是一个系统并由很多因素影响,环境是其中的一个影响因素。有的环境能够起促进作用,有的环境起阻碍作用,"孟母三迁"就是一个例子。有的环境能够推动整个思想政治教育效能提升系统处于平稳状态,有的则使之处于动荡状态。因此,思想政治教育其他要素是否主动适应环境并充分利用环境平稳性状态的有利作用,是否对环境内的各要素进行有机整合,影响着教育的积极效果。最后,思想政治教育环境要素与思想政治教育系统其他要素应相

---

[1] 参见马其君:《课堂管理行为策略在农村小学新课程实施中的适切性研究》,四川师范大学2007年硕士学位论文。

[2] 参见刘琦:《高校思想政治教育环境适切性研究》,辽宁师范大学2019年硕士学位论文。

匹配。思想政治教育是由很多相互独立又相互影响的要素组成的一个有机系统，这里面包含着环境。那么，环境只有与思想政治教育系统内其他要素相协调与适应，比如与内容、方法等相协调，才能发挥系统合力的作用，达到锦上添花的良好境界，从而助推提升思想政治教育效能。

(二) 思想政治教育环境的整体性

环境的整体性强调各个环境因素相互协调、密不可分，能够充分发挥各环境因素的作用，并在思想政治教育过程中发挥作用的方向一致，从而形成合目的、有价值、有效率的一个整体。比如，政治、文化、社会、生态等环境离不开经济环境，经济环境又被政治、文化、社会、生态等环境影响着。环境的整体性要求思想政治教育各个环境因素能够协调配合、合理组织力量分配，共同朝着一个方向努力，从而形成一股发挥环境积极作用的合力，但也要注意各个环境因素与整个思想政治教育环境的主次关系。

思想政治教育是对不同人的思想意识、价值观念等开展的，环境的整体性对思想政治教育效能提升具有重要意义。经济、政治、文化、社会等方面都影响着思想政治教育。这些环境因素不是单独存在的，而是存在于整个思想政治教育环境中，不仅整体地对受教育者思想品德产生影响，而且对受教育者的整个人生产生影响。思想政治教育环境各组成部分，不存在某个环境起作用，另一个环境不起作用的情况，只是作用大小不一样。但是，这样的环境因素整体能够发挥极大的作用。假如不注重环境的整体性，只考虑局部，就有可能一些环境被强化，一些环境被弱化，综合起来发生抵消的作用，思想政治教育效果不大理想。因此，环境是否具有整体性，是否与受教育者的思想形成一致，影响着思想政治教育目标和效能提升。比如，我国提出加强大中小学思政课一体化建设，全国形成大中小学思政课一体化理论研究与实践操作的环境氛围的倡议，就是从整体性考虑，进行宏观布局，旨在发挥不同阶段、不同环节、不同环境的整体性育人作用。

(三) 思想政治教育环境的可创造性

马克思恩格斯认为："人创造环境，同样，环境也创造人。"[1]环境是一

---

[1] 中共中央马克思恩格斯列宁斯大林著作编译局编译：《马克思恩格斯文集》(第一卷)，人民出版社2009年版，第545页。

种客观存在的事物，但人可以发挥主观能动性把不利环境变为有利环境，创造优美的环境，形成良好的育人氛围。环境的可创造性强调教育者对环境进行客观分析，结合思政教育目标和对思政教育效果的要求，对一些将来会影响思政教育过程和推进受教育者形成良好品德的积极环境，把造成消极影响的环境因素最大限度地改造成积极的环境因素。

环境的可创造性影响着思想政治教育效能提升。正所谓"蓬生麻中，不扶而直"，良好的思想政治教育环境能够给受教育者营造良好的育人氛围，从而成功地实施教育，实现思想政治教育的良好效果。人一方面被环境影响着，不能离开环境而生活，另一方面，人能够发挥主观能动性，反作用于环境，创造出有利于自己生存与发展的思想政治教育环境。比如，时代楷模张桂梅创建了全国第一所免费女子高中，尽管在大山深处没有良好的思政教育环境，但是张桂梅校长竭尽所能为云南丽江华坪女子高中的学生们创造良好的思政教育环境，以实现思政教育的良好效果，改变学生的命运。

六、制度维度——思想政治教育制度的保障

制度影响着人们对一定社会的政治、道德等观点的接受以及按照一定的社会要求和规则去行动，所以，对思想政治教育效能提升影响因素的分析，不能撇开制度维度。[1]制度具有合理引导教育者分配思政教育资源的功能，提高思政教育资源利用率；能够规范教育者的职责，提高思政教育运行效率；能够激励教育者与受教育者的投入程度，调动教育者与受教育者的积极性；能够约束教育者与受教育者的行为，避免不和谐事件发生。可以说，制度是否规范合理、是否运行有序、是否被认同、是否被执行等，对思想政治教育效能提升产生着深远影响。

（一）思想政治教育制度的完善性

邓小平指出："制度好可以使坏人无法任意横行，制度不好可以使好人无法充分做好事，甚至会走向反面。"[2]假如思想政治教育制度不完善的话，那么，从起点开始就意味着思想政治教育制度难以发挥高效的作用，也就难以

---

[1] 参见王淑芹：《思想政治教育成效的制度分析》，载《思想教育研究》2006年第12期。
[2]《邓小平文选》（第二卷），人民出版社1994年版，第333页。

更好地提高思想政治教育效能。比如，思想政治教育制度评价与监督机制是否配套，影响着思想政治教育是否真正命中受教育者内心深处。评估与监督机制，是对思想政治教育开展状况、变化状况发现并总结经验与教训、成功与失败的机制，能够分析质量优劣与效果大小，为思想政治教育效能的进一步提升提供导向；能够把思政教育目标实现程度、思政教育过程运行情况等结果反馈给教育者，从而适当地调整方式方法、内容、过程等。可以说，制度内部是否协调配合，影响着思想政治教育效能提升的整体效果。整个制度系统会涉及多种不同方面的制度，假如没有形成一个纵横交错的关系网、没有一个完整系统的思想政治教育制度的话，那么就会有缺失或者短板或者被忽略的地方，思想政治教育效能提升的整体效果一定程度上就会受到影响。

（二）思想政治教育制度的运行有序

所谓运行有序化，强调组织内组成部分或要素的序列化。思想政治教育制度只有经过一系列过程的运行，通过实践，才会发挥其作用。思想政治教育效能提升只有通过对制度实践运行的过程进行把握，才能真正实现。因此，制度是否具有条理性、是否运行有序化影响着思想政治教育效能的提升。

制度的运行有序离不开制度的建立、执行、监督、评估、反馈等环节。制度运行是以思想政治教育目标为基础的，是需要教育者与受教育者共同遵守与参与的过程。制度运行有序化就是对这一动态秩序的维系，构建一个有规、有序、有守的运行环境。制度内各要素是否相互统一、紧密结合，影响着思想政治教育效能提升；制度运行过程中每个环节是否环环相扣、逐步高效推进，影响着思想政治教育效能提升；在制度运行过程中，能否确保制度的权威性，保证教育各个步骤的顺利落实，影响着思想政治教育效能提升是否顺利实现。

（三）思想政治教育制度的认同性

制度的认同性强调对思想政治教育过程中运用制度的认同，也就是对制度本身包括规章、政策及其所带来的思想政治教育公平与效率程度、价值理念凝结、正确方向导向、利益冲突化解等的认同感和归属感。

制度认同包括教育者与受教育者对制度的认同。在思想政治教育制度运行过程中，教育者与受教育者是否对制度进行认知、产生情感、转化为行为等影响着制度认同效果。制度被制定与设计得是否合理、在思想政治教育过程中是否科学、是否与实践紧密结合，影响着教育者与受教育者对思想政治教育制度自身的认同。因此，在思政教育过程中，有没有把制度要求转化为人们可以接受的思想观念和行为方式，影响着思政教育效能提升。制度认同度高不高，制度在思想政治教育中的作用能不能被积极认同，这些都对思想政治教育效能提升有一定的影响。

（四）思想政治教育制度的执行力

制度是一定的社会、阶级、政党、组织等为协调利益冲突和化解矛盾纠纷而使社会存续发展，并为了对社会秩序予以维持而制定出来的。通过制度建设，能够对社会中的每一份子享有的权利与应尽的义务给予明确的规定，规定着获取利益的方式，对守规者进行保护，对违规者进行惩罚。制度作为人们生活环境的重要组成部分，影响着人们的思想和行为。通过对制度加以运用，能够监督与推动思想政治教育活动高效运行，获得高效率、高效益，畅通无阻，进而促进思想政治教育效能提升以及良好效果得以呈现。制度仅仅存在于教育者的脑海里、文件里、讲课开会中是不行的，空有制度但是没有执行制度，则制度形同"稻草人"，制度发挥效能低下。因此，制度是否被保障执行影响着思想政治教育效能提升。

教育者是否执行制度，关系到执行效果、兴衰成败，教育者有着关键身份、处在关键环节、发挥关键作用。教育者是否增强制度意识，更好地执行制度，不断增强自身能力建设、执行能力建设，做到政治过硬、本领过高、执行最强，影响着思想政治教育效能提升。在制度运用过程中，教育者是否将制度落到实处、落到细处，是否不急于求成，既发挥制度的导向与规范作用，又发挥好制度的增效防风险作用，影响着思政教育效能提升。此外，思想政治教育效能提升也受制度执行是否被有效监督的影响。

第三节 思想政治教育效能提升影响因素的过程控制

思想政治教育效能提升本身是一个复杂的系统，诸多影响因素共同发生作用时，结构和功能都会发生某种质的变化，正如一部机器的整体功能需由各个具有影响力的部件之间的相互联系和相互作用来实现。需要关注诸多影响因素怎样相互联系、相互配合、协同作用，从而发挥整体功能，提升整体效能。因此，研究思想政治教育效能提升，就必须对这些影响因素及其作用方式作出说明。

影响因素的过程控制，对思想政治教育效能提升具有重要意义。"如一支足球队的优秀程度是否等于 11 位足球运动员的优秀程度之和……答案显然是否定的"[1]，需要对他们进行排兵布阵、过程控制。思想政治教育效能提升需要各个影响因素联合起来发挥正向的积极的有利作用。那么，使得其中各个影响因素联合起来就需要对思想政治教育效能提升的影响因素进行有效统筹安排，使各个影响因素发挥积极作用并可持续运转下去。思想政治教育效能提升的各影响因素之间的紧密稳定、同向同行、协调控制、协同发力影响思想政治教育效能提升的结果。需要注意的是，紧密稳定、同向同行、协调控制、协同发力这几个关于思想政治教育效能提升影响因素的过程控制的环节之间不是独立的，而是互有交叉的，有时需要同时并用。

一、诸多影响因素紧密稳定

诸多影响因素要具备联系性，这是思想政治教育效能提升的前提。思想政治教育效能提升中的诸多影响因素紧密联系，融合为一个系统，才能实现。如果诸多影响因素间的联系很少或者直接各自为战、互不联系，那么就无法产生效能。在思想政治教育效能提升过程中，我们应该使各影响因素，诸如教育者、受教育者、内容、方法、环境、制度之间的关系联系紧密、保持协调一致，从而构建起稳定的系统结构，进而达到优化系统功能、提升系统效能的目的。

（一）从诸多影响因素构成的整体结构看

思想政治教育效能提升的影响因素包括教育者、受教育者、环境、内容、方法和制度等。思想政治教育效能提升的实现，应合理调整教育者、受教育者、环境、内容、方法和制度之间的关系，影响因素之间构成的整体结构不应是单一线条结构或者是并行式结构，而应形成纵横交错的网状结构。

（二）从诸多影响因素内部看

应调整各诸多影响因素的内部布局。要考虑改进思想政治教育者中教育

---

[1] 王威峰、秦在东：《思想政治教育质量的管理学思考》，载《理论月刊》2018 年第 10 期。

组织队伍的结构以及每个教育者的能力的结构;要构建形成思想政治教育环境中关于学校、家庭、社会以及受教育者同辈群体社交环境的最佳结构;要对思想政治教育内容部分进行统筹组合安排;要对思想政治教育方法和制度进行有效规划,这些都是调整思想政治教育效能提升影响因素结构的重要内容。只有经常保持影响因素内部结构之间的联系和关系合理,才能充分提升思想政治教育效能。特别值得注意的是,构建思想政治教育效能提升的系统结构是一项持续性的工作,在这一过程中,必须时刻把握系统因素的运行过程,适时予以评估和诊断,建立和保持思想政治教育效能提升的良性循环。只有这样,才能使各影响因素发挥最大的积极作用,才能充分发挥教育的最大功效,才能更好提升思想政治教育效能。

(三) 从诸多影响因素之间的重要联系看

思想政治教育效能提升不仅涉及教育者、受教育者、内容、方法、制度等以什么样的形式存在或者产生什么样的影响作用,而且还涉及这些影响因素之间的内在关联。

一是教育者与受教育者之间的内在联系。教育者与受教育者在思想政治教育效能提升中处于中枢位置,两者处于矛盾统一体中,互为存在的条件。教育者与受教育者不能脱离对方而单独存在,只有教育者,而没有教育的对象也就是缺少受教育者,则教育者没有存在的重要意义;只有受教育者而无教育者,受教育者则缺少引导方向的主导者。两者彼此制约又紧密联系,共同成为思想政治教育效能提升的内在基础。另外,教育者与受教育者彼此区别,二者在思想政治教育效能提升中地位有区别、作用有区别、承担角色不一样、运动形式不一样。由于教育者与受教育者之间存在紧密联系,思想政治教育效能提升的实现具备了可行性条件。所以,对于教育者与受教育者这两个影响思政教育效能提升的因素之间的紧密联系缺乏有效把握,思政教育效能发挥或者进一步提升思政教育效能就难以继续进行。可见,教育者与受教育者之间积极联系有助于提升思想政治教育效能。

二是思想政治教育内容、方法、环境、制度等之间的内在联系。教育者与受教育者是思想政治教育效能提升中的两个关键的影响因素,但是教育者与受教育者这两个影响因素不能脱离内容、方法、环境、制度等影响因素的指向、协调与维系,内容、方法、环境、制度等影响因素在思想政治教育效能提升运行过程中也发挥着十分关键的作用。思政教育内容充当着联系教育者与受教育者的"中间人"作用，教育者通过思政教育内容把想要表达的传递给受教育者，而思政教育内容也体现了教育者想要实现思政教育目标的程度，在这一过程中教育者通过运用方法把受教育者与思政教育内容联通起来，采取能被受教育者接受的方法，实现受教育者对内容的积极吸收，同时环境与制度影响并制约着这一过程，进而内容、方法、环境、制度这几个影响因素之间形成紧密联系、相互作用的状态。所以，没有这几个影响因素之间的紧密联系与相互作用，思想政治教育效能的发挥和提升就难以实现。

二、诸多影响因素同向同行

思想政治教育效能提升内在地要求诸多影响因素朝着共同的方向发挥积极有力的作用，并且行动一致、步调一致。这里面，思想政治教育效能提升的目标发挥着关键的作用，促使并引导这些影响因素往既定的方向发力。刘少奇指出，要"引导人民向好的方面走，引导人民前进，引导人民团结，引导人民走向真理。如果搞得不好……会引导他们分裂，引导他们斗争，引导他们互相摩擦。"[1]他对事物朝着共同的方向发力所发挥的作用和意义作了深刻的阐述，这对于引领政治发展和促进宣传效果有着重要意义和价值。同理，诸多因素发挥积极的作用，朝着共同的方向前进，容易拧成一股绳，铆足一股劲，促进思想政治教育效能提升实现。

（一）同向

诸多影响因素"同向"是思想政治教育效能提升的根本。所谓"同向"，指影响因素的方向要保持高度统一。如果思想政治教育效能提升中的诸多影响因素所持的目的相同，方向一致，就会产生合力。相反，如果诸多影响因素所认同的目的并不一致，就会产生来自不同方向的压力和阻力。思想政治教育效能提升的诸多影响因素作用方向不对、坚持的方向不对，那越用劲儿越白费力气，做的是无用功，思想政治教育效能提升的实现则更加困难。事实上，思想政治教育效能提升是一种目的性系统。只有诸多因素齐心合力、

---

[1] 中国社会科学院新闻研究所编：《中国共产党新闻工作文件汇编》（下册），新华出版社1980年版，第249页。

万众一心,而不是"离心离德",做到"两口子推磨——齐心","蚂蚁抬虫子——协力",才能更为接近思想政治教育效能提升的目标。想让诸多影响因素发挥最大作用,就要朝着共同的目的前进。

思想政治教育效能提升的诸多影响因素必须要保持"同向",做到坚持三个维度的同向。第一,诸多影响因素需在政治方向上同向。思想政治教育效能提升作为一项特殊的社会实践活动,首要前提就是在与政党、统治者制定的大政方针政策上、在关乎政治大局、在关系国家发展大局等方面上同向,这一点不容置疑,没有商量的余地。第二,诸多影响因素要在育人方向上同向。不管是教育者还是内容与方法,他们发挥作用都是为了更好提升思想政治教育效果,都是为了国家、社会和人的发展服务的,因此,诸多影响因素要在育人方向上做到始终如一。第三,诸多影响因素要在价值观上同向。一个国家、一个民族、一个社会只有有着共同的精神追求,有着共同的价值观才能凝聚力量。比如,在中国,作为社会主义国家,诸多影响因素应遵循社会主义核心价值观的价值要求,不论是教育者还是受教育者,不论是环境发展还是制度建设,都要始终坚定当代中国的价值观并为其服务。

(二) 同行

"农民只有同觉悟工人携手并进,才能获得土地和自由。"[1]同理,诸多影响因素积极向上地同行,助力提升思想政治教育效能,要做到:第一,诸多影响因素步调一致。同行也就是各影响因素步调一致,才能提升思想政治教育效能。各影响因素在政治方向、育人方向、价值观方向处于同一个频道上,频率一致,也就是说各影响因素要节奏一致、步调一致,在思想政治教育效能提升上进行顶层设计,在思想政治教育内容、方法等方面进行修订和统筹考虑,融入当代思想政治教育的价值要求,紧紧把握实践育人的规范、实践育人的时代要求等,共同目标是更好发挥育人的积极作用。第二,诸多影响因素在同行时相互辅佐,既相互促进又相互补充。一个影响因素的好坏影响着其他因素的作用发挥,就好比一个地区出现大气污染则会影响周边地区。教育者、受教育者、内容、方法、环境、制度等,在各自发挥积极的示范和引领作用的时候,也脱离不开其他影响因素发挥积极作用。假如其中一

---

[1] 中共中央马克思恩格斯列宁斯大林著作编译局编译:《列宁全集》(第十四卷),人民出版社2017年版,第212页。

个或者多个发挥了积极作用，而其他一个或者多个发挥了阻碍作用，则会影响思想政治教育效能提升。第三，诸多影响因素行动目标一致。不论教育者还是受教育者，不论内容还是方法，都要不断改变自身的不足，发挥自身的长处，调整优化自身的结构，都要为育人服务。

（三）同向同行

诸多影响因素"同向"是诸多影响因素"同行"的前提，诸多影响因素"同行"是诸多影响因素"同向"的目的。不仅要熟知诸多影响因素"同向"的必要性与积极意义，也要洞察诸多影响因素"同行"的客观性与切实性。诸多影响因素唯有保持"同向"，才能为诸多影响因素创造"同行"的条件，最终实现诸多影响因素同向同行，从而形成提升思想政治教育效能的积极推动力。更进一步讲的话，即是思想政治教育效能提升存在着诸多影响因素以及需要加以完善提高的地方，必须首先解决诸多影响因素"同向"的问题，这关系着主流意识形态的走向、关系到目标的达成度，因此，必须确保各影响因素的积极作用的发挥以及在政治、信仰追求、价值取向与领导核心方面的方向一致。除了保证方向不偏外，还要保证道路走正即在实践上诸多影响因素如何更好地结伴"同行"，实现同向同行的通力合作的联动效应。

三、诸多影响因素协调控制

思想政治教育效能提升是整体结构与动态过程的综合同构，经由教育者、受教育者、内容、方法、环境、制度等因素影响的复杂的动态的系统，对各个影响因素的矛盾规律与影响方式进行管理控制，能够提高思政教育的管理运行成效，提升思政教育效能。思想政治教育效能提升，要求努力做到协调影响因素的积极影响，控制影响因素的消极影响。对诸多影响因素进行协调控制，需要注意协调不能脱离于控制，控制也需要经过协调，把握好协调控制之间的"度"，使得思想政治教育效能提升过程顺利进行。

（一）协调诸多影响因素中的积极作用

各影响因素既可以产生积极的作用，也能够产生消极的影响。因此，要协调各影响因素的积极作用，以避免消极影响的产生。协调各影响因素的积极作用，需要把握各影响因素在结构中的地位情况的影响。只有各影响因素作用发挥是稳定的，思想政治教育效能提升才可能实现。第一，协调教育者与其他影响因素的关系。在思想政治教育效能提升过程中，教育者处于关键的主导地位，同时也肩负着提升思政教育效能的使命与任务，是思政教育效能提升的内在动力，体现了教育者在思政教育效能提升中的必要性与价值。受教育者、目标、内容、方法等的存在情况与发挥的价值直接影响着教育者的存在情况与价值，进而影响思想政治教育效能的提升。因此，需要协调教育者与其他影响因素的关系，协调诸多影响因素中的积极作用。第二，协调受教育者与其他影响因素的关系。受教育者在思想政治教育效能提升中占据主动地位，影响着教育者对内容、目标、方法、制度的选择与实施，影响着内容、方法、环境与制度的存在状况与作用发挥，影响着对内容、方法、环境与制度的满足情况，支撑着思想政治教育效能提升目标的存在与选择。因此，需要协调受教育者与其他影响因素的关系，协调诸多影响因素中的积极作用。

（二）控制诸多影响因素的消极影响

思想政治教育效能提升的实现需要一个复杂的系统过程，并且它不是闭门造车就能实现的。需要对思想政治教育效能提升有可能产生的消极影响进行控制，从而保证各影响因素不会偏离正确的航向、目标与任务。控制各影响因素的消极影响就是对各个影响因素的消极影响进行控制以期达到效果的最大化。思想政治教育效能提升为了达到共赢的效果，要求发挥积极作用的各因素都把注意力调整到实现目标和根本任务上，发挥各影响因素对思想政治教育效能提升的最大功效。第一，需要对各影响因素进行事前控制。思想政治教育效能提升是一个有序的系统过程，是各个影响因素发挥积极作用的综合反映。在思想政治教育效能提升过程中往往会由于多种因素的影响而导致效能没有或者降低，因此只有对决定和影响效能提升的所有因素予以严控，才能确保实现预期的目标。影响因素包括教育者、受教育者、内容、方法、环境、制度。抓好对这几大因素的事前控制，坚持预防为主，防患未然，是保证效能提升符合预定目标的关键。从事前控制着手，进行全面分析、综合考虑。要有特定的规范体系即制度体系作为保障屏，并预测可能出现的效能不高的情况，制定并及时采取预防措施。第二，需要对各影响因素进行事中控制。在思想政治教育效能提升过程中经常对各影响因素进行监测，对各个影响因素的实际发挥作用情况予以检查，对这一个过程中出现的脱离目标或者误入歧途的情况给以调控，进行纠偏、纠错与矫正，并在必要时对外部条件进行协调，创造良好的条件，使发生偏差与及时纠偏有机结合起来，使各影响因素始终处于受控状态，使得诸多影响因素保持积极的最大化的状态，并按照思想政治教育效能提升目标所规定的方向和标准发挥各自积极功效。总之，对各影响因素进行协调控制，就是要在保证思想政治教育效能提升顺利进行的同时，能够对整个影响因素有效地协调和控制。

四、诸多影响因素协同发力

对于思想政治教育效能提升的诸多影响因素，不但要让他们紧密联系、形成稳定结构，让他们朝着同一个方向努力，对他们控制得当，最终还要让他们做到协同发力。诸多影响因素协同发力，对于思想政治教育效能提升来说，是最为直接与有效的。在提升思想政治教育效能的过程中，对诸多影响因素进行科学的整合统筹，从而提高运行效率，汇集各个因素的各自功能优势，以利于获得最后的利益最大化，达到"集成"之合的效果，达到提升思想政治教育效能的目的。

（一）强化诸多影响因素的"配合力"

"弹钢琴"乱按一气、没有章法是不能弹出好曲子的。也就是说，各因素要密切配合，有的动、有的不动不行，全按下去也不行；各因素要做到动作有节奏、有力度，轻重有变化；各影响因素之间要有共鸣，要发挥各自功能，齐心协力。思想政治教育效能提升各影响因素应当明确主次、相互配合，弹好"钢琴"，避免"短板"效应，要加强各影响因素的"对话与沟通"，达到更高的配合力。

第一，诸多影响因素要互融性配合。在思想政治教育效能提升系统中各影响因素之间息息相关、相互融合，无论是教育者、受教育者，还是环境，或者方法、制度等，都必须达成融合性配合，从而产生有效的合力，使得思想政治教育效能提升能够真正实现。第二，诸多影响因素要互惠性配合。思想政治教育效能提升，必须要充分考虑教育对象有向上发展的利益取向；教育者有实现自我价值的需要；另外环境本身也有生存和优化的满足与需要等，因此思想政治教育效能提升，必须照顾到人与人、人与社会、人与自然之间的利益需要，达到互利互惠，实现思想政治教育效能提升各影响因素的共生性与配合性。第三，诸多影响因素要互动性配合。思想政治教育效能提升，必须要加强各影响因素的互动达到协调统一、互相配合、共同发展，要促进各影响因素间的资源与信息沟通，从而提高思想政治教育过程的效率和所有因素的凝聚力。

(二) 增加诸多影响因素的"顺应力"

陀螺的乐趣来自玩家的推动、借势和旋转。陀螺不抽打就不会转动，但抽打陀螺需要一定的技巧，特别是要顺势用力。[1]提升思想政治教育效能同样需要玩陀螺的技巧，对各影响因素随"事"发力、跟"时"发力、借"势"发力，趁热打铁、循序渐进、增量发展。

第一，诸多影响因素要随"事"发力。所谓随"事"发力就是使各影响因素根据观察到的事情、判断到的事情，灵活地与事情结合起来以提升思想政治教育育人的力量。只有对"事"进行全面把握，善用"事"，把"事"用活，随"事"发力，才能更好地发挥诸多影响因素协同发力影响人、感染人、教育人、引导人的作用。第二，诸多影响因素要跟"时"发力。所谓跟"时"发力，就是各影响因素要与时俱进，不断增强自身的时代性。人类处于地球上，地球每天都在转动，世界也一直都处于不断变化之中，各影响因素每时每刻都在发生变化。因此，对各影响因素进行把握与过程控制，使之紧跟时代前进的步伐，与实践同步，与时代、时局、时段同行，随着时代转换、时局进步、时段变化，跟"时"发力。第三，诸多影响因素要借"势"发力。古人说："天下之势不盛则衰，天下之治不进则退。"(《东莱博议》) 所谓借"势"发力，就是使各影响因素紧跟国内外发展大势，着眼于"势"，立足于"新"，借"势"顺"势"调整自身、创新发展。

---

[1] 参见俞可平：《民主与陀螺》，北京大学出版社2006年版，第2页。

第四章 思想政治教育效能提升的基本遵循

每个时代都有每个时代的问题，都是对时代的一个记录，都能启发人们与时代相沟通，参与到解决时代问题的过程中去，从而推动时代的发展进步。正确把握时代背景并精准解决思想政治教育存在的问题，能够高效推进其向前发展。思想政治教育效能提升不仅是根据时代变化对思想政治教育所出现的问题所作的科学回应与解答，也是在反思以往发展不足的基础上提升思想政治教育效果的重要举措。有鉴于此，要着力提升思想政治教育效能，但思想政治教育效能不是天马行空就可以提升上来的，需要遵循一定的原则、按照一定的目标、依照一定的评价标准。

第一节 思想政治教育效能提升的原则

原则是人们观察问题、分析问题、处理问题的纲目。毛泽东指出："我们的原则性必须是坚定的。"[1]不难看出，遵循和坚持原则对于事物发展具有不可或缺的作用。一旦丢掉原则，人们很难正确地、科学地观察问题、分析问题、处理问题。落实在思想政治教育效能提升中，并不是毫无规则、随心所欲地进行，而是必须遵循特定的法则以及标准。思想政治教育效能提升的原则是人们必须遵循的规定或准则，是教育者分析效能现状、选择效能提升路径等必须遵循的要求或准则。具体来说，思想政治教育效能提升原则主要包括方向性原则、针对性原则、渗透性原则、激励性原则与系统性原则。

---

[1]《毛泽东选集》（第四卷），人民出版社1991年版，第1436页。

一、方向性原则

万事万物的行而不辍并继而不断发展都要遵循一定的方向，这是促进事物"雨后春笋"般发展的根本性、原则性问题。思想政治教育效能提升遵循的方向性原则，是强调要体现一定的阶级性，具备一定的应用价值，以及自证自身存在的合理性。它要求教育者在思想政治教育效能提升过程中不仅要坚持符合国家民族利益和统治阶级利益的价值取向，而且要体现马克思主义的原则、准则等。比如，在中国，思想政治教育效能提升遵循的方向性原则要求教育者在思政教育效能提升过程中坚持中国特色社会主义、共产主义方向和集体主义的价值取向，同时坚持全心全意为人民服务的宗旨，这是思想政治教育效能提升最根本的方向性原则，不可动摇。一旦动摇将会带来严重的后果，不仅使得思想政治教育效能提升大打折扣，而且直接影响社会稳定。

坚持方向性原则的必要性。第一，坚持方向性原则，能够保证思想政治教育效能提升的阶级属性。坚持方向性能够使得工人阶级或政党的建设实践与无产阶级整体利益相一致，具有鲜明的阶级性和政治性，并能够在正确的思政教育实践活动中实现思政教育效能提升，最终实现每个人的自由发展。比如，在中国的思想政治教育效能提升实践中，坚持方向性原则不可或缺，在保证政治方向正确的基础上与中国共产党治国理政的方向相一致。坚持正确的方向，能够有效避免行动上走弯路、思想上出现误区，减少巨额成本的付出，思想政治教育获得的效益良好；向着错误的方向行进，不仅浪费巨大的人、财、物等投入成本，还造成了适得其反的破坏性的效果，思想政治教育呈现出负效应。有鉴于此，作为教育者应具有较高的思想政治素质，以科学的、正确的理论武装自己的头脑。不仅如此，教育者还要依据党的各项路线、方针、政策，坚定对共产主义的远大信仰和中国特色社会主义的共同信念，才能保证受教育者接受具有正确的政治方向和社会主义性质的优良思想政治教育。第二，坚持方向性原则，能够实现教育者与受教育者的良好互动。由于教育者与受教育者在知识层面、思维层面等的差异，导致教育者与受教育者有着不同的思想认知。面对这一现实问题，要实现教育者与受教育者的良好互动，就要在思想政治教育过程中协调教育资源，使教育者与受教育者发生同向作用，最大限度地、最优化地坚持教育者与受教育者两者间都能接受认可的方向性原则。唯有坚持方向性，才能够实现教育者与受教育者统一思想与行动。第三，坚持方向性原则，能够使得思想政治教育效能提升顺利实现。方向具有引领性、指向性，鲜明地昭示着为之努力奋斗的目标。只有方向正确，才能顺利推动思政教育效能发挥和提升。在中国，在推动思想政治教育效能提升过程中要毫不动摇地坚持正确的政治方向，以马克思主义为指导，坚持做到把人民幸福、社会主义发展事业、中国共产党治国理政作为服务对象，这样才能确保思想政治教育效能提升方向不动摇。可以看出，教育者应当自觉坚持正确的政治方向。

坚持方向性原则的基本要求。思想政治教育效能提升坚持方向性原则，不仅仅停留在口头上或者进行简单的概念理解，而是一项符合统治阶级目标方向的实践活动。因此，坚持方向性原则要遵循以下三个主要方面的要求。一是坚持马克思主义的立场、观点和方法，以马克思主义理论指导思想政治教育效能提升的具体实践活动。二是需要着力解决理想信念问题。当前思想政治教育效能提升过程中存在着部分教育者或者受教育者理想信念缺失的状况。比如，一些教育者淡化和漠视思想政治教育的方向性原则，动摇了对马克思主义的信仰，导致受教育者丧失了理想信念。因此，提高思想政治教育效能，必须坚持正确的方向，一旦方向偏离，就可能甚至把思想政治教育效能提升的方向带偏。三是需要坚定政治立场。政党是统治阶级为了更好地实现政治统治和政治主张而建立的，跟着政党走的一个突出表现就是需要坚定正确的政治立场，而坚定政治立场的重中之重则是需要教育者和受教育者在传播和接受教育过程中旗帜鲜明讲政治，遵守政治纪律，维护执政党的统治地位，在政治上、思想上和行动上始终坚定不移地坚守统治阶级的立场，确保思想政治教育效能提升过程不变色、不变道、不变味。

二、针对性原则

习近平指出："提升思想政治教育亲和力和针对性，满足学生成长发展需求和期待。"[1]坚持针对性原则是进一步提升思想政治教育效能、最大限度地达成目标的内在要求，也是促进受教育者积极健康成长、实现全面发展的现

---

[1]《习近平谈治国理政》（第二卷），外文出版社 2017 年版，第 378 页。

实需求。

坚持针对性原则的必要性。第一，坚持针对性原则，能够满足时代变化的需要。当前正处于一个社会急剧转型的时代，以前所未有的速度发展变化，利益格局不断调整，思想观念发生变化，这就对思想政治教育提出了新挑战、新要求，需要依靠思想政治教育的积极有效的影响力，建立顺应时代潮流的新理念，丰富人们的精神文化生活。因此，进一步提升思想政治教育效能、满足时代发展需求应坚持针对性原则。第二，坚持针对性原则，能够满足受教育者的需要。受教育者身处复杂多变的大环境，自身思想道德受到影响，自身生存技能与本领需要提高，这对新时期新条件下的思想政治教育效能提升提出了更高要求，这就给教育者带来了机遇与挑战，要求坚持针对性原则。第三，坚持针对性原则，能够提高思想政治教育效率、效益与效果。当前，思政教育供给与受教育者需求不平衡的问题一定程度上存在，坚持针对性原则，有助于培育"新动能"，不断优化思政教育内容，精准配置供给产品，去粗取精、精益求精，提高思政教育的"产出比""输出率"，增强思政教育的吸引力，进一步提高思政教育效率、效益与效果。

坚持针对性原则的基本要求。第一，思想政治教育效能提升需立足实际。需坚持一切从实际出发，既立足思想政治教育目标的现实要求；又立足受教育者的具体生活情境与学习生活现状，与受教育者建立起亲密的情感交流纽带，加强与受教育者的情感连接；还要立足受教育者的思想政治品德形成发展实际、身心发展新特点、自我实现以及主体性需要，让受教育者在内容丰富、形式多样的教育活动中接受教育。第二，思想政治教育效能提升需抓住关键教育环节。教育者在统筹谋划开展教育时，需深入开展调查研究，充分了解掌握思政教育开展的具体情况，抓住思政教育过程中的关键环节、重点内容，坚持什么问题突出就重点解决什么问题，能够实现缩短教育者与受教育者之间的距离，增强教育者与受教育者情感的交流和共鸣。第三，思想政治教育效能提升需正视矛盾，聚焦问题。当前，思政教育供给与受教育者需求不平衡的问题一定程度存在，提升思政教育效能需坚持针对性原则，充分考虑所处时代、受众需求和接受层次等因素，充分认识出现的新形势、新问题，了解受教育者在思想观念上所发生的新变化及出现的新情况，不断优化思政教育内容，精准配置思政教育供给产品，有针对性地摸索和创造出适宜的思政教育新方法、新手段，并将其自觉应用于新形势下所开展的思政教育工作中去，聚焦与化解受教育者实际社会生活中出现的矛盾和冲突，有效解决受教育者在行动上所出现的新问题，综合考虑受教育者并做到因材施教。

三、渗透性原则

邱伟光和张耀灿指出，"只有坚持渗透原则，才能发挥思想政治教育的效能。"[1]思想政治教育效能提升坚持渗透性原则，强调将一定的思想观点、政治观点和道德规范通过多种途径和手段，主要是间接的、隐秘的手段，使受教育者潜移默化地接受教育，从而进一步促进思想政治教育效能发挥与提升，促进取得效果的持久性。可以看出，在提升思想政治教育效能过程中坚持渗透性原则有着重要意义。

坚持渗透性原则的必要性。第一，坚持渗透性原则，是提高受教育者的接受度的需要。坚持渗透性原则主要体现为在思想政治教育过程中以一种"无痕性"的方式方法进行内容知识的教育。以往传统的教育大多数忽视在教育过程中坚持渗透性原则，往往采用居高临下、面对面的道德说教或者强制灌输。直接性的理论灌输必不可少，但强制性的方式方法容易让受教育者产生排斥或抵触心理，导致对教育内容缺乏兴趣和产生厌烦，直接影响到思想政治教育效能的发挥与进一步提升。正因为如此，有必要在思想政治教育效能提升中坚持渗透性原则。坚持渗透性原则，可以把思想政治教育的目的、内容以受教育者喜闻乐见的形式渗透到其灵魂深处，达到"此处无痕胜似有痕"的境界，使得受教育者自然而然地就接受了思想影响和行为塑造，从而提高思想政治教育的整体效果。第二，坚持渗透性原则，能够促进受教育者自主进行内化与外化相结合。在思想政治教育过程中坚持渗透性原则，能够在时间与空间上免受限制，不显山不露水地影响受教育者，相对于传统教育注重"立竿见影"的效果，坚持渗透性原则更加注重循序渐进调动受教育者的积极参与性，让其在日常生活、学习、实践活动中自己体味和感悟思想政治教育对于未来自身发展的重要性，自觉主动地探索真理、分清谬误，从而把接受的知识内化为自身的价值观念，并把内在的价值观念外化为具有自觉性的实际行动，实现受教育者自主进行内化与外化相结合的良好局面。第三，坚持渗透性原则，能够动员所有思政教育力量，形成思政教育合力。在思想

---

[1] 邱伟光、张耀灿主编：《思想政治教育学原理》，高等教育出版社1999年版，第215页。

政治教育过程中坚持渗透性原则不是简单的以政府为主导力量，而是通过各种方法手段，最大程度上调动社会、家庭等多方面领域的力量综合作用于受教育者，充分发挥学校教育者、家庭成员、社会人员等的教育合力，从而全方位地帮助和引导受教育者，促使受教育者实现自身良好发展，投身到服务国家经济社会发展全局中。第四，坚持渗透性原则，能够实现思想政治教育效果的持久性。通过坚持渗透性原则，能促使思政教育活动不仅仅局限于课堂上、书本上、活动上，而通过贯穿于思政教育全过程的方方面面，形成一个网络综合体，不割裂、不间断地对受教育者进行感染熏陶。此外，在思想政治教育过程中坚持渗透性原则还可以通过不同手段、不同场合、不同氛围的感染共鸣方式方法使受教育者主动自愿接受教育，入眼、入耳、入脑、入心，达到对受教育者影响的深刻性和效果的可持续性。

坚持渗透性原则的基本要求。提升思想政治教育效能的一个重要原则在于能否坚持渗透性原则，而坚持渗透性原则的前提则在于教育者的渗透意识和渗透能力，这也就表明教育者需要具有一定的思政教育渗透意识和思政教育渗透能力。因此，在提升思想政治教育效能中坚持渗透性原则需要加强教育者的渗透意识和渗透能力。提升教育者的渗透意识和渗透能力的途径表现在四个方面。第一，要对教育者进行培训，让教育者了解渗透性教育的重要性，增强如何进行渗透性教育的专业知识和本领。第二，教育者要想更好地进行渗透性教育，需要具备对理论知识和实践活动有效渗透的能力，达到对理论知识和实践活动融会贯通的水平。第三，坚持渗透性原则需要增强教育者力量的一致性。换言之，也就是在思想政治教育过程中坚持渗透性原则，要使学校、家庭、社会全员等力量统筹配合，他们齐心协力才能发挥作用。同时要做到使学校、家庭、社会全员等的力量方向上一致、目标上一致、行动上一致，才能实现力量的优化整合，实现整体力量大于部分力量，避免出现思想政治教育"5<2"（五天的学校教育抵不过两天的家庭和社会的影响）的尴尬局面。第四，在提升思想政治教育效能中坚持渗透性原则需要探索多种方式，借以增强教育的渗透性。可以通过探索不同的方式、不同的场景、不同的载体进行渗透，方式、方法、场景、载体等作为提升思想政治教育效能的中介，能够贯穿到思想政治教育的全过程，实现高效率地传递着教育的信息和内容，达到时时有渗透、处处有渗透，从而增强思想政治教育效能提升效果的实现程度。

四、激励性原则

思想政治教育效能提升坚持激励性原则，强调要从既有利于激发人的活力、提高人的积极性，又能促使人的创新能力得以增强出发，通过把激励性原则体现在思想政治教育效能提升的具体过程中，体现在思想政治教育效能提升后的评估评价中，从而实现思想政治教育事半功倍、效益高、效果持久性强的良性运行。这表明在提升思想政治教育效能中坚持激励性原则的重要性。因此，在提升思想政治教育效能过程中，需要坚持激励性原则。

坚持激励性原则的必要性。第一，坚持激励性原则，是引导受教育者良好思想行为的要求。思想政治教育效能提升，是为了更好地保证受教育者能够进行自我教育。在提升思想政治教育效能过程中坚持激励性原则能够调动受教育者的内在积极性，其自我效能感的提高则能够使得思想政治教育的内容更好地入耳、入脑、入心，同时能够引导受教育者的思想行为朝着一定阶级或政党团体所需要的方向发展，形成良好的思想政治素养。第二，坚持激励性原则，是鼓励教育者更好教育的要求。提升思想政治教育的效能，这一过程需要注重教育者的能力与作用。此外，除了对教育者能力的要求外，还需要注重教育者在教育过程中发挥主导性、主动性。在这一过程中，还需要注重对思想政治教育效能提升的评估评价，不能只提改进的意见，也要进行正向的肯定。因此，在提升思想政治教育效能过程中要坚持激励性原则，既在教育者教育过程中给以激励，也要在评价评估时注重激励性。唯有如此，才能够促进教育者得到正向的反馈，从而激励教育者不断创新、不断丰富教育实践。第三，坚持激励性原则，是思想政治教育过程实现高效率、高质量的要求。坚持激励性原则，一方面能够增强受教育者的积极性与自觉性，增强思想政治教育内容的吸引力和实效性。另一方面也可以实现教育者与受教育者双方良好互动，进行有效理解和沟通，形成良好的教育氛围，使得整个思想政治教育过程高效率进行，使受教育者内化于心、外化于行，最终获得思想政治教育的可持续性和高质量发展。

坚持激励性原则的要求。第一，从思想政治教育起点时就要注重激励引导，树立激励理念，学会激励方法。教育者在传授教育内容时要树立激励理念，真正意识到尊重、赞美、欣赏等理念在教育中的重要性，借以来激励受教育者学习的主动性。同时注重探索激励受教育者内在动力的方式方法。第二，在思想政治教育过程中注重激励手段创新。教育者要在教育过程中注重探索不同的激励手段，比如进行信仰激励、情感激励、榜样激励等，通过采取有效的激励手段，可以促进教育者与受教育者形成互动的持续性的和谐关系，最大限度地增强思想政治教育过程的效率，促进产生良好的效果。第三，在思想政治教育结果中注重激励反馈。思政教育不仅要注重教育过程中教育者的激励理念和激励手段，以此增强受教育者的内在驱动力，而且要注重在教育过程中给予教育者一定的激励性反馈。比如，当受教育者内在驱动力增强，产生自我教育和自我激励的能力后，应赞美教育者的激励手段的成功实施，增强教育者的职业满足感、价值感。这表明在对思想政治教育效能是否提升进行评判时，也要采取正向评价与负向评价相结合的方式，提高教育者职业满足感、价值感，从而达到可持续性的激励效果。

五、系统性原则

思想政治教育效能提升坚持系统性原则，强调从系统的、动态的、多维度的整体来考虑，对古代教育者、西方教育者、马克思主义经典作家等关于思想政治教育效能提升的做法进行借鉴，厘清其中的影响因素，分析判断标准，探索多视角、多手段提升思想政治教育效能的路径，使各方面影响因素、资源和力量能够相互协调，整体性地提高教育效果。因此，思想政治教育效能提升需要坚持系统性原则，从多方面、多维度、多措施等方面进行分析并实践，这样才能实现思想政治教育效能提升的良好效果。

坚持系统性原则的必要性。第一，坚持系统性原则提升思想政治教育效能，是马克思主义哲学认识论和方法论的重要要求。落实在思想政治教育领域，坚持系统性原则要进行全面思考、统筹兼顾，对思想政治教育效能提升进行系统分析和整体把握，才能有效把握思想政治教育效能提升的整体效果。第二，坚持系统性原则提升思想政治教育效能，具有学习优良传统和宝贵经验的必要性。比如，中国共产党有着百年的发展历程，在这一历程中，中国共产党人十分注重运用系统性原则来指导革命、建设、改革等实践发展。在革命建设时期，毛泽东提出要学会"弹钢琴""一着不慎满盘皆输"等要求，这是对革命实践坚持系统性的要求，也是革命实践取得良好效果的保证。改革开放以来，邓小平提出"两手抓，两手都要硬"，坚持系统性原则要考虑经济发展速度、比例、效益等重要因素，为提高经济效能提供了全新思路。党的十八大以来，习近平积极推进"四个全面"战略布局，这是治国理政坚持系统性原则的创新举措，为提高治理效能提供了坚实保障。因此，有必要学习中国共产党人百年来的优良传统和宝贵经验，坚持系统性原则来提升思政教育效能。第三，坚持系统性提升思想政治教育效能，是实现目标最大化的要求。全面实现思政教育目标是一个艰巨的任务，不但需要思政教育效能提升各部分的作用发挥，而且也需要思政教育效能提升系统内的各个部分的作用发挥。概而言之，思想政治教育效能提升需要各方面协助支持、相互配合，仅仅依靠一方面或某几个方面发挥作用是难以实现的。可以说，缺乏系统性，思想政治教育效能提升难以避免分崩离析，也就不能成为一个整体，导致思想政治教育效能提升各部分和各系统难以相互支撑与协同运作，使得思想政治教育效能提升效果不够好。因此，要想更好地达到思想政治教育效能提升的最佳效果，需要坚持系统性原则。

坚持系统性原则的要求。思想政治教育效能提升本身是一个复杂的系统工程，需做到：第一，要具有系统思维。思想政治教育效能提升作为一个宏大且复杂的系统工程和有机整体，在这一提升过程中要具有系统思维和全局意识。各个部分要着眼于思想政治教育效能提升的整体效果和总体发展，从政治上、组织上、思想上、技术上统筹兼顾，从全局和整体上分析问题、考量问题、解决问题。第二，要坚持思想政治教育效能提升系统内各个部分的层次性、有序性。思想政治教育效能提升系统内各部分不是随意分布的，而是有着特定顺序排列的。因此，在提升思想政治教育效能过程中，各部分不仅要在结构上进行正确地、合理地、科学地排序，也要在时间出场上有规律地进行排序。这清晰地表明在思想政治教育效能提升时，综合考虑各部分的各自特点、相互关系及运行流程顺序，全面、科学、有序地进行思想政治教育效能提升。第三，要进行有机协调。一个系统是由既相互作用又相互制约的不同层次组成的。思想政治教育效能提升也是一个由诸多相互作用的部分构建的系统，体现着结构性，彰显出其中部分的功能。为此，在提升思想政治教育效能中坚持系统性原则，要把各个部门、各个环节、各个主体有机协调起来，充分发挥调动各部分之间互相配合、互相渗透、互相协作的作用，使各个部分之间共同承担起思想政治教育的责任。同时把各个部分的优点与缺点优化互补，实施良性互动策略，发挥各个部分最大效应，避免出现割裂现象，推动整个系统有规律、有秩序地的运行发展，从而提升思想政治教育效能。

第二节 思想政治教育效能提升的目标

马克思恩格斯指出："在社会历史领域内进行活动的，是具有意识的、经过思虑或凭激情行动的、追求某种目的的人。"[1]思想政治教育效能提升的目标是服务于并为了更好地实现思想政治教育目标的。思想政治教育效能提升目标主要服务于国家、社会、个人以及思想政治教育自身高质量发展，其应着眼于以下几个方面：

一、加强国家意识形态建设

思想政治教育具有鲜明的意识形态性，它既是统治阶级维护并巩固统治地位的重要手段之一，也是传播主流意识形态的重要工具之一。思想政治教育效能得到提升不仅对于传播主流意识形态有着重要意义，而且也有利于意识形态建设的进一步促进。因此，思想政治教育效能提升的目标在于加强国家意识形态建设，主要表现在以下几个方面：

（一）增强国家意识形态认同力

思想政治教育效能提升旨在进一步使受教育者所具备的意识形态品质与社会发展的要求相符合。马克思恩格斯指出："如果从观念上来考察，那么一定的意识形式的解体足以使整个时代覆灭。"[2]这清晰地表明意识形态对于社会的发展变化始终起着极其关键的作用。如果一个社会的意识形态崩溃或解体，其带来的后果足以让这个社会彻底崩溃，甚至瓦解消失。当今世界在紧密联系的同时也夹杂着不同利益群体的争夺战，大国力量对垒加速调整，不稳定不确定因素明显增加，矛盾与冲突日益加深，国际安全局势恶化，地区

---

[1] 中共中央马克思恩格斯列宁斯大林著作编译局编译：《马克思恩格斯选集》（第四卷），人民出版社2012年版，第253页。

[2] 中共中央马克思恩格斯列宁斯大林著作编译局编译：《马克思恩格斯文集》（第八卷），人民出版社2009年版，第170页。

冲突加剧，比如，阿富汗战乱、巴以冲突等，这些都是激进或者错误意识形态的历史演变的具体体现。因此，思想政治教育要强化创新理念，运用科学的、合理的方式方法，使思想政治教育工作的优势可以正确地、充分地发挥出来。在思想政治教育过程中，要紧紧做到结合社会发展实际情况，及时掌握世界潮流发展的大趋势，通过积极正确的教育工作，更好地发挥思想政治教育能够使人醍醐灌顶，进而促进人们精诚团结、推动社会整合的作用，为广大社会成员确立共同的价值导向和正确的价值引领。因此，通过提升思想政治教育效能来进一步加强意识形态基础建设，增强国家意识形态认同力。

（二）提升国家意识形态凝聚力

思想政治教育效能提升为国家意识形态凝聚力提升服务。由于现代化社会发展水平的快速提升、社会转型速度加快、社会矛盾突发以及意识形态斗争的激烈不休的现实状况，同时，在国家意识形态发展的过程中，社会群体中不同的人对国家意识形态的理解领悟程度以及对国家意识形态认知上的差异性，不可避免地对国家意识形态凝聚力造成不良影响。在中国，以习近平同志为核心的中国共产党特别重视宣传思想工作，发表了一系列新理念、新思想、新战略，对指导中国意识形态和宣传思想工作具有方向性和纲领性意义。开展思想政治教育工作要把凝聚各方思想与力量作为重中之重。换言之，更好地凝聚各方思想与力量不仅是思想政治教育效能提升的重要目标，而且也是促进意识形态发展的应有之义。提升思想政治教育效能，推进国家意识形态内容的高效传播，统一思想、凝聚共识、整合多元价值观念，促进意识形态凝聚力的进一步提升。

（三）增强国家意识形态引领力

提升思想政治教育效能的重要目标表现在增强国家意识形态引领力。在中国，习近平高度重视意识形态建设，指出"必须坚持以立为本、立破并举，不断增强社会主义意识形态的凝聚力和引领力。"[1]从习近平的讲话中不难看出，主流意识形态引领力的增强是思想政治教育效能提升的目标要求。人们的生存环境与思想观念发生变化，人们对社会思潮的理解也难以把握。尤其需要指出的是，伴随着科学技术的快速发展以及新媒体新技术的快速发展，

---

[1]《习近平谈治国理政》（第三卷），外文出版社2020年版，第311页。

世界俨然已成为"地球村",这直接对主流意识形态引领力造成不可忽视的影响。说到底,思想政治教育工作从根本上讲就是意识形态工作,思想政治教育效能提升对增强教育者对主流意识形态的把握度以及对受教育者主流意识形态理解力提出了更高要求。思想政治教育效能提升要以立为根本,把立与破有机统一结合起来。唯有如此,思想政治教育在发展过程中即使遇到困难,也可以有效进行自我调整和适应,从而不断增强国家主流意识形态的引领力。

二、促进人和社会的全面发展进步

思想政治教育效能提升旨在促进人的全面发展和社会的全面进步。一方面,思想政治教育效能提升旨在更好地实现思想政治教育对于受教育者所要达到的预期效果,不仅要使受教育者的智慧、才能、个性被充分挖掘与高度重视,还使其智慧、才能等得到充分自由发展,而且使受教育者的主动性、积极性与创新性得以充分施展,更使受教育者的精神境界、道德品质、心理素质、实践能力等不断进步提高。另一方面,思想政治教育效能提升旨在更好地在促进劳动者素质的提高、协调利益冲突、通过价值导向引导改善政治关系、推动社会各个部分按照固有的、内在的规律健康可持续运转等方面发挥重要作用,担负着走进现实社会,有力探索社会现象背后的规律,维系社会规则,协调社会利益冲突,推动社会运转,促进社会发展进步的目标任务。

(一) 促进人的全面发展

思想政治教育效能提升紧紧围绕着人、立足于培养人与发展人,把其目标放在促进实现人的自由的、全面的发展上面。思想政治教育效能提升促进人的全面发展表现在以下几个方面:

第一,提升人的政治思想素质。人离不开社会这一寄居体,每时每刻都与现实社会相关联。人生活在社会当中,在社会中生存又从社会中脱颖而出并得以自由全面发展,就需要适应社会发展要求。而思想政治教育效能提升应国家与社会发展要求而生,要求遵照社会对人的素质的要求对思想政治教育实践活动予以变革创新,通过高效率的思想政治教育过程和高质量的引导,促进人的心理、意志以及行动体现出积极的政治思想素质,得到社会成员的认可与接受。具体来说,一是思想政治教育效能提升旨在在发挥教育者能力,开展人生观、世界观、价值观教育的同时,提高人们对自己、对社会、对世界的正确认识的能力。二是思想政治教育效能提升旨在通过科学有效的政治观的教育，帮助人们增强政治认同、政治觉悟，促进人们的政治素养和政治参与能力得到进一步提升，使得人们的政治理想信念得到进一步强化。三是思想政治教育效能提升旨在通过具有针对性的道德教育，使得人们的外在行为彰显出遵守道德规范和行为准则的品质即道德素质得到提升。通过思想政治教育效能提升，增强广大社会成员的道德认知、涵养广大社会成员的道德情感、锻炼广大社会成员的道德意志、培养广大社会成员的道德习惯，以此为基础引导广大社会成员在社会、职场、家庭等场合中具备公德、道德与美德，促进人们向上、向善，自觉提高自身道德品质。

第二，丰富人的知识能力。人的知识能力水平彰显着人的素质的提高，是一个人发展的重要基础。但我们也要看到，人的知识能力不是凭空生成的，更不是一成不变、固步自封和因循守旧的。面对不断发展变化的时代、不断提高的生产力水平、日益进步的社会，人的知识能力水平也应不断发展进步、得到提高与受到推动，尤其是当今时代经济全球化的深入推进，更对人的知识能力提出了更高的挑战和要求。面对市场经济发展、竞争环境日益严峻、全球资本风云变化、创新创造升级，人能够驾驭、能够面对、能够积极融入社会的水平体现着人的知识能力综合水平与要求。因此，作为社会的主体——人，要增强自身知识能力。思想政治教育效能提升旨在有力丰富人的知识能力，以适应国家与社会对人的知识能力的要求。思想政治教育效能提升能够提高广大社会成员适应与融入市场经济大环境中的积极性、主动性和创造性，增强和提升在市场经济实践中的竞争思维与理念，使得人们终身学习的理念得到增强，主动提高其工作能力。同时积累并创新自身知识体系和技能素质，提高对现代化发展所需的管理知识、技术知识的掌握能力，效率意识、效益意识不断增强，使得人们在推动社会进步、经济发展的实践活动中促进自身的自由的、全面的发展。

第三，培育人的主体意识。人的主体意识对于人的发展具有至关重要的作用，一旦人的主体意识丧失，就难以实现人的全面的、自由的发展，甚至会导致人的畸形发展。因此，要重视人的主体意识培养，发挥人在生产生活实践中的主体性，这样能够促进生产力的提高，而且促进社会效益的增强，在提高主体性能量的同时促进自身的全面发展。只有具备主体意识，才能使得人在变化万千的环境中临危不乱。可以看出，人的人格自由、平等权利意识和人的自我展示、发挥潜能的主体性行动使得人具备战胜困难、顶住压力、勇敢面对、自强自信的能力和品质，这对于一个人的发展至关重要，切不可忽视。怎样更好地培育人的主体意识？这就需要在思想政治教育效能提升中注重对人的主体意识培育，进行全面的、全方位的教育。思政教育效能提升旨在有力培育人的主体意识，通过一系列科学的方式方法更好地把人的主体性释放出来，给人的主体性发挥作用提供广阔的空间，使人的积极的、具有创造性的主体性力量作用于经济活动，通过人的主体性能量发光发热转化为动能、势能与效能，助推获得经济效益和经济价值。同时，在思想政治教育效能提升中，既注重人的主体性的挖掘与发挥，也注重推进人的品质的培养与强化，比如自尊、自强与自立，促使其面对竞争压力做到"任尔东西南北风"，炼就其敢于参与"江山代有才人出"的激烈竞争，具备"志坚则不畏事之不成"的精神毅力。

第四，引导人的利益追求。人一直与利益打交道，利益关乎人的生存、享受与发展。人的生存、发展等需要都以追求利益为指向，一方面有物质利益追求，强调穿得质量高、吃得健康多元、住得宽敞舒服、出行快速方便等；另一方面有精神利益需求，对充实自身内心世界、提高自身精神境界、完善自身的灵魂本质等有着强烈的愿望。人们对不同利益追求的程度，会伴随着社会经济发展呈现不同的广度和深度，具有多维呈现方式。思想政治教育效能提升这一需求的产生与人们对自身利益的更高追求息息相关。思想政治教育效能提升旨在实现引导人的利益追求，其突出表现在三个方面：一是通过思想政治教育活动的积极开展以及教育者的能力发挥，引导人们对利益进行科学的认知。比如，引导人们学习中国神舟十二号载人飞船三名航天员聂海胜、刘伯明、汤洪波辛勤准备的奋斗观的事例，激发人们的奋斗动力，引导人们正确对待努力付出与利益获取。二是推进完善公平公正的利益分配政策以及体制机制，为实现良好利益分配格局提供精神支持。三是通过对国家、集体、个人与他人利益关系的讲解，对发挥集体主义精神、先国家后个人的利益观进行积极引导，倡导个人自觉履行社会责任、正确看待权利与义务，推动人们形成"不戚戚于贫贱，不汲汲于富贵"的道德品质与高尚精神，以国家和社会利益为重。

第五，促进人的心理健康。一个人幸福与否、幸福度有多高、精神世界有多充盈，人的心理健康既是关键因素，同时也彰显着一个社会的文明进步程度。可以说，心理健康是人体健康的重要组成部分。心理健康与否直接影响人的长远发展和社会长远进步，心理健康的人容易成为对社会有用的人，也会取得事业上的成功，心理不健康的人则不易适应社会发展也难以取得事业上的成功。有鉴于此，提升思想政治教育的效能，引导人们适应纷繁复杂的社会环境，使其具有参与市场竞争的技能、素质和心理准备，减免焦虑不安、无所适从等的心理问题。尤其需要指出的是，在面对一些不公正、不公平时，通过加强心理健康教育能够让人们有效地进行自我调整和适应，减少心理疾病的发生，有力促进人的心理健康目标的实现，实现人的全方面、全方位发展。而这一目标并不是轻易就可以实现的，通过积极采取相应的政策举措，大力打造精神愉悦和充满人文关怀的心理健康园地，建构方便人们咨询的心理健康支持平台，积极对人们给予道德引领、矛盾分析以及幸福观引导，从而把人的心理负面情绪与消极敌对认识积极矫正，提供符合主流价值观的文化基础设施和产品，给人们的精神世界添加美满幸福养料，使人们的精神世界富足，帮助人们正确认识自我，真正实现促进人的心理健康的目标。

（二）促进社会的全面进步

思想政治教育效能提升的社会目标，在于更好地实现促进社会全面进步所要达到的预期效果，其预期效果具体包括推动经济发展的经济发展目标、增进政治认同的政治发展目标、助推文化繁荣的文化发展目标、促进社会和谐的社会发展目标和促进生态文明的生态文明发展目标。

第一，推动经济发展。经济发展影响着人的生存与后续发展。思想政治教育工作相对于经济工作来说，具有生命线的意义。显然，思想政治教育效能的提升主要是通过开发和挖掘人的内在能量，提高人的生存发展智慧，培养人的道德素质，促进人的个性发展，充分发挥人在生产力中的主体作用，把人的最活跃因子、高智慧技能、崇高理想信念与信仰追求融入社会经济实践中，进而推动经济高速发展。思想政治教育效能提升的推动经济发展的经济发展目标表现在三个主要方面：一是为推动经济发展培养人们高强的素质能力。思想政治教育效能提升致力于更好地激发人内在的潜能，调动人的积极性与创造性，提高人的创新创造能力、统筹谋划能力与执行能力，并运用到经济生产活动中，提高生产效率与效益，从而有力促进经济发展。二是为促进经济良性发展给以积极观念保障。思想政治教育效能提升通过更好地组织教育活动，加强集体主义教育和主人翁教育，可以有效避免在市场经济运行过程中出现的违法犯罪、利己主义、道德沦丧等问题，调动人们追求正当合理的利益的积极性，更好地保证市场经济向正确的、科学的方向发展，促进市场经济朝着健康良性的方向发展。三是为促进经济良性发展给予价值支撑。在思想政治教育效能提升中，要更加突出公平、诚信、法律、经济伦理、艰苦奋斗等教育，培养人们在市场经济中遵循市场经济规律、规则的素养和能力，有效引导人们抵制不良行为，诸如奢侈浪费、艺人失德、无视法律、假冒伪劣等问题，培养诚实守信、有高尚思想和人格品性的人们，为市场经济的平等、互利、健康发展提供道德精神上的支持。

第二，增进政治认同。社会全面发展要求人们形成与社会发展要求相符合的政治价值观以及采取与社会发展进步相匹配的政治行动。而如何有效促进社会良性运行，增进政治认同？加强和提升思想政治教育效能是其重要手段之一。其目标在于能够有力增进人们对社会存在的政治理想、政治观念、政治目标的政治认同。人不仅是名副其实的社会性动物，也是当之无愧的政治动物，与生俱来就对政治有追求、对政治进行选择以及对政治抱负的实现有着憧憬与无限畅想。但是对于政治认同的实现，人不能自发实现，需要思想政治教育更好地对政治观念、政治目标等予以宣传、讲解，达到深入人心的目的，这就更加需要提升思想政治教育效能。而思想政治教育效能提升，本身就是为了更好地通过思想政治教育实践活动使得社会中倡导的政治价值体系被广大社会成员所接受、内化于心，并外化于行、化成自觉动力，提高自身的政治觉悟与政治行为能力，进而推动社会中的政治系统与政治体系高效运转，促进社会向前发展。思想政治教育效能提升的增进政治认同的政治发展目标，具体表现在三个主要方面：一是提高人们对执政党提出的方针、政策的认识度与掌握度，提高人们对执政党的组织形式、体制机制的把握度与贯彻水平，整体上实现人们的政治认识能力达到高水平。二是促进广大社会成员接受共同理想信念，更好地实现政治理想，坚定政党自信，进而促进政治共识与认同提高。三是促进广大社会成员自觉践行核心价值观，对应享有的政治权利与应尽的政治义务有正确的认知，对自身的政治诉求能够通过合理正当的途径进行表达，熟知哪些政治活动可以参与、哪些不可以参与，助推人们形成稳定的政治理念与持久的价值取向。

第三，助推文化繁荣。社会发展进步一方面要看生产力发展水平，另一方面要看人们的精神气质。文化在提高人的精神气质、丰富人的精神生活、提高人的素质水平进而促进社会发展进步方面具有重要意义。在中国，习近平非常重视文化发展，指出"文化自信是一个国家、一个民族发展中更基本、更深沉、更持久的力量"。[1]从习近平的讲话中不难看出文化对于一个国家、民族、社会的重要性。可以说，文化让一个国家、一个民族、一个社会更有底气、更加硬气、更有精气神。思想政治教育效能提升恰恰是为了充分地发挥对于引领文化、建设发展文化的功能与效益，从而丰富、繁荣文化，进一步提高人们的精神境界、增添持续奋斗的精神力量。思想政治教育效能提升的助推文化繁荣的文化发展目标表现在三个方面：一是促进文化的建设和长久发展。提升思想政治教育的效能旨在通过有效的引领，促进文化与社会现实相衔接，拉近文化与人们之间的距离，使人们对文化的掌握度与接受度得到进一步提高，让文化成为引领社会进步、推动经济发展、促进精神文明的文化魂脉。二是推进马克思主义理论宣传教育。马克思主义是一种科学的、正确的理论，在思想政治教育效能提升过程中自觉运用马克思主义理论进行宣传和教育，实现用先进的科学理论体系武装政党、教育人民，引导人们自觉投身于文化建设和发展中，推动文化更好地发展繁荣。三是推动传统文化的继承与创新。传统文化作为文化建设发展的重要内容，对推动文化发展繁荣有着重要意义。提升思想政治教育效能不能忽视传统文化这一内容，要对传统文化进行创造性转换与创新性发展，取其精华、去其糟粕，使其更好地融入教育中，对思想政治教育的内容、方法等予以完善发展，对传统文化中的思想精华与精髓进行汲取与吸收，对传统文化中的促进人们自强不息、奋发图强、艰苦朴素等优秀特质进行深入挖掘与积极阐发，更好发挥优秀传统文化的持久涵育人、强力凝聚人心等作用，推动文化繁荣发展。

第四，促进社会和谐。思想政治教育效能提升致力于通过对思想政治教育实践过程的统筹谋划、精心布局，为推动社会进步提供正确的价值取向引导、政策引导以及精神支撑，通过提高人的思想认识水平与道德品质为社会建设营造和谐的氛围，从而有力促进社会和谐。思想政治教育效能提升的促进社会和谐的社会发展目标主要有四个方面：一是为矛盾问题的解决提供理论和政策上的指导，同时为矛盾问题的解决提供路径指引，对矛盾化解机制、

---

[1]《习近平谈治国理政》（第三卷），外文出版社2020年版，第18页。

利益协调机制给以加强完善，对关系社会民生福祉、延绵子孙的利益、利害关系给以理论强化指导，对人们的权利与义务、法治意识以及利益诉求给以很好的教育引导，为社会营造向上向好的氛围。二是思想政治教育效能提升通过更好地完善体制机制，促进国家、政府与民众之间的平等沟通、对话顺畅无阻，既促进信息的良好传递，又实现政策的最大范围普及，进而助推广大民众对国家、政府等一系列的治国理政实践认同与支持，推动国家、社会发展等体制机制落地生根，维护社会安全、和谐、稳定。三是思想政治教育效能提升注重积极加强思想引领建设，从而能够凝聚人心、积攒力量，实现人们之间的平等共处与团结友善。在此基础上，更好地推动思想政治教育效能提升社会和谐目标的实现。四是思想政治教育效能提升旨在培养并促进人们正确对待他人与他物、正确看待竞争与合作、正确处理人际关系与社会关系，以积极的正能量抵退自私、自利、冷漠、敌对的负面情绪状态，正确认识"己欲立而立人，己欲达而达人"（《论语·雍也》），以隐性的方式助力真诚友善、和谐相处的社会环境的形成，从而使得经济飞速发展、社会和谐进步。

第五，促进生态文明。加强生态文明建设，关乎人民的生存环境，关乎人民的发展环境，关系社会的持久发展，关系人民的幸福安康与民族未来。生态发展良好，则有助于文明兴旺。人类处于与自然共生共处共荣共兴的统一体中，有力促进生态文明发展能够促进人类社会健康的科学的可持续的发展。思想政治教育效能提升旨在激发人的主动性、积极性和创造性，使得生活在社会中的成员能够对生态环境有着正确的科学认知，培育广大社会成员具备超强的道德文明素质，能够尊重自然、珍爱自然、合理开发自然资源等，推动形成促进社会发展的正确理念。比如，坚持生态良好与生态效益相统一的理念，坚持生态保护与合理开发相统一的理念，在利用自然发展社会的同时，以更好地实现"绿水青山就是金山银山"，促进生态文明不断进步。思想政治教育效能提升的促进生态文明的生态发展目标表现在三个方面：一是思想政治教育效能提升旨在最大限度地通过思想政治教育活动使得有关生态文明的基本理念、生态环境法规和生态伦理观等进入人们头脑中，引导和帮助人们确立科学的、符合人与自然和谐发展的生态思想，推动人们积极保护生态。二是思想政治教育效能提升旨在通过对生态文明等理念的教育传输，倡导人与自然的和谐共处理念，引导人们具备"有我、在我、利我"的生态文明责任的实践践行能力,把"鞠躬尽瘁,死而后已"的信念更好地融入生态文明的建设实践中,与违背自然、伤害自然发展的行为作斗争,从而推动人、社会与自然和谐相处、互促共进,推动生态文明发展。三是思想政治教育效能提升旨在倡导人与人、人与社会、人与自然、区域与区域、乡村与城市以及经济与社会等相互之间的协调发展理念,同时厘清经济建设、政治建设、文化建设、社会建设以及生态建设相互之间的内在统一性关系,这样能够更好地实现社会的可持续发展。

三、推动思想政治教育高质量发展

思想政治教育效能提升致力于提高思想政治教育目标的实现程度,解决其影响因素在促进受教育者发展过程中的同向同行、形成合力的问题,营造和创设有利于思想政治教育发展的生存生态与生活生态问题,确保思想政治教育效能提升系统内外诸影响因素在育人中的"同频共振",构建富有创新活力的思想政治教育发展模式,有效协调思想政治教育"供给"与"需求"间的平衡,推动思想政治教育质量变革、效率变革与动力变革发展,满足受教育者发展的需求和期待。总之,思想政治教育效能提升蕴含着积极有效地推动思想政治教育高质量发展的时代密码。

(一)构建富有创新活力的思想政治教育发展模式

思想政治教育效能提升,旨在构建一种富有创新活力的思想政治教育发展模式,对目标、教育者、受教育者、内容、方式方法、路径等进行布局谋划、推陈出新。根据思想政治教育发展所面临的形势以及实践现状,对思想政治教育领域开展宏观调控,并完善配套的制度、实施细则。高度重视创新,在信息技术快速发展的背景下,以综合性的信息化平台统筹规划、管理配置现有思想政治教育资源,在实现资源共建共享的同时,精准分析把握受教育者的内在需求与个性化特点。完善育人平台,推动网络技术与科技成果融入思想政治教育实践过程,以创新技术推动创新教育、推动受教育者创新思维的养成,积极构建富有创新活力与吸引力的思想政治教育模式,以确保教育效果实现最佳,满足国家、社会与个人创新发展要求,推动思想政治教育高质量发展。

(二) 有效协调思想政治教育"供给"与"需求"间的平衡

思想政治教育效能提升着眼于有效协调思想政治教育"供给"与"需求"间的动态平衡，确保受教育者获得高质量的教育。思想政治教育效能提升始终关注教育资源的"有效"供给，也一直关切受教育者的内在需求与个性化特点。对于思想政治教育效能提升，其旨在不断使得教育活动符合受教育者发展要求，与时俱进地推动理论创新与价值引领，增强其针对性、亲和力和引领力。思想政治教育效能提升注重调整和完善教育内不适应培育受教育者的体制机制，进一步协调思政教育资源，提高思政教育资源利用率，满足受教育者对思政教育资源的多元需求。思想政治教育效能提升有效缓解教育内部各部分之间的矛盾冲突，对内容、方法的供给予以优化，促进思想政治教育"供给"与"需求"间的平衡。

(三) 推动思想政治教育质量变革、效率变革与动力变革发展

思想政治教育效能提升旨在不仅促使教育实践活动在规模和数量上发展，而且在质量与效益上发展，在突破原有侧重规模和数量的模式基础上去追求质量的发展，推动思想政治教育质量变革、效率变革与动力变革发展。思政教育效能提升不是对原来思政教育的发展模式"推倒重来"，而是与时俱进地推进思政教育高质量提升、动力变革的过程。思政教育效能提升是一项由多种因素驱动的推动精神生产的活动，这使得思政教育实践活动具有系统性的特点，需要以全局性的眼光进行谋划设计。思政教育效能提升积极有效地推动思政教育实践活动自身的内在驱动力，运用系统论，关注各部分协调、作用设计，基于思政教育的基本规律，将各个部分进行合理的衔接、整合，实现统筹管理，以最大程度地发挥积极影响因素的潜力，增强整体规划效果，促进思政教育实践活动过程实现质的跃升，推动思政教育高质量发展。

(四) 满足受教育者发展的需求和期待

思想政治教育效能提升既要注重教育实践过程中的运行通畅性，也致力于满足受教育者发展的需求和期待。受教育者的发展既是自身精神境界提高的过程，也是获取丰富营养知识的历程，思想政治教育效能提升不仅改善受教育者的思考方式与处事方法，更关切受教育者身心层面的全面健康发展。这就要求对相对泛化的思想政治教育内容加以细分聚焦、丰富完善，并针对

不同受众群体、施教个体灵活定制思想政治教育内容，从而在整体内容架构和设计上实现精益求精；对包含思想政治教育方法、载体、环境等在内的一切要素予以优化，让思想政治教育成为受教育者精神世界的一种高级愉悦享受。思想政治教育效能提升确立更高的发展目标，一切都是为了有效解决受教育者内心深处的思想认识问题，既有效解决受教育者局限于浅层次知识的获取，使得受教育者获得世界观、人生观、价值观的更高提高，也使得受教育者真正内化于心、外化于行，实现思想政治教育的效果更具彻底性和恒久性。

第三节 思想政治教育效能提升的评价标准

所谓评价标准就是依照一定的准则和标准对评价对象所作的价值判断。对思想政治教育效能是否提升进行评价，并制定科学合理的评价标准，是必不可少的基本环节，也是探索思想政治教育效能提升路径的基本遵循。思想政治教育效能提升的评价标准，可以从教育者能力、受教育者自我教育效果、思想政治教育过程的效率、思想政治教育结果彰显的效益、思想政治教育制度合理有效等方面进行分析。

一、思想政治教育者能力是否卓著

人是一个有机的整体，人的各种能力素质是作为整体起作用并发挥出来的。在一定实践活动中的表现最能从整体上反映和体现一个人的能力素质。所以，评价人一向注重看其能力。"'效'是建立在'能'基础上的，有了'能'才有'效'，有了这种'能'就会生成这种'效'"。[1]思想政治教育效能提升离不开一定的主体——教育者，可以说教育者的能力是否卓著影响着整个实践活动过程。因此，思想政治教育效能是否得以提升首先需要从教育者的能力来判断。

（一）思想政治教育者是否引导思想政治教育沿着正确方向前进

思想政治教育效能得到提升，这里面教育者肯定发挥了积极的作用。思

---

[1] 孙绵涛、李莎：《是"绩效"还是"效能"——中国"双一流"建设评价标准的价值取向研究》，载《现代教育管理》2020年第10期。

想政治教育过程中会受很多因素的制约,假如教育者在这一过程中没有卓著的综合能力带领着思想政治教育沿着正确的方向发展,就会出现"方向跑偏"的局面。提升思想政治教育效能,教育者必须能够高举马克思主义这面旗帜,有着科学的方法,拥有高尚的道德品质,以及面对内外诱惑时具有坚定的政治立场和较高的政治水平,具备高超的教育能力、分析问题能力、解决问题能力。

第一,教育者能否做到对于思想政治教育的各项政策措施进行正确解读,对各项政策制度规定的内容准确分析,始终围绕政策要求目标、围绕着培养受教育者更好发展目标,确定赞成什么与否定什么,能够有利于受教育者的发展。第二,教育者能否有着正确的价值取向。也就是教育者在价值选择和决策过程中决定做什么和怎么做。教育者的价值取向的选择和确认是思想政治教育效能提升的先决条件,它是其内在依据,也是其基本评价标准。也就是说教育者做什么、怎么做以及做得如何,都要受价值取向支配。思想政治教育效能提升,教育者的价值取向很重要。比如,现在我们仍然看到有的教育者不为了受教育者的更好发展苦思冥想教育方法,而大搞"形式主义""政绩工程""面子工程",甚至一些教育者依旧乐此不疲,屡禁不止,从而使得思想政治教育效益或效能低下,并且浪费了大量的教育资源。第三,教育者能否做到始终对受教育者的利益取向进行正确引导。教育者在面对受教育者正当合理的利益需求以及正确目标方向时,要对其进行鼓励与支持,从而对受教育者的积极性进行有效调动;或者在出现问题时,能够对受教育者的利益取向加以正确并及时的引导,培育受教育者正确的利益观与价值观。第四,教育者能否做到注重舆论导向。教育者是否注重良好舆论氛围的营造,科学把控舆论热点,持续加强舆论监督,敢于对违背思想道德要求的行为和言论进行揭露和批评等。第五,教育者能否做到以正确的理想信念的培养为关节点,引导受教育者为长远的目标奋斗,不断完善受教育者的精神追求。理想信念是受教育者奋发向上的动力。坚持正确的指导思想和方针政策,开展基本国情和形势政策教育,能够使受教育者坚定理想信念,正确认识社会发展规律、祖国前途命运与自身使命担当,使受教育者不断追求更高目标。

(二) 思想政治教育者在思想政治教育过程中是否主导与主动

"思想道德教育主导,就是思想道德教育引导、选择的主要方向、内容及重点"〔1〕,"政治上的主动是最有利的主动"〔2〕。判断思想政治教育效能是否提升,教育者还需要在教育过程中具备主导与主动。

第一,在思想政治教育过程中教育者能否既发挥"积极性、主动性、创造性",又做到"政治要强、情怀要深、思维要新、视野要广、自律要严、人格要正"〔3〕。教育者在思想政治教育过程中既发挥着主导作用,又具有主动性,能够既理论学习又实践养成,在对自身高要求、高发展的基础上发挥榜样示范作用,按照阶级或社会的要求促进受教育者形成良好的思想品德,则可以判断思想政治教育效能是否得到提升。第二,教育者在思想政治教育效能提升过程中能否在充分听取各方意见的基础上做出正确的决断。教育者在面对不同的家庭、不同生活经历的受教育者时,假如不能在不同情况下进行分析判断,则会自乱阵脚,丧失教育的最佳时机。第三,提升思想政治教育的效能,教育者在这一过程中是组织者和发起者,能否做到始终主导这一过程的实施和实现,并指导受教育者能够少走弯路,启发引导受教育者,是关键的。第四,教育者是否始终擅长把思想政治教育的主动权握在自己手里,对意识形态领域具有"阵地意识"与"占领意识",则是非常重要的。

(三) 思想政治教育者综合能力是否最强

教育者的能力关乎思想政治教育效能提升,可以通过教育者综合能力是否最强来进行判断。第一,受教育者所具有的素质是经过教育并经由受教育者发挥主观能动性而形成发展的,而要把思想政治教育对受教育者的素质形成发展的影响作用充分体现与发挥出来,教育者必须具有很强的综合能力。第二,思想政治教育效能提升不是随意进行的,也不是随意就可以实现的,是经过有组织、有计划、有秩序的努力,这就需要教育者具备很强的沟通能力、组织管理能力、调查研究能力等综合能力。第三,思想政治教育效能提升中的目标、内容与方法等不墨守成规,要达到随着时代的发展变化进行变化,只有与时俱进才能实现,这就需要教育者具备很强的创新能力、沟通能

---

〔1〕 郑永廷:《现代思想道德教育理论与方法》,广东高等教育出版社2000年版,第111页。

〔2〕《中共中央政治局召开民主生活会强调:加强政治建设提高政治能力坚守人民情怀 不断提高政治判断力政治领悟力政治执行力》,载《人民日报》2020年12月26日,第1版。

〔3〕 习近平:《用新时代中国特色社会主义思想铸魂育人 贯彻党的教育方针落实立德树人根本任务》,载《人民日报》2019年3月19日,第1版。

力等。因此，思想政治教育效能是否提升，教育者既要具备沟通能力、创新能力、组织管理能力和调查研究能力，又能够在开展教育时做到坚持政治性和学理性相统一，显性教育和隐性教育相统一等。[1]

二、思想政治教育受教育者自我教育效果是否显著

思想政治教育效能提升就是要更好地实现受教育者的教育与自我教育相统一，具备自我教育的能力。张耀灿等认为自我教育"是思想政治教育最终落实的归宿。"[2]那么，受教育者是否能够积极有效进行自我教育是思想政治教育效能提升的评价标准。

(一) 受教育者是否接受并认同教育者的思想观念

受教育者能够具备自我教育能力，并不是不需要教育者，而是先有教育者的教育引导才能实现。因此，判断思想政治教育效能是否得到提升，要看受教育者是否认同教育者的思想观念。思想政治教育效能提升，这里面受教育者必然表现出对教育者的认同感，从而使自身在信服的基础上能够由清晰认识上升到积极实践。

第一，受教育者表现出来的对思想政治教育的重视程度。对思政教育主观上的重视是整个思想政治教育工作有序开展的前提，尤其是受教育者的重视程度的高低，直接决定着他们参与思想政治教育实践活动的积极性程度，最终影响到思想政治教育效能的提升。因此，受教育者所表现出来的对思想政治教育的重视程度可以作为判断之一。第二，受教育者所表现出来的认知水平高低。思想政治教育效能提升首先是受教育者表现出来对思想政治教育内容能够有足够的理解、认同并接受。也就是受教育者能够经过思想政治教育后表现出对基本的思想政治教育知识有足够的理解，对社会道德规范与法律法规能够灵活掌握，对真、善、美、假、恶、丑能够明确辨析，对自我道德水平能够客观评价与分析等。因此，通过对受教育者所表现出来的认识水平的高低，对思想政治教育内容的理解与掌握、对事物的辨析能力、对道德

---

[1] 参见习近平：《用新时代中国特色社会主义思想铸魂育人 贯彻党的教育方针落实立德树人根本任务》，载《人民日报》2019年3月19日，第1版。

[2] 张耀灿等：《现代思想政治教育学》，人民出版社2001年版，第349页。

行为评判等水平的高低可以判断思想政治教育效能是否得到提升。第三，受教育者所表现出来的情感状态。除了分析受教育者所表现出来的认识水平外，受教育者所表现出来的积极的情感状态，也是思想政治教育效能提升应达到的。教育者除了达到使受教育者认同与接受外，还要与受教育者有足够的情感互动，受教育者所表现出来的积极情感是动力。受教育者表现出对思想政治教育的感同身受，思想政治教育能够进入其内心深处并深深扎根，并可以促进受教育者接受并认同思政教育，产生共鸣，进而提升受教育者的思想道德境界，增强思想政治教育的表现效果；受教育者表现出来的是消极的情感，也就彰显不出来思想政治教育的好效果。对事物的辨析能力、对道德行为评判水平的高低也可以判断思想政治教育效能是否得到提升。第四，受教育者所表现出来的意志水平。受教育者的思想道德素养可以通过自身的意志水平体现出来，受教育者自律性强、意志强，则能够使自身的行为与社会道德规范相符，表现出高尚的行为；能够使自身不受外界不良环境的干扰，激励与鼓励自己克服一切困难与阻碍；能够对自身有着更加的严格要求，使自己成为优秀标杆等。可以说，思想政治教育效能提升，受教育者的意志表现出高水平。可以通过受教育者能否在现实生活过程中自律、自强、自我调节与控制，能否为了国家利益与社会利益而不惜牺牲个人利益等标准进行判断。

(二) 受教育者是否增强"获得感"

受教育者在参与思想政治教育组织实施管理过程中获得的感受与体验是反映思想政治教育效能的重要信息与评价标准。

思想政治教育获得感，既包括教育者的获得感，也包括受教育者的获得感。在这里我们论述受教育者的获得感。受教育者的获得感一方面包括对整个思想政治教育获得的总体感知，比如是否具有整体满意感，另一方面也包括对具体的思想政治教育活动的感受。受教育者的"获得感"表现为受教育者从思想政治教育过程中所获得的实实在在的、积极的、持续性的感受，且是在物质性与精神性需要方面都得到满足。[1]那么，受教育者的"获得感"及其强度是检验思想政治教育效能是否提升的重要指标。倘若受教育者不能产生获得感，整个思想政治教育过程就是无效的，倘若受教育者产生了获得

---

[1] 参见李世黎、刘乐乐：《整体性视角下思想政治教育获得感探析》，载《思想理论教育导刊》2021年第2期。

感但却极少,说明思想政治教育效果不佳。

(三) 受教育者是否主动践行并进行自我教育

思想政治教育的效能提升通过受教育者在接受教育活动之后的行为表现来判断。受教育者是思想政治教育的对象,受教育者能否具有主动性进行自我教育,主动自觉把思想政治教育的内在规范与要求化为自身稳定的行为,发自内心地并自觉自愿地成为良好道德的人,是思想政治教育效能提升后的表现。

除了通过受教育者是否接受并认同教育者的价值引领来判断思想政治教育效能提升外,还要通过受教育者的行为是否具有主动性来判断。受教育者的行为具有可检测、可判断性,通过观察受教育者的外在行为表现可以分析其内心道德水平与价值取向。目前,受教育者部分存在知行脱节、表里不一以及主动进行自我教育不足等问题是思想政治教育效能提升需要重点关注与重点解决的方面。一方面,通过受教育者的知行合一程度,在现实生活中是否将思想道德规范接受并实现自身内化,表现出高尚的道德行为等可以进行判断。但是需要注意的是对受教育者的教育效果并不是立刻显现出来的,思想政治教育是一个长期的过程,可通过平常的待人接物、学习、工作、恋爱等来判断其行为表现和价值取向。另一方面,受教育者的自觉行动一旦形成,就会产生巨大的物质力量。受教育者的接受性、自主性和创造性的发挥程度,也直接影响着思想政治教育效能是否提升。假如受教育者没有积极有效地主动内化思想政治教育各项内容要求,没有高效外化为实际行动,没有主动完善提高自我认识体系、自我教育意识和自我学习能力以实现自我教育的宽度和深度,那么,不能称之为提升了思想政治教育效能。

三、思想政治教育过程是否注重效率

思想政治教育活动有效能时,则活动有效率。[1]思想政治教育效能得到提升,那么开展思想政治教育实践活动肯定有效率。因而,判断思想政治教育效能进一步提升的标准,也需看思想政治教育过程是否更加注重效率。关于思想政治教育效率,很多人认为不能把经济学一词——"效率"带入思想

---

[1] 参见彭向刚等:《和谐社会视野下行政效能建设研究》,中国社会科学出版社2013年版,第53页。

政治教育境界中来，思想政治教育从事的是对人的主观世界、认知能力进行改造和价值观引导的活动，很难用于在多快的速度内完成多少工作量来衡量。但是，这不代表不能思考思想政治教育效率。假如在思想政治教育过程中教育者没有责任心、不积极、不作为，不尊重受教育者的认知规律、不注重教育进度等，教育者与受教育者沟通不畅，没有采用现代思想政治教育手段等，那么整个教育过程则是低效率的，思想政治教育效能不能谈得上得以提升。

（一）思想政治教育过程是否注重把握时机与进度

"一切存在的基本形式是空间和时间。"[1]可以说，思想政治教育的时机存在于一定的时空中，具有客观性。合理利用时机，注重把握思想政治教育时机，正如"不违农时"与"不误战机"一样，可以促进思想政治教育过程顺利进行与正向发展。判断思想政治教育效能是否提升，要看所表现出来的教育过程是否注重把握时机与进度。

第一，教育者是否对思想政治教育过程具有时间意识，进行科学合理安排进度。时间就是生命，每天的时间是有限的，能够进行教育的时间也是有限的，假如教育者没有时间观念，对思政教育过程缺乏进度安排，那么整个思政教育过程具有随意性，思政教育效能提升也就难以保障。第二，是否能够根据受教育者的认知程度和水平安排思政教育环节，完成思政教育任务等。主要是指教育者在思政教育过程中能否根据受教育者对思政教育内容的反映与理解程度，表现出的思想政治素质水平、对道德现象分析判断水平等进行思政教育环节的安排。第三，是否抓住最佳思政教育时机安排思政教育活动。教育者在熟练掌握思政教育内容，对思政教育过程与各个环节进行合理构思与设计的基础上，创设有利于受教育者真实流露内心情感与张扬个性的思政教育情境，激发其内在的教育需求。教育者这时抓住思政教育时机安排教育活动，能够激发受教育者的兴趣点和情感迸发点，受教育者的注意力、观察能力和思维能力都处于较好的状态，这样能够充分提高受教育者对思政教育内容的关注程度和反应程度，从而能够使受教育者在思政教育过程中达到情感的升华，从而进一步促使受教育者具有正确的政治思维与辩证思维。比如教育者对受教育者及时进行引导与启发，"不愤不启，不悱不发，举一隅不以

---

[1] 中共中央马克思恩格斯列宁斯大林著作编译局编译：《马克思恩格斯选集》（第三卷），人民出版社2012年版，第428页。

三隅反，则不复也"（《论语》）。也就是说，当思政教育时机稍纵即逝后，教育者在观察到受教育者思想动态发生变化时没有及时进行引导，那么这一教育过程效果不好；当没有达到及时疏导的时机时，也不能过早进行引导与启发，否则"则不复也"。此外，能够做到及时对思政教育活动进行阶段性的评价与反馈，从而反思思政教育过程的实效性并及时检验思政教育的效果，对思政教育环节、进度、时机等进行选择和规划。否则，不能称为思想政治教育效能得到提升。

（二）思想政治教育资源利用程度是否高

教育者通过对各种资源进行加工处理，并根据不同的教育需求与发展合理分配资源。思政教育资源是思政教育内容的主要来源，在思政教育中发挥着基础作用，资源的配置利用程度影响着思政教育效率的高低。资源的配置利用程度，是判断教育者是否注重解决资源投入与实际效果之间的矛盾，是提高思想政治教育效率的关键。正所谓"没有天然的垃圾，只有放错了地方的资源"。思想政治教育作为一项特殊的社会实践活动，对有形的和无形的资源进行利用是必要的环节，从而能够将统治阶级的思想观点有效灌输到其他社会成员中去。思想政治教育效能提升，资源利用程度高。资源的利用程度是判断思想政治教育效能提升的标准。在思政教育过程中，对资源利用程度高，则事半功倍，假如投入了大量的人力、物力、财力、时间等，但是给受教育者带来的成效与我们的投入不符合时，资源没有被充分利用，思政教育过程事倍功半。

第一，是否对不同的思想政治教育资源有机结合、协调有序配置与利用，达到思想政治教育资源的最大最优化开发利用。是否汲取虚拟性的思政教育资源与现实性的思政教育资源，以适应受教育者的成长发展与现实理想的需要。是否涵养民族性的思政教育资源与世界性的思政教育资源，以促进受教育者面向现代化、面向世界，成为高素质的创新性人才。第二，是否遵循客观规律，对不同地区不同部门之间的思想政治教育资源的类别、数量进行合理搭配。一方面发挥思政教育资源的效用，另一方面避免以往思政教育资源闲置与浪费，从整体上提高思政教育资源的使用程度，从而提升思政教育过程的效率。第三，是否做到考虑受教育者的客观需求，对社会活动与专业技术活动进行资源的选择与搭配。比如，对不同专业的思政教育资源进行整合与利用，对学校、家庭、社会的思政教育资源进行整合与利用。第四，是否对不同类型的物质资源与精神资源合理搭配等。比如，在思政教育过程中对不同类型的物质资源与精神资源进行合理搭配、综合利用，改变其存在的单一状态，使得思政教育资源从"一次性资源"发展成"可持续性资源"。因此，可以从思政教育资源利用程度的高低来作为思政教育效能提升的判断标准。

（三）思想政治教育是否注重现代技术性

进一步积极有效地提升思想政治教育效能，这里面离不开现代化的技术手段作为辅助手段。现代化的技术手段对思想政治教育发挥着举足轻重的作用，是一种"怎么最有效地做好""怎样开展教育教学"才能实现思想政治教育目的问题，通过发挥其基本功能，能够突破时空界限，优化思想政治教育结构和过程，能够调动受教育者在整个教育过程的积极性、主导性，提高思想政治教育的效率和质量。

第一，现代化的技术首先必须具有合目的性，符合客观规律，而且必须符合伦理道德要求，假如让机器操控人，后果将不可想象，更谈不上提高思政教育效率与效能。因此，思政教育效能提升，要求现代化的教育技术手段是适当有效的、操作便利的且性价比高的。第二，现代化的技术是否不断与时俱进并不断创新。现代化的教育技术虽然具有提高效率的优势，也容易形成固定的思维方式、固定的工作模式等，具有一定的局限性。因此，效率增强，思想政治教育效能提升，现代化的教育技术需要不断与时俱进、不断创新。第三，现代化的教育技术是否从实践层面以最有效、最灵活、最快捷、最经济的方法和手段提高思政教育效率，节约思政教育成本，节约人力、物力、财力，提高思政教育效能。首先，现代化的教育技术能够超越时空的界限，在克服以往思政教育形式呆板的基础上，把虚拟与现实相结合，给受教育者一定的视觉冲击，以情动人、以境育人，增强思政教育的吸引力。其次，现代化的教育技术能够把学校、家庭、社会思政教育连成一体，形成一个立体的网状思政教育网，从而缩短思政教育时间，加快思政教育进度，提高整体的思政教育效率。再次，通过现代化教育技术，教育者熟悉掌握思想政治教育运行情况，随时随地与受教育者加强沟通与交流，采取针对性的"一对一"地疏导，拉近教育者与受教育者的距离。最后，通过现代化教育技术进行量化分析，教育者能够对思想政治教育过程、效率与效果进行横向与纵向相结合的评估评价，从而为反思思政教育效率、改进提高思政教育效能提供支撑依据。第四，思想政治教育效能提升运用现代化的教育技术这一评价指标，更加注重其是否推动思想政治教育不断反思与变革，以思想政治教育技术现代化带动思想政治教育现代化，不断为思想政治教育发展提供新思路、新思想、新办法，运用最科学、最先进、最适用的技术方法，为思想政治教育创新与发展提供不竭动力，从而不断顺应世界发展趋势。

四、思想政治教育结果是否彰显效益

效能是影响效益的最直接和最重要的因素。[1]思想政治教育效益的形成是一个复杂的过程，它要受多种因素的影响和制约。思想政治教育效能不高，就很难达到提高效益的目的。因此，思想政治教育结果有没有效益，是效能提升的判断标准。

思想政治教育效能从某种程度上可以认为是思想政治教育活动所蕴藏的对于个体、社会发展的有利作用。而思想政治教育效益可以看作是这种所蕴藏的有利作用的发挥和实现。假如，思想政治教育所蕴藏的有利作用没有进行很好的发挥，就不会生成良好的思想政治教育效能与效果。可以说，想要思想政治教育效益积极良好，需要对思想政治教育效能进行提升。因此，思想政治教育结果是否彰显效益可作为进一步积极有效提升思想政治教育效能的判断标准。人类的任何实践活动都离不开人与人的关系、人与社会的关系。那么思想政治教育效能提升可以看作是对人与人的关系、人与社会的关系的有利作用，能够促进个体发展、社会发展。

（一）是否促进个体发展产生个体效益

思想政治教育效能提升能够更好地在遵循客观规律的基础上，比如，引导个体学会友爱他人并更好生存与发展以提高自身的生存创造能力。在提高自身生存发展能力后，能够引导个体合理调整自我身心发展，调控个体行为，促进和谐人际关系的形成并形成健康人格。思想政治教育效能提升还可以帮

---

〔1〕参见彭向刚等：《和谐社会视野下行政效能建设研究》，中国社会科学出版社2013年版，第54页。

助个体有效融入社会,并通过个体的社交、享受、发展推动社会的发展。因此,通过提升思想政治教育效能,可以促进个体效益的提高,最大限度地促进个体的全面发展。是否能更加促进个体的全面发展,这是思想政治效能提升是否彰显个体效益的标准。

第一,是否促进个体的政治社会化水平。是否在通过思想政治教育效能提升促进个体有效接受政治信息、正确认识政治现象、掌握正确政治知识,从而形成正确的态度和政治信念方面发挥有利作用;是否在通过开展历史观、国家发展观教育、把受教育者的思想引向积极健康的方向方面发挥有利作用;是否在利用政治宣传、比赛等活动向受教育者传授政治参与的知识,培养受教育者政治参与的热情方面发挥有利作用;是否在通过多种途径积极引导受教育者参与政治生活方面发挥有利作用等以上几点可以进行判断。第二,是否促进个体形成正确的思想观念。思想政治教育效能提升是否在促进受教育者能够客观认识世界、明白人生的真谛、正确追求自我价值与利益、国家利益与社会利益,从而在助推其有着正确的价值取向与理想追求方面发挥着有利作用来进行判断。第三,是否促进个体形成优良的道德品质。思想政治教育效能提升是否在促进个体提高道德认知水平、促进道德情感升华、坚守道德原则、使道德意志始终保持良好、具备正确道德行为等方面发挥着重要作用来进行判断。第四,是否促进个体健康心理素质的形成。思想政治教育效能提升是否在促使受教育者形成正确的自我评价,能够自尊自爱、自我完善与调适自己,处理好人际关系,促进自己与他人实现"双赢",具备积极稳定的情绪,不过分焦虑、抑郁、恐惧、愤怒、冷漠,当不良情绪产生时,能够有效宣泄不良情绪,磨炼自身不怕挫折、不怕困难、不怕牺牲的意志方面发挥着有利作用来进行判断。可以说,通过思想政治教育效能提升是否促进个体的政治社会化水平、是否促进个体形成正确的思想观念、是否促进个体形成优良的道德品质、是否促进个体健康心理素质的形成等方面更好地促进人的素质的提高与潜能的发挥,从而促进人的发展来判断思想政治教育结果是否提高个体效益。

(二)是否促进社会发展产生社会效益

促进一个国家或政党强大,这是开展一切工作包括思想政治教育工作的目标所在。只有围绕这个目标指向来开展工作,才能促进社会效益的发展。

思想政治教育效能提升是否能够更好地促进社会发展,这是思想政治效能提升是否彰显社会效益的标准。

第一,是否可以有效提高人的道德品质,并综合运用多种方法对人们的心理进行调适,对人们的思想困惑予以解决,对人们的心理健康予以加强,以此形成和谐的社会人际关系,促进包括经济活动在内的各种活动顺利进行,从而更好地为推动社会生产提供精神动力,助推经济建设发展。第二,是否更好地传导主流意识形态以维护统治阶级统治的合法性,通过传导统治阶级的政治思想,提高人们的思想政治素质从而培养统治阶级所需要的人才,并对民情与民意进行收集反馈、沟通交流,有效推动政治发展,从而进一步产生维护统治阶级合法性的效益。第三,是否更好地对文化进行传承发展,并使文化内部各要素协同互促,引领社会发展方向和引人向上向善并服务于主流价值形态,推动其既转化为人们的内在文化素质,又在人们心中生根、发芽,进而增强民族精神和民族意识。第四,是否通过更好地以"软管理"深入人心,武装社会成员头脑、丰富其精神生活、稳定其思想意识、凝聚其共识、增强其责任感、促进其心理发展、协调其利益冲突,使其形成目标、利益与行动的共同体,拧成一股绳,有效启发、说服、引导人们遵守社会规范并自觉维护社会秩序,激发社会成员积极性,具备创新创造的热情,促进社会和谐。第五,是否更好地教育和引导人们理解人与自然的关系,树立正确的利益观,担当起保护生态的责任,正确处理自身利益与自然发展,并对自然有敬畏意识,珍视人的生存根基,保护人的物质和精神生活家园等。因此,通过提升思想政治教育效能,可以促进社会效益的提高。通过是否促进个体发展产生个体效益、是否促进社会发展产生社会效益等来判断思想政治教育效能是否得到提升。

五、思想政治教育制度是否合理有效

习近平指出:"制度是效能建设的根本。"[1]习近平强调"制度是效能建设的根本",那么也就是效能提升依靠制度,而只有"把制度建设贯彻"即进行有效实践,协调社会利益冲突和矛盾,规定人们的权利和义务,协调与整

---

[1] 习近平:《干在实处走在前列——推进浙江新发展的思考与实践》,中共中央党校出版社2006年版,第446页。

合社会资源等才能提升效能。因此,制度是否合理有效,是思想政治教育效能提升的评价标准。

(一) 是否为思想政治教育指明发展的方向

方向对于任何事物来说都具有引导和牵制的作用。思想指引方向,方向决定道路。对于思想政治教育来说,制度规范并指引着其发展方向。

思想政治教育制度能够通过制定规范来约束人们的行为,消解人性的弱点,对目标、价值与行为具有导向作用。思想政治教育制度规定并指引着教育坚持正确的政治方向,保持思想定力、政治定力,固本开新、永葆生机,统一思想并凝聚力量,保证思想政治教育实践活动不偏向、旗帜不变色,科学推进实践活动和理论发展,提升人们的思想道德水平并塑造人,实现人自由全面发展。罗尔斯指出,"社会的制度形式影响着社会成员,并在很大程度上决定着他们想要成为的那种个人,以及他们所是的那种个人。"[1]可以说,思想政治教育效能提升的评价标准可以通过制度为教育指明发展方向,彰显出制度有效来看待。

第一,思想政治教育制度是否对主体的行为方向有明确的规定。有效的制度中包含了大量的行为规则,对思想政治教育的主体行为具有明确的规定性,能够为教育者和受教育者提供明确的行为选择,是规范思想政治教育主体行为的"标尺"。首先,思想政治教育制度是否为主体的表现行为提供了预期和指南;其次,思想政治教育制度是否规定教育者能做的与不能做的行为与权利边界;再次,思想政治教育制度是否对主体特别是受教育者的日常行为起着指引作用,对其随意行为起约束作用;最后,思想政治教育制度是否通过调节受教育者的行为,并对受教育者的行为在超出制度所规定的行为界限时给予行为规则的惩罚,从而有效规范受教育者的日常行为,提升思想政治教育效能,达到维护教育整体运行秩序的作用。第二,思想政治教育制度是否能够促进教育集体意识的形成,带领各人员向着共同的方向前进。有效的思想政治教育制度的目标就是通过发挥制度的作用实现群体的意图,从而使得各主体之间以及全体人员之间的利益实现最大程度的均衡,通过明确教育者的职责和权力,避免教育内部之间相互推诿、相互扯皮,充分调动人们

---

[1] [美] 约翰·罗尔斯:《政治自由主义》,万俊人译,译林出版社2000年版,第285页。

的积极性、主动性和创造性，实现目标与价值取向的协调，从而能够团结凝聚思想政治教育内部系统，带领全体人员向着共同的方向前进。可见，思想政治教育效能是否提升，可通过制度是否为思想政治教育指明发展的方向来判断。

(二) 是否保障思想政治教育运行良好

马克思指出："人们自己创造自己的历史，但是他们并不是随心所欲地创造。"[1]也就是说人虽然具有主观能动性，但是通过有效的制度可以有效防止人性的弱点，从而约束人的实践活动，保障社会良性运行。制度是人的主观选择，在确立后是一种客观存在，是一定阶级、社会为协调利益矛盾而制定出的系统规则体系，影响着人们的思想、决策和行动方向。制度代表着一定阶级、集团、社会的权威，因而有助于约束人们的理念和态度。思想政治教育在运行时如果没有相应的制度规则，其实践活动就会发生混乱，其自身难以得到生存与发展。假如思想政治教育面临时代发展与变迁，也需要通过制度来巩固并强化已经取得的成果。保障思想政治教育运行良好的制度不仅包括正式的制度，也包括很多非正式制度。在思想政治教育早期，几乎都是非正式制度，需要完全依赖于传统习惯、文化习俗等来规范人与人之间的关系，从而保证思想政治教育实践活动良好运行。当正式的制度出现之后，一些非正式制度能够继续保持教育有序运行，正式制度是随着非正式制度的发展而出现并发展的。

有效的思政教育制度则对思政教育过程起着统摄全局的作用，对思政教育过程中的理念、内容、方法等进行规制与影响，激发思政教育改变原有落后的理念和灌输的方式，注重教育者与受教育者的双向互动，规定做什么、不做什么、怎么做，从而保障思政教育过程运行良好，为思政教育效能提升营造良好的氛围。因此，思想政治教育制度能不能保障教育运行良好，彰显出制度有效性，是思想政治教育效能提升的评价标准。第一，思想政治教育制度能否保证思想政治教育效能提升的内部运行秩序。制度通过对教育者与受教育者进行约束，并使其自觉遵守，让其有长远预期，防止出现短期行为，从而规范了内部的权力与行为，政通人和，实现思想政治教育效能提升、内

---

[1] 中共中央马克思恩格斯列宁斯大林著作编译局编译：《马克思恩格斯选集》（第一卷），人民出版社2012年版，第669页。

部运行有序稳定发展，能够使思想政治教育效能提升朝着规范化、标准化、流程化发展。第二，思想政治教育制度能否给思想政治教育效能提升营造良好的环境。随着制度的不断落实，制度所发挥的作用越扎越密，越扎越牢。制度为思政教育的存在和发展提供了场所与空间，是进一步促进思政教育效能提升的外部条件，对思政教育效能提升提供了持续性的影响。可以说，制度能否给思想政治教育效能提升营造良好的环境，是促进思想政治教育效能提升这一实践活动能否长期进行下去的标准。

（三）是否推动思想政治教育可持续发展

发展要以制度保障为前提。思想政治教育目前在手段、方法等方面取得了一定的成绩，具有一定的效能，有效的思想政治教育制度可以将现有的效能通过制度保障起来，巩固已有的成果，形成长期有效的教育保障；同时通过有效的制度将思想政治教育效能进行更加完善的制度规划和政策引导，提升现有的思想政治教育效能。有效的制度能够促进思想政治教育效能提升内部的优化，克服影响思想政治教育效能提升的不良滞后因素，具有发展性与前瞻性。

第一，思想政治教育制度是否能够制约许多矛盾和问题，调节多种复杂关系，同时有效地减少或者避免思想政治教育效能提升内部的随意性和无序性，避免思想政治教育效能提升因人员的变动和其他外在条件的变化而发生变化，一定程度上起到维稳的功能。第二，思想政治教育制度能否对思想政治教育效能提升力量的行为进行规范和约束，从而起到制约的作用以避免思想政治教育效能提升内部产生"蛀虫"，推动思想政治教育的可持续发展。第三，思想政治教育制度能否最大限度地团结思想政治教育效能提升的力量，协调各种力量之间的利益，带领思想政治教育效能提升的多种力量向着教育目标前进。一方面，思想政治教育制度能否发挥其规范性和制约性作用，让受教育者既享受到切身利益的满足又受到逾越规矩后的代价，从而有效引导自律行为。另一方面，教育者是提升思想政治教育效能的具体执行者，教育者的能力素质对于思想政治教育活动的实施有着重要的影响。第四，思想政治教育制度能否在团结、制约、维稳作用的基础上有效激励人们积极创新，推动对传统思想政治教育进行改革，不断取得新突破，最大化地创造更大的价值，为生产力提供持久的动力，协调社会、经济、环境之间的关系，改善人们的行为，正确处理国家利益、集体利益和个人利益，从而推动思想政治教育可持续发展。因此，思想政治教育效能是否提升，可以通过制度是否有效并推动思想政治教育可持续发展来判断。

总之，思想政治教育效能提升的最终效果如何，需制定科学的评价标准。另外，思想政治教育效能提升评价是对整个活动的全面审视。因此，在评价结束后，应认真研究评价中发现的问题，并在客观分析的基础上，在以后的实践中进一步完善，从而建立起科学性和先进性的评价系统，真正把促进思想政治教育效能提升落到实处。

CHAPTER 5 第五章
思想政治教育效能提升的现实诉求

目前,我国的思想政治教育并没有实现最佳效果,其效能有待提升。思想政治教育效能的发挥取得了一定的成绩,具有一定的成效。但是,国内外环境的发展变化,给思想政治教育效能的进一步提升带来了积极影响的同时,也带来了消极的负面的冲击,使之面临着巨大的挑战。思想政治教育效能提升过程中遇到的挑战是什么,遇到的问题是什么,存在问题的原因什么,需要对这些现实诉求进行有力的回应,能够为下一步如何提升思想政治教育效能提供指引。

第一节 思想政治教育效能提升取得的成效

三十多年来,经过党和国家以及思想政治教育理论工作者与实践工作者的锲而不舍与持之以恒的努力,思想政治教育效能的发挥取得了一定的成绩,具有一定的成效,表现在社会主义意识形态地位逐步巩固、教育者积极性逐渐提高、受教育者接受教育和自我教育的自觉性不断增强、思想政治教育合力效果日益显现等方面,思想政治教育效能提升具有一定的基础。

一、社会主义意识形态地位逐步巩固

目前,思想政治教育效能得到了一定程度的发挥,社会主义意识形态地位逐步巩固。对于思想政治教育效能的发挥,毛泽东认为,能够团结一切可以团结的力量进行伟大斗争。[1]江泽民指出思想政治教育效能的发挥,对于

---

[1] 参见《毛泽东选集》(第三卷),人民出版社1991年版,第1094页。

经济工作和其他一切工作都具有积极作用。[1]思想政治教育效能的发挥，关系中国共产党和中国的未来。思想政治教育效能的发挥，正确地反映了上层建筑对经济基础产生的积极的反作用。思想政治教育效能的发挥能够为经济基础提供思想条件，对社会、文化、生态等方面产生影响。目前，思想政治教育效能在社会主义意识形态地位逐步巩固，在引领社会主义建设方向、激发人民群众动力、有效化解矛盾等方面得到了发挥，取得了一系列成绩。

（一）引领社会主义建设方向

目前，思想政治教育效能的发挥对于引领经济发展和其他一切工作坚持社会主义方向具有积极作用。毛泽东指出："只要我们的思想工作和政治工作稍为一放松，经济工作和技术工作就一定会走到邪路上去。"[2]思想政治教育效能的发挥在革命建设时期产生过积极作用。在中国特色社会主义进入新时代，面对普世主义、霸权主义等干扰，面对对中国特色社会主义制度的质疑，思想政治教育效能的发挥表现出了其引领社会主义建设方向、保障社会主义多项工作顺利进行的积极作用。实践证明，思想政治教育有必要开展，思想政治教育效能提升有必要进一步探索。

（二）激发人民群众动力

人民群众既是伟大历史的创造者，也是推动历史的车轮向前进的巨大力量，更是助推社会发展快速进步的力量源泉。思想政治教育通过培养和塑造人，提高人的积极性、主动性和创造性，推动社会发展进步。思想政治教育效能的发挥对于人民群众的动力激发产生了积极作用。思想政治教育效能的发挥激发了人民群众更大更强更坚韧的动力。列宁指出："思想一经群众所掌握，就会变成力量。"[3]思想政治教育效能的发挥，能够更好地一方面用先进思想武装宣传群众、教育群众、影响群众、掌握群众、引导群众，另一方面对于其他阶段的人员也能以自身示范进行宣传、带动、鼓励等。"一石激起千层浪"，思想政治教育效能的发挥一点一滴地激发人民群众内心的动力，调动

---

[1] 参见《江泽民文选》（第三卷），人民出版社2006年版，第74页。
[2] 《毛泽东文集》（第七卷），人民出版社1999年版，第351页。
[3] 中共中央马克思恩格斯列宁斯大林著作编译局编译：《列宁全集》（第六十卷），人民出版社1990年版，第460页。

一切积极因素，助推涟漪成片，荡漾成坚不可摧的力量，推动中国共产党的发展，进而势如破竹推进社会主义事业的发展。无论在新中国的成立、改革开放、进入中国特色社会主义新时代等关键节点，还是对于企业建设，或者在乡村振兴等方面，思想政治教育效能的发挥都体现出进一步解放思想、转变观念、凝聚共识、激发人民群众动力、助推中国特色社会主义发展的特点。

（三）有效化解矛盾

社会意识能够对社会存在起到能动的反作用。正确的科学的社会意识能够以摧枯拉朽之势促进社会发展，相反，落后的社会意识则会使之道阻且长，成为阻碍社会发展的绊脚石。一直以来，思想政治教育效能的发挥指导着人们通过发挥主观能动性，疏导人们心理，协调人与人、人与社会的关系，提升人们的思想道德品质，促进社会积极向上环境的形成，有效化解矛盾冲突。比如，通过培育和践行社会主义核心价值观，引导社会成员正确处理与他人、与社会的关系，使人们能够具备"悠然见南山"、海阔天空的积极平和的心态，在社会成员中形成团结互助、爱国守法、诚实守信、男女平等、尊老爱幼、见义勇为、融洽和谐的精神风貌，促进社会中的矛盾问题迎刃而解，助推整个社会能够互相包容、联系紧密，能够人人怡然自得、平心静气、和谐稳定。比如，我们国家通过思想政治教育效能的发挥，形成积极向上的社会风气，打造风清气正的社会舆论环境，进行"新农村建设""美丽乡村建设""全国文明城市建设"等。

二、思想政治教育者积极性逐渐提高

目前，思想政治教育效能的发挥取得了一定的成就，离不开教育者"燃烧自己"的奉献与"照亮他人"的决心，比如，张桂梅、钟扬等育人楷模为党育人、为国育才。思想政治教育效能的发挥推动教育者积极性逐渐提高，鼓舞教育者排除万难、再接再厉。

（一）形成了一定的思想政治教育激励措施

目前我国注重并形成了一定的思想政治教育激励机制。各单位、各组织注重对教育者进行激励以调动他们的积极性。比如评选"感动中国人物"、"最美"教师和奖励教学科研突出的教育者，既进行物质奖励，又进行精神奖励，把优秀的教育者的相关简介资料印放在宣传手册中、短视频中，进行公开表彰等，扩大他们的优秀事迹的知名度，增强他们的职业自豪感；鼓励支持骨干教师去国内或国外著名学府和科研机构进修访学、挂职锻炼；鼓励支持教育者提升学历，并给予一定的经费支持；对于有能力的教育者在课题申报、评聘职称方面给予一定的照顾；等等。

（二）匹配了思想政治教育队伍结构

目前我国重视对思想政治教育的主渠道中的队伍结构匹配。《关于新时代加强和改进思想政治工作的意见》《关于加强和改进新形势下高校思想政治工作的意见》等文件中，对思想政治教育队伍结构匹配优化有了明确的要求，规范教育者的配备制度、准入制度、退出制度等，对思想政治教育队伍进行层层把关，要求教育者政治方向矢志不渝、政治立场坚如磐石，从始至终向党中央看齐、与党中央保持一致，具备扎实的马克思主义理论基础和高尚的思想品德，一心一意为人民，爱岗敬业，具备"一身正气凌冰霜，两袖清风任意往"良好的职业道德等；加强教育者的中国共产党党员身份和相关专业硕士及以上学历学位要求，从而保障教育者在思想上、政治上过关；一直以来注重加强思想政治教育创新团队和创新基地建设，培养专兼结合、功能互补的教学科研骨干队伍。总之，思想政治教育效能发挥的同时，驱动教育队伍学历、年龄、素质、专业结构等方面合理匹配，形成合力，从而为良好的思想政治教育效果实现发挥助推作用。

（三）加强了思想政治教育队伍培训

目前我国注重对思想政治教育队伍的培训和交流以促进教育者的长久发展，发挥了一定的效能。比如，2019年《关于加强新时代中小学思想政治理论课教师队伍建设的意见》要求，中央、地方和高校等要形成合力加强对教育者的岗前培训、在职在岗培训、专业能力培训、实践活动培训等，加强教育队伍培训的制度化建设。重视教育者每3年进行一次不得少于5日的集中脱产培训；注重教育者每年实践活动培训不得少于2次，并且参加所在地以外的培训不得少于1次；重视党政、主管部门、学校领导的教育者联系制度；重视教育者的观摩考察、出国研修、挂职锻炼，不同组织单位的培训交流等，从而调动教育者的主观能动性的积极发挥。

（四）涌现了一批又一批思想政治教育楷模

当前思想政治教育经过自身的努力与外界的推动，特别是党和国家的精心培养，思想政治教育过程中涌现了一批又一批教育楷模与无私奉献者，诸如张桂梅、钟扬、张伯礼、钟南山等，三尺讲台、无私奉献，既为受教育者默默奉献，又为国家与民族的未来输送源源不断的人才；诸如思想政治教育学科张耀灿、郑永廷等学者为思想政治教育的发展奠定了深厚的基础，作出了重要贡献。这既彰显了思想政治教育效能的发挥，又表明经过这么多年的努力，教育者中的楷模的涌现一方面带来了良好的带头示范作用，另一方面鼓舞了一代又一代教育者继续坚守信念、为思想政治教育事业贡献自己的一份力量。

三、受教育者接受教育和自我教育的自觉性不断增强

目前思想政治教育取得了一定的效果，受教育者接受教育和自我教育的自觉性不断增强，思想政治教育效能得到了一定程度的发挥。

（一）受教育者接受教育日趋良好

人们都知道，通过看一个小孩的言谈举止，可以判断出一个小孩的家风。那么对于思政教育的效果、思政教育效能的发挥，也要通过受教育者的外在表现进行判断。比如，在遇见"老人摔倒"时，面对雅安地震、汶川大地震等自然灾害时，面对2020年初的新冠肺炎疫情时，等等，受教育者的接受教育效果都得到了有效体现。受教育者能够坚定理想信念，主动向马克思主义靠拢。面对自然灾害、社会动乱，受教育者表现出爱祖国、爱骨肉同胞，团结一致战胜灾难，义愤填膺打倒暴乱分子。受教育者能够一定程度上处理好理想与现实、此岸与彼岸的关系，辩证地看待人生矛盾，具有积极进取的人生态度。受教育者主动自觉明大德、守公德、严私德，主动参与志愿服务活动，向道德模范学习，比如人们将继承"杂交水稻之父"袁隆平的意志，"禾下乘凉，守望稻田"。受教育者一定程度上能够尊法学法守法用法，促进法治中国的更好建设。总之，通过思想政治教育效能的发挥，受教育者经过长期的教育培养，取得了一定的教育效果，这是思想政治教育效能进一步提升的基础。

（二）受教育者主动进行自我教育有所提升

自我教育是受教育者对自己进行的一种思想政治教育活动，体现了受教育者主动自觉提高自身的思想政治素质。目前，受教育者能够一定程度上根据自身所处的时代背景、所掌握的社会经验、所了解的科学文化知识等，主动对自我进行一定的客观分析，完善自我知识体系；能够一定程度上正确认识自己的优缺点与能力，意识到与他人的差距，树立危机和竞争意识，主动激发自我教育意识，产生强烈的受教育欲望，能够一定程度上有努力奋斗的目标；受教育者能够对自我进行激励，不断进行自我暗示，调动自身的积极性和创造性，比如面临中考、高考、考研、考博等考试时，受教育者有意识地自己喊口号，自己鼓励自己，从而实现自我教育的长期性和持久性，为实现理想而奋斗；受教育者能够主动寻找社会榜样模范、先进人物事迹不断激励自己向榜样看齐，并主动参加公益活动、志愿服务等社会实践活动，增长自己的视野。总之，目前受教育者能够一定程度上发自内心地接受并主动追求国家和社会所需要的思想品德，能够主动完善自我知识体系，激发自我教育意识，进行自我激励，比如，不管是在校学生还是工作人员，都主动上自习，付费自习室火爆，难以抢到，表现出受教育者一定的自我教育意识和能力。主动接受培训、品德熏陶、提升学历等，能够使思想政治教育效果在受教育者主动自我教育基础上得到增强。

（三）受教育者接受教育和自我教育相统一有所增强

自我教育是受教育者"主动接受先进思想、改正自身错误的过程"[1]。外因影响思想政治教育效果，但内因最终对其起决定作用。目前，受教育者在接受教育后能够结合自身实际情况，能够有效做到独立、自主、思考、选择、参与、创造，有效对内容和方法进行选择和整合，能够在打破自身固有的思想结构后，自觉主动对思想政治教育信息进行加工、整理、改造、吸收，进而推动自身品德、才智、审美等各个方面的提升，形成一定程度上更加完备的思想政治品德。比如，作为后浪的当代青年能够以"长风破浪会有时"的姿态主动迎接困难，"会当水击三千里"似的充满自信，"咬定青山不放松"，不怕吃苦，奋力把阻碍推开，"送人玫瑰"，乐于奉献等，一定程度上掌

---

[1] 邱伟光、张耀灿主编：《思想政治教育学原理》，高等教育出版社1999年版，第223页。

握了正确的人生态度和解决问题的方法。当行走在人生的大道上遇到困难与挫折时，主动请教他人并从自身寻找原因，主动探索解决问题的答案。比如，受教育者经常反问自己"我如何实现自我的价值？""我为什么是这样一个人？""我应该成为怎样的人？"等，体现了受教育者接受教育和自我教育相统一。

四、思想政治教育合力效果日益显现

目前思想政治教育取得了一定的效果，马克思主义认为，事物之间事事有联系，时时有联系，整个世界是一个有机构成的统一体。这就说明教育合力发挥了一定的作用，思想政治教育效能得到了一定程度的发挥。

（一）党和国家高度重视思想政治教育合力

国家、地方和其他层面重视发挥所有育人力量的合力，从而一定程度上发挥了思想政治教育效能。目前党和国家高度重视思政教育合力，为发挥思政教育合力颁布了一系列政策。2016年12月全国高校思想政治工作会的召开，以前所未有的程度对思想政治教育形成合力予以重视。2021年颁布《关于新时代加强和改进思想政治工作的意见》以及2017年颁布的《高校思想政治工作质量提升工程实施纲要》，强调要"形成全员全过程全方位育人大格局"。可以说，党和国家非常重视统筹各方面力量做好思想政治教育，倡导党政机关、人民团体等形成合力。习近平指出，要"实现全员全程全方位育人"，[1]积极构建思想政治教育合力育人格局，助推各育人要素协同发力，促进思想政治教育工作的整体效果得到提高。这一系列政策文件与指导思想，体现出党和国家不同层面上对思想政治教育合力进行了部署规划，对于思想政治教育效果的增强一定程度上发挥了积极的作用。

（二）思想政治教育合力方法不断得到改进

传统的思想政治教育方法，比如灌输法、榜样示范法等，虽然取得了一定的效果，但是这些方法具有单一性。目前，面临新时代对思想政治教育的新的要求，教育者逐步意识到思想政治教育方法的合力效能，不断探索新的

---

[1]《习近平谈治国理政》（第三卷），外文出版社2020年版，第331页。

方式方法以求形成合力,进一步提高思想政治教育效能,实现思想政治教育最佳效果。目前探索由单一到多样融合的方法,比如,教育与自我教育相结合的方法、理论讲授与实践体验相结合的方法、网上网下相结合的方法等。这些思想政治教育的综合性方法以及形成合力方法的不断改进,促进了思想政治教育合力效果进一步增强。

(三) 思想政治教育主体间一定程度上有效配合

传统的思想政治教育难免会出现社会、学校、家庭各自为战,各自为了完成自己的任务而开展教育工作的情况。目前社会、学校、家庭等对受教育者都发挥了一定的作用,三者各自有各自的特点和优势,彼此之间只有实现无缝衔接、协调行动、理念相容、方法合拍,才能实现社会、学校、家庭三者之间的互补作用,才能产生最佳的思想政治教育效果。就好比一只手,五个手指头长短不一,但是五个手指头一起发力就会形成强大的力量。可以说,思想政治教育主体间一定程度上实现了有效配合,思想政治教育效能进一步提升具有一定的前期基础。

第二节 思想政治教育效能提升面临的挑战

思想政治教育效能的发挥取得了一定的成效,给进一步提升思想政治教育效能提供了基础。但是,国内外环境的发展变化,在给进一步提升思想政治教育效能带来了积极影响的同时,也给其带来了消极的负面的冲击,使之面临着巨大的挑战。因此,可从网络化、全球化、市场化和文化多元化等方面来分析对思想政治教育效能提升的影响以及带来的不容忽视的挑战。全面分析和思考思想政治教育效能提升面临的挑战,是新的时代条件下的客观要求。

一、网络化使思想政治教育效能提升受到干预

"做好网上舆论工作是一项长期任务。"[1]互联网的发展,一方面丰富并使教育内容得以快速地传播,创新了教育方法,提高了教育效率,给思想政

---

[1]《习近平谈治国理政》,外文出版社2014年版,第198页。

治教育效能提升提供了一定的积极支持与发挥了重要作用，为其创造了有利条件。但是，另一方面，互联网给思想政治教育效能提升带来了巨大的挑战，使其受到了不少干预。

（一）网络化影响思想政治教育效能提升的生态环境

网络化的发展使得思想政治教育效能提升的环境变得更加复杂以及给其环境带来了风险。互联网的出现，使得思政教育环境呈现出开放性特点，这也就使得思政教育活动不受时间与空间的约束，为不良信息提供了传播的平台，给不良信息的传播提供了更方便、更快捷、更广泛的渠道。

网络上传播的思想政治教育内容信息自由且无节制，一些网络信息无孔不入，使得思想政治教育的内容受到反动的、错误的、虚假的、污秽的、失真的和过时的信息干扰，甚至有些信息的危害性极大，并且被借以成为攻击马克思主义的工具。比如，有的人利用网络鼓吹民族独立，挑起国家与国家之间的事端；一些宗教极端主义的思潮在局部地区蔓延，影响着受教育者的生存环境，影响着社会的和谐和国家的稳定；有的人利用网络歪曲客观事实，借以否定中国共产党的领导，丑化中国政府的形象；有的不法分子利用网络宣传西方国家一些享乐主义、拜金主义价值观，甚至一些色情、暴力的信息，这些给中国和中国共产党以及社会主义意识形态造成了严重影响，也给思想政治教育效能提升带来了挑战。可以说，网络上充斥着有毒信息并夹杂着一些社会思潮，严重污染了思想政治教育的环境，使社会主义意识形态受到干扰与影响，使得思想政治教育过程受到阻碍与冲击，难以营造风清气正的良好环境，影响着思想政治教育效能提升的生态环境。

（二）网络化影响教育者主导身份发挥能力的程度

长期以来，与受教育者相比，教育者掌握着教育的内容传播、使用方法等，在思想政治教育过程中具有主导性。但是，面临网络化的快速发展，网络开始发挥强大的作用，为教育者与受教育者双方构筑了一个良好的信息共享的平台，逐渐缩小了双方在学识与思想方面的距离。不仅如此，网络化的发展拓宽了思想政治教育内容的传播渠道，使受教育者获取信息的方式越来越灵活、便捷、高效，从传统途径获取思想政治教育内容的依赖性降低，从网络上、新媒体上获得思想政治教育内容的可能性大幅提升，网络平台的发展促使受教育者掌握思想政治教育内容信息有时先于或优于教育者。从另一面来看，教育者的主导身份受到了挑战，教育者对理论知识的优先占有权、对议题议程的灵活设置权、对舆论信息的及时控制权以及对受教育者言行的引领力显著弱化。

第一，网络化的发展使得作为传导主体的教育者，其知识更新速度和解决问题能力有时落后于思维活跃、新媒体使用更加谙熟的受教育者。年龄、现实生活等情况，以及对新思想不够重视，在很大程度上影响到教育者对思政教育内容信息的判断水平，部分教育者存在着缺乏系统的思政教育内容信息和传播知识技能、新媒体技术利用频率不多、积极主动了解新鲜事物较为缺乏等不足之处，难以适应内容信息传播的步伐，导致在与受教育者交流、沟通的过程中处在劣势地位，从而在思政教育效能提升活动中，难以运用匹配于受教育者认知特点的教育方式和采取有趣的实践活动，这都使得教育者的主导地位受到了一定程度的挑战，对提升思想政治教育效能影响较大。第二，无论何种身份的个人与组织，都可以利用网络新媒体进行跨越国界、跨越地域、跨越语言的交流。此外，网络化具有快捷性、海量性、互动性等特征，容易让一些西方敌对势力渗透我国网络环境有机可乘，造成教育者的管理更加困难，影响着其主导身份发挥能力的程度。

(三) 网络化影响受教育者的受教育效果

网络化的发展推进着信息的大量涌入，受教育者在网络化时代能够享受到多种多样的信息，这些信息中既有积极向上的，也有错误的，这就使得受教育者头脑中涌现正确与错误交织的观点，使得一些受教育者人生观、价值观、世界观等出现混乱和受到冲击，从而降低思想政治教育效能，削弱了受教育者的受教育效果。

第一，对受教育者本身好的思想价值观念有着一定的冲击。网络化的发展不断刺激着受教育者作为社会主人翁身份参与交流意见的主体意识，但一些良莠不齐的信息的广泛传播使受教育者陷入迷茫，对受教育者本身好的思想道德观念与心理发展等各方面都产生了重要的影响。首先，部分受教育者存在沉溺于网络不能自拔，出现"刷屏族""低头族""游戏党""手机控"等群体，受教育者的身心健康严重被影响，使其一定程度上沟通能力欠缺、生活能力下降乃至心理异常。其次，部分受教育者不知不觉沉迷于跳跃式阅读、浅阅读、碎片化阅读方式，追求视觉上的极大冲击和心理上的片刻满足，导致自身逐渐丧失理性把控力和价值判断力。第二，受教育者思想一旦受到侵蚀，很容易影响自身的健康发展。首先，网络化的一些错误导向使得受教育者的道德观发生扭曲。网络中充斥着真的和假的、健康的和不健康的信息，这对受教育者的道德观有着不小的挑战与冲击，影响了受教育者的身心健康。一些受教育者在这种影响下，道德底线不断降低与道德标准发生错乱，暴躁脾气与暴乱倾向一触即发，出现作风不检点、违法乱纪，对金钱的热爱、对利己的不择手段、对享受不断追求等情况。其次，网络化使受教育者产生人格异化。一些受教育者沉迷于虚幻的网络中难以控制自己，网络的另一端还是网络，缺少了真正面对面地与社会与他人沟通的机会。随着时间的增加，受教育者内心孤独、迷茫、压抑等情绪越加严重，也得不到及时的排解，从而对外界冷漠、无情、极端，进而使受教育者的认知与行为发生偏差。可以说，网络化影响着受教育者的受教育效果。

二、全球化使思想政治教育效能提升受到冲击

事物具有两面性，全球化的推进既深刻影响了中国的经济、文化等，使得它们得以迅速发展，又给它们带来了不小的挑战。这些挑战与冲击阻碍着思想政治教育效能提升。

（一）全球化挑战教育者发挥能力的程度

"全球化"这一世界趋势越发强烈地影响着人们的行为操守与价值取向，使思想政治教育必须具有发展性、前瞻性，从深远的意义上说，全球化时代挑战着教育者的能力。全球化使人们处于一个开放性程度特别高的空间，使得信息内容共享性提高，这就使得教育者与受教育者对信息内容的获取处在同一个水平层次上，教育者所具有的优势与说服力受到了挑战，在具有相同教育内容的情况下受教育者的接受度受到了挑战，教育者的教育方法也面临着前所未有的挑战。

第一，全球化背景要求思想政治教育开展深刻的变革，教育内容能够即时性生成，对教育者的与时俱进、不断提高自身能力有着高要求，其新思想产出的速率要快于受教育者，思想革新的频度和深度更要远远强于受教育者。教育者的视野是否开放、气度是否高迈、观念是否出新，影响着思想政治教育效能提升。第二，全球化不但深刻地改变着教育者的诸多教育观念，对教

育者具有最深刻、最内在、最具发展性和挑战性的能力新要求,决定教育者能否真正被受教育者从内心深处欢迎和为受教育者作出思想日新月异之蜕变的时代表率。全球化要求教育者为中国培养拥有全球竞争力乃至开发力的创新人才,能够培养受教育者与时俱进、不断创新、永攀世界高峰,等等。第三,全球化要求教育者必须具备高超的语言表达能力。假如教育者不能具备使用本国的语言、语言表达习惯与语言技巧等能力,则会随着全球化的发展,被其他国家的语言影响,本国的语言将会逐渐被消解,进而一个民族甚至一个国家的凝聚力将会消亡。可以说,全球化使得教育者自身的语言表达能力受到挑战。

(二)全球化挑战教育内容所产生的有利作用

第一,随着全球化的推进,国与国之间交流紧密,在给中国带来了先进技术产品的同时,也给中国带来了一些技术产品背后附加的政治观念,甚至随着人员流动频繁,一些别有用心的思想观念与价值观悄无声息地渗透到中国。国外一些发达资本主义国家故意将一些具有某种腐朽的、没落的和反动的思潮内容进行传播,企图扰乱与吞噬社会主义国家,比如民主社会主义思潮、历史虚无主义思潮、个人主义思潮、民族分裂主义思潮内容,挑战着思想政治教育效能提升的价值意义。这些谬之千里、容易使人误入歧途的思潮对整个思想政治教育过程和教育内容产生了不小的冲击。这就要求我们要丰富爱国主义教育内容,通过对教育内容进行实践检验与对比,加深人们对马克思主义的信仰,对中国这一社会主义国家更加热爱。第二,全球化的趋势不可挡,深处在全球化中的每一个人都不能免受其影响,受教育者思考问题的速度更快,受教育者的认知需求愈加丰富。如何丰富思想政治教育内容,增强其针对性、与时俱进性,从而使受教育者能够认知与认同、内化与外化,以提升思想政治教育效能并满足时代发展要求,是教育内容必须达到的,也是思想政治教育效能提升必须克服的一个问题。

(三)全球化一定程度上使受教育者异化

全球化推动着人类需要的满足、能力的锤炼、交往的深化,推动着人类生存和发展模式向纵深处迈进。人是全球化愿景实现的主体,全球化进程是人推动的结果;反过来,全球化又深刻影响了人的生存和发展模式,促使人的个性发展逐步得到最大程度的丰富和优化。然而,在全球化推动人的个性发展的同时，不免会产生一些消极影响，使受教育者发生异化。

　　第一，社会分工的不断向前发展，带来了个人利益和集体利益之间的矛盾。通俗地讲，因为社会分工是自发形成的，却不是出自个人的自愿心理，那么个人应当去完成的实践活动便形成了一种与自己相对抗的异己力量，这种力量在控制着人的行动，而人却没有办法驾驭这种力量，与此同时，在社会生活中，受到物质利益所代表的力量的控制，这便是对物的依赖，这种现象阻碍了受教育者的进一步发展，使部分受教育者在发展过程中出现了片面性、自我性、随意性的特征，受教育者在自我行为和思想动态方面容易出现自我迷失和自我膨胀，从而使受教育者走向歧途。第二，社会价值取向多元化发展，不断影响着我国的社会思潮，使受教育者的思想观念、行为标准以及生活习惯受到一定的冲击，从而影响受教育者的精神世界。比如，一些受教育者家庭条件差，但是为了满足自己的虚荣心，为了购买美国"苹果"牌手机，为了实现每天不同的妆发搭配不同的外国品牌的衣服、鞋子、皮包与口红，甚至为了穿上少则几千多则几万、几十万的来自海外"洛丽塔"风格的服装，为了能够与同辈群体甚至长辈群体搞好关系购买游戏装备、应援明星、出入高档会所等，不惜卖身卖肾，甚至进行"裸贷"、校园贷等不同的交易，受教育者的价值观、消费观、交友观等表现出严重异化。第三，自然环境的变化，例如臭氧层遭到了严重破坏，全球气候不稳定，土地呈现出盐碱化、荒漠化等生态问题，给受教育者的生存环境带来了极大的冲击，同时也使受教育者自身的发展遭受了更大的挑战。

三、市场化使思想政治教育效能提升受到削弱

　　市场化的发展与繁荣推动经济交往、分配方式等方面发生了巨大的转变，使人们处在从传统转向现代化发展的阶段，人们的思想观念得以解放，自主竞争意识、创新观念、诚信意识等更加强烈，并具有奋力拼搏、开拓创新的精神，为思想政治教育效能提升提供了良好的经济和精神毅力基础。但市场经济发展的同时，对人们既有的价值观念与心理状态有着不小的冲击，也使得人们注重追逐利益，不同阶级、阶层和群体之间利益矛盾不断激增。在正确整合、引领各种思想观念，引导人们追求合理正当的物质利益，道德不滑坡、人性不沦丧，杜绝成为片面畸形发展的人，疏解、调适社会心理等方面，

思想政治教育效能提升面临着巨大的挑战。

(一) 市场化一定程度上动摇受教育者本身固有的良好思想根基

市场化的发展使受教育者处在较好的物质环境中，人们的受教育程度较高，思想文化水平得到提升，呈现出积极向上、自由平等、良性竞争、创新创造的精神面貌，受教育者对社会主义核心价值观认同度很高，幸福感增强，政通人和。然而，市场化的发展，也消解了思想政治教育工作的说服力和解释力，也使得社会思想观念呈现先进与落后错综复杂地合在一起的特点，使受教育者的思想受到坏的、变质的、歪曲的、腐化堕落的思想观念影响，甚至一些别有用心的外国恐怖分子、"台独分子"故意制造谣言恐慌，搅乱了受教育者的思想观念，动摇了受教育者本身所固有的良好思想根基，使其自身好的思想观念摇摆不定，对一些富有深刻内涵的思想理论观点置之不问。尽管国家出台一系列政策鼓励社会积极向上，鼓励受教育者善良上进、见义勇为、拾金不昧、诚实守信，但是仍然有人为了追求最大化的利益、为了满足自身的虚荣心以及对财富的无限追求，制假造假，传销敛财，骗取政府钱财等。

(二) 市场化一定程度上加剧思想政治教育内部的矛盾

社会存在决定社会意识，市场化在快速发展的同时，使得社会利益格局发生急剧变化，促进了人们思想的变革，加深了思想政治教育效能提升内部的利益分化。

伴随着市场化的发展，加深了社会的物欲横流，伦理道德出现沉沦和滑坡，竞争激烈，并进一步催发和加深了人们之间的价值观冲突，使有的人成为片面、畸形发展的人，造成了人们的世俗化和功利化倾向，存在不同程度的追求拜金主义与极端利己主义，思想政治教育内部师生关系、领导与下属关系矛盾纠纷激增。因为某种利益得失，矛盾双方心理不平衡，失落、愤怒、焦虑、忧伤反反复复笼罩在心里，产生对社会的不满，产生"见不得别人好"心理，个别人对矛盾的客观事实进行扭曲，加深彼此之间的误解。这些问题的存在使人们对思政教育的观点与做法产生怀疑和不满，一方面使思政教育的支持度受到弱化，另一方面也让一些虚假错误观点得以传播，使得思政教育内部矛盾加剧。因此，思想政治教育效能提升面临着重要课题，即如何使思想政治教育的内部矛盾最大限度地得以解决，凝聚教育共识与认同；如何有效地将思想政治教育的理论观点内化为受教育者对思想政治教育的认同支持，使受教育者受益，进而增强思想政治教育的凝聚力。

（三）市场化一定程度上弱化思想政治教育效能提升的效果

市场化的发展一方面为思想政治教育创新发展锦上添花，推动其效能进一步得到提升，但是市场化的发展也在一定层面上使其本身的效能难以发挥，弱化自身效能，降低自身效果。

第一，市场化一定程度上使得人的发展受到阻碍。市场经济的发展一方面调动人们的积极性与创造性以获得物质生活的满足，另一方面也存在个别人利欲熏心、利益至上，为达利益最大化目的而不择手段的问题，使得人成为金钱至上、片面发展的人。第二，市场化一定程度上使得社会难以和谐进步。市场化的极速推进，一方面积极有效增强了人们的主体性，另一方面在社会监管手段不够健全的情况下，使人们不顾道德伦理，弄虚作假、贪赃枉法，使得社会冲突加剧。第三，市场化的发展一定程度上使得国家难以有效凝聚力量。市场经济的发展使利益冲突增加，部分人按照自己的经营理念行事，对所在组织缺乏归属感并与组织逐渐疏远。因此，不良社会现象、不良价值观念得到传播，一方面在经济领域出现消极因素，另一方面在价值观领域出现消极因素，人们情感淡化、功利化，为了眼前和局部利益牺牲了长远和整体利益，偏离道德准则，并伴随着市场经济秩序不稳给整个社会带来巨大的伤害，使国家利益受到损失，使国家凝聚力的存在条件出现动摇，阻碍着国家凝聚力的提升。

四、文化多元化使思想政治教育效能提升受到干扰

"文化是民族的血脉，是人民的精神家园。"[1]文化是一个国家与民族赖以存在的根脉，是一个国家发展进而走向辉煌的源泉，影响着国家每一个成员的思想观念与生活习惯。网络化、全球化、市场化的发展促进着文化发展，文化多元化的发展趋势不可阻挡。面对文化多元化的不断发展，社会各个领

---

[1] 中共中央文献研究室编：《十七大以来重要文献选编》（下），中央文献出版社2013年版，第558页。

域以及人们的思想也受到了前所未有的影响，一些受教育者不同程度地出现意志不坚定、价值取向扭曲等问题，文化多元化使思想政治教育效能提升受到干扰。

(一) 文化多元化一定程度上给受教育者带来负效应

文化多元化一定程度上使我国的主流文化受到干扰，使社会主义核心价值观深受影响，使思政教育的主旋律受到冲击，使思政教育主阵地受到干扰，也削弱了受教育者对中华文化的认同感，使许多教育对象的价值取向、理想信念等发生了重大变化，出现了不同程度的价值取向扭曲问题。

第一，文化多元化影响着受教育者的文化价值取向。文化多元化的发展，给西方国家带来传播西方意识形态的便利，使得一些西方资产阶级文化大量涌入并渗透到中国，影响着人们的道德行为与民族精神，使人们的价值取向发生变化。可以说，文化多元化影响着教育对象的文化价值取向，这些无形中都给思想政治教育效能提升带来挑战。第二，文化多元化影响着受教育者的理想信念。教育对象有了坚定的理想信念，就能在多元文化的影响下对党和国家忠诚。当前，文化多元化背景下，教育对象的思想认识越来越难以把握，一些人甚至丧失了理想信念与政治信仰。

(二) 文化多元化一定程度上给思想政治教育内容带来高要求

在文化多元化发展背景下，思政教育内容面临着前所未有的挑战。长期以来，我国思政教育内容一定程度上没有根据多元化发展的变化进行调整。比如，经常一味要求受教育者大公无私，却忽视了他们的自身正当利益，甚至在心理健康、诚信方面有所缺失，这些都影响着思政教育功能的发挥，影响着思政教育效能提升。多元文化背景下，思政教育效能提升过程中，第一，如何根据多元文化发展，剔除一些陈腐、过时的思政教育内容，如何充实更新一些本就存在的思政教育内容，比如，进一步充实爱国主义教育内容。第二，如何根据需要补充一些新的思政教育内容，如反映关于危机意识等方面思政教育内容，等等。这些都表现出文化多元化一定程度上对于思政教育内容的挑战。

(三) 文化多元化一定程度上给思想政治教育主导性带来阻碍

文化多元化趋势的不断发展，给思想政治教育主导性带来许多问题与挑战。[1]伴随着文化多元化的快速发展、资本主义意识形态的涌入、宗教主义的蔓延以及恐怖主义的威胁等，思想政治教育的主导性受到挑战，影响着思想政治教育效能提升的方向。

意识形态阵地，不被社会主义占领，就会被资本主义占领。在文化多元化发展态势下，第一，西方资本主义意识形态与我国争夺意识形态主导权，这使得人们的思想意识受到挑战，使得我国的主流意识形态深受影响。思想政治教育效能提升目前面临着极大的挑战，尤其是当前部分教育对象在多元文化的无形影响下，出现对思想政治教育的抵制情绪，使得思想政治教育的基本功能与价值得不到有效的发挥。第二，有效管控我国意识形态难度比较大。意识形态的传播形式，总是匿影藏形，没有时间与空间的限制规定，这就给思想政治教育带来无形的挑战。如何破解悄无声息的阻碍，并进行意识形态反渗透斗争，最大化地发挥自身的功能与价值，获得思想政治教育效益，需要我们引以重视。由此可以看出，思想政治教育效能提升既困难又重要。

第三节　思想政治教育效能提升存在的问题

目前，我国思想政治教育效能提升取得了一定的成绩，具有一定的成效。但面对国内外环境的发展变化，思想政治教育效能提升过程中也遇到了一定的挑战，存在着一些问题。思想政治教育效率、效益和效果是思想政治教育效能的综合体现，因此从思想政治教育效率、效益、效果方面来分析思想政治教育效能提升目前存在的问题。在思想政治教育效率方面，主要存在教育开展的及时性仍显不足，教育资源利用不够充分等问题；在思想政治教育效益方面，主要存在教育的个体成长效益薄弱，教育的社会效益不够强等问题；在思想政治教育效果方面，主要存在受教育者的思想自觉水平有所欠缺，受教育者的外在行为表现仍显不足等问题。

一、思想政治教育开展的及时性仍显不足

"低质量、低效率的教学一定不是高效能的教学。"[2]因此，效率存在一

---

[1] 参见石书臣：《现代思想政治教育主导性研究》，学林出版社2004年版，第2页。

[2] 喻聪舟、温恒福：《以高效能为抓手促进"教"与"学"的有机融合》，载《当代教育论坛》2020年第4期。

定的问题,阻碍着高效能的产生和效能提升。效率在其他领域中主要以追求速度来衡量,但是思想政治教育从事的是对人的主观世界进行改造的特殊实践活动,具有长期性,故而不能单纯用完成工作量的速度来衡量。效率本原意思中还有对资源利用程度的意思,对于思想政治教育,古今中外的统治阶级都注重对资源的投入,中国共产党亦是如此。因而在融合效率本原意义的基础上,有必要从对资源的使用程度来对教育效率进行考察。当前,存在思想政治教育效率不够高的问题。

思想政治教育注重循序渐进,但也强调开展的及时性,其积极效果的呈现,注重遵循人们思想品德形成和发展的规律,但在这个过程中如果没有及时完成适当的工作并展现其助推作用,就会带来现实可见的消极影响。当前,思想政治教育开展的及时性仍显不足,主要表现在如下几个方面:

(一) 发现思想政治教育问题不够及时

在制定思想政治教育方案的过程中,对教育对象以及客观现实的信息分析是非常关键的。"早发现"对思想政治教育效率大有帮助。教育对象身处在不断发展变化的大环境中,其内在心理状态与外在行为也会跟着发生变化。当教育对象的情绪情感以及外在行为发生变化时,及时对其存在的问题进行观察分析、积极引导与有效控制,能够避免不良事件发生。假如没有对教育对象的变化及时发现,后期再对其予以心理教育引导,则思政教育效率不高,思政教育效能不高。

目前,发现思想政治教育问题不够及时。面对新媒体时代的社会舆论环境,面对人们对网络热点话题的及时关注,有的教育对象会被不良网络信息干扰与困扰,其自身又难以有效解决问题。如果教育者没有及时发现这类舆情信息变化,没有及时发现教育对象的心理特征变化以及所处环境变化,往往会使一些教育对象朝着错误的方向做出错误的应激行为。在日常生活中,一些不断发酵的网络谣言与事件对受教育者造成了影响,这说明教育者实时预防和监控社会环境变化至关重要。因为"未雨绸缪"的效果要远远好于"亡羊补牢"的弊病。

(二) 开展思想政治教育活动不够及时

教育活动不讲究开展速度多快,但却注重"趁热打铁"。在充分了解整体基本情况后,就要针对受教育者的变化特征进行教育准备工作并实施思想政治教育，有效引导受教育者及时进步，对受教育者的思想认知水平及时进行升华，对受教育者的心理问题及时进行疏导。否则，也就丧失了思想政治教育的最佳时机，即使再进行积极介入并做出补救措施，也往往处于不利情境。

当前，开展思想政治教育活动不够及时。当前在思政教育具体工作过程中存在一些没有心理预期的安全事件，部分教育者没有及时对受教育者出现的心理问题进行治疗，没有及时进行外界援助与开导，最终酿成一系列难以估量的不和谐事件。当然，有的尽管及时实施思想政治教育活动，但是有时候过早开展，对于真正有效解决受教育者问题并不是最佳时机，也没有处于能够进行引导与疏导的积极形势，这时候就应尽可能避免过早介入，等候最佳时机。

（三）强化思想政治教育实效不够及时

思政教育的实施不是一蹴而就的，不能指望一次思政教育就能达到解决问题的目的。在思政教育活动进行后，需对思政教育效果进行评价与总结分析，并为下次思政教育活动的实施予以经验指引。此外，要想产生更好的教育实效性，需要进行及时再教育，以巩固和强化思政教育实效。

当前，思政教育表现出低效率并不能达到持续性运行，思政教育效能不够高，除了发现思政教育问题不够及时，开展思政教育活动不够及时，一定程度上也缺乏及时的再教育以强化思政教育实效。在具体的思政教育实践活动中，部分教育者经常为了完成教育任务而进行教育，经常走过场、耍花腔，不注重后期对受教育者的持续性教育与再教育。这种教育活动缺乏对受教育者发展变化的及时关注，缺乏及时总结经验教训对教育活动做出新的安排，这就难以产生高效率。此外，思政教育过程中存在错综复杂的程序时，一方面造成教育者的精力浪费、影响思政教育内容的精准传递，另一方面对教育者进行正确决策起到消极影响。比如，教育者面对较多的思政教育政策，面对不同的上级部门和指标考察，很难把全部精力放在关注受教育者成长发展上，这就造成了思政教育效率不高、思政教育效能不高的后果。

二、思想政治教育资源利用不够充分

思想政治教育活动的顺利开展利用了投入的各种资源，使其发挥了重要的功能。当前在思想政治教育过程中，投入的教育资源日益增多，各种不同主题的教育活动开展得热火朝天,但也存在过于形式化的问题,浪费了大量的人力、物力与财力,思想政治教育效率不够高,与投入不成正比。可以说思想政治教育效率不够高,一定程度上存在投入很多资源并没有充分得到利用的问题。

(一)思想政治教育资源的利用观念不够强

当前,思想政治教育资源的利用观念不够强以及对其利用存在着不正确的认识,影响着其有效利用。发挥思政教育资源的最大功效,对其进行优化,前提是对其利用观念予以转变。当前,一定程度上思政教育资源利用观念有偏差,一方面注重思政教育资源的过多投入,轻视思政教育资源的产出效果;一方面注重思政教育资源的硬性配置,轻视思政教育资源的显性配置,思政教育资源利用效率不高,思政教育资源浪费较严重。比如,在一些思政教育实践活动中,注重外在场面的高大上,轻视实践活动的最初宗旨;注重完成教育活动的流程计划,轻视教育活动的实际效果;注重教育活动的程序开展,轻视教育活动的总结反思等。

此外,还存在轻视受教育者真正感兴趣的活动,存在忽视受教育者接受教育需求、进行单方面教育灌输的现象。并且在当前具体的思政教育实践中,忽视了与教育硬件更新相适应的软件优化,忽视了对思政教育效果的审视。

(二)思想政治教育资源的全类型利用程度不够高

思想政治教育资源类型可以根据不同的标准来划分,从而形成种类不一的资源类型。因此,需要对思想政治教育资源类型做出厘清,才能够使它在具体的思想政治教育过程中有效发挥作用。在思想政治教育过程中,并非所有的活动都能够将多种资源利用好,但从宏观层面来看,全类型的思政教育资源一定会在当前所有的思政教育活动中用到。当前,思想政治教育资源的全类型利用不够高,一定程度上存在不能够在开展不同形式的活动、面对不同的受教育者、进行不同级别的会议、遇到不同的受教育者人数、处理不同的教育矛盾、运用不同的教育方法等方面运用不同类型的教育资源,导致每一种思想政治教育资源还未能够将其作用全部发挥出来,最终在真正利用好全类型的思想政治教育资源方面有所欠缺。

（三）思想政治教育资源的全过程利用程度不够高

在思政教育效能提升过程中，思政教育实践活动运行情况十分重要，这里面涉及思政教育资源的利用问题，假如在有的阶段与场合利用思政教育资源充分，则这一阶段的思政教育效率高、效能高；假如在有的阶段与场合利用思政教育资源不充分、没有合理谋划安排，则这一阶段的思政教育效率低、效能不高。当前，思想政治教育资源的全过程利用程度不够高。思想政治教育一定程度上存在在不同时间段、不同场合利用思想政治教育资源缺乏整体谋划与阶段安排问题，存在思想政治教育资源利用缺乏实时动态调整问题，存在思想政治教育资源利用失去平衡以及浪费问题，出现了投入资源与收到的效果不对等的局面。这就需要在教育开展过程中对思想政治教育资源利用进行灵活的全过程谋划、阶段性调整。

（四）思想政治教育资源的全途径利用程度不够高

思想政治教育效能提升需要根据现有的教育资源情况运用不同的途径、方法等将其充分利用起来，促进在有限的教育资源使用范围内产生最大化的教育效果。目前，一定程度上思想政治教育资源的全途径利用程度不够高。例如在思想政治教育过程中运用传统文化这一教育资源的时候，运用在不同教育途径和场合就可以产生不同效果。但往往通过一些传统的知识讲座、教育培训等途径运用时，总是没有取得满意的影响力。这一定程度上缺少网络宣传，使得思想政治教育的优势没有能够发挥出来。另外在思想政治教育资源的利用途径方面，一般只是单一的利用途径，而忽略了可以通过运用多种途径的协同作用，在确保目标一致而运用不同途径的前提下，未能综合运用，使得传统思想政治教育资源在单一途径利用中而遗留下来的缺点未能得到有效的弥补。所以，结合当前的实际情况，存在对于各种途径下的思想政治教育资源利用程度不够的情况。需要注意的是，目前人们从事的教育工作，主要是做人的思想工作，但是总体上对思想政治教育开展及时性与资源利用充分性进行平衡的力度还不够。这就要求既要尊重思想政治教育的客观规律，又要发挥教育者的主观能动性，要保持两者之间的良好平衡性，在及时开展教育工作的同时也要充分利用好思想政治教育资源，使得它们两者也保持着良好的平衡性，从而提升思想政治教育效能。

三、思想政治教育的个体成长效益薄弱

效益是构成效能的重要因素和有机部分。[1]目前，思想政治教育存在着效能不够高、效能没有得到很好的提升等问题，在思想政治教育的个体成长效益和社会效益上存在一定的不足之处。

思想政治教育的效益直接体现在作为个体形态的思想政治教育对象上。当前思想政治教育活动在人文关怀方面有所欠缺，主要表现为进行思想政治教育活动时未能够及时使个体需要得到满足，在评估思想政治教育活动时对个体效益的满足不够重视，不够注重受教育者个体在思想政治教育活动中的收益效果，使得受教育者在思想政治教育中的个体成长效益薄弱。

（一）对受教育者的生存需要效益满足比较薄弱

在人的发展历程中，生存永远是第一需求。有人对于思想政治教育能够满足人生存需要的效益的观点持不认同的态度，这是把生存效益的意思狭隘理解了。需要注意的是思想政治教育并不是给予受教育者一定的金钱、生存生活必需品，也不是把高超的技能传授给受教育者。思想政治教育致力于通过对受教育者的观念塑造与价值引领，使得受教育者对人的生命存在与发展有着客观的认识，正视自己、珍爱生命，遇到挫折与困难能够拿得起、放得下，完成生命赋予我们自身的任务与实现生命存在的价值，这就达到了受教育者的生存需要效益。但是，目前对受教育者的生存需要效益满足比较薄弱，思想政治教育引导受教育者珍爱生命，树立正确的生命观还有一定不足。

（二）对受教育者的享受需要效益满足比较薄弱

思想政治教育效能提升致力于在对受教育者的生存需要效益满足的基础上，进一步对受教育者的享受需要效益予以满足。从古至今，人们在自身得以更好生存生活后，在得到物质上的满足后，便想更好地享受生命与生活的美好。不仅仅停留在物质上的享受，更要追求灵魂深处精神上的享受与满足。思想政治教育效能提升满足个体享受需要，一方面有效引导人们正确享受观的形成，追求内在精神境界的高配置享受；另一方面思想政治教育通过自身

---

[1] 参见孙绵涛、李莎：《是"绩效"还是"效能"——中国"双一流"建设评价标准的价值取向研究》，载《现代教育管理》2020年第10期。

的积极开展以及活动的有效性,使得其自身能够满足受教育者内在的精神追求。但是,目前思想政治教育对受教育者的享受需要效益满足比较薄弱,受教育者对更好爱祖国、爱民族、爱传统文化的先进事迹与科学理论满足感不够高。

(三) 对受教育者的发展需要效益满足比较薄弱

思想政治教育效能提升致力于在对受教育者的生存需要效益与享受需要效益满足的基础上,进一步对受教育者的发展需要效益予以满足。但是,目前思想政治教育一定程度上存在着只注重社会发展效益、注重国家发展,忽视了一些受教育者的发展效益的问题。在思想政治教育过程中,占用篇幅之长、花费时间之久等,强调受教育者如何为国家发展和社会发展不懈努力,但在兼顾受教育者自身发展利益方面有点欠缺,造成受教育者认为只要自己没有违法的言论和行为,思想政治教育就"管不着"。与受教育者切身发展利益无关的事难以激起受教育者内心的涟漪,思想政治教育难以与受教育者内心产生共鸣,受教育者的主动性则会大大减弱。因此,固然要讲授并重点讲授这些内容,但是受教育者自身的发展需求也要满足,也要兼顾受教育者的个体发展利益,花费时间与精力为他们的生活、学习、发展排忧解疑。

四、思想政治教育的社会效益不够强

当前,思想政治教育效能提升存在的问题之一是社会效益不够强,主要表现在思想政治教育的经济效益不够强、政治效益不够强、文化效益不够强、生态效益不够强等方面。

(一) 思想政治教育的经济效益不够强

马克思认为:"为了进行生产,人们相互之间便发生一定的联系和关系。"[1] 而人与人之间和谐关系的维系一方面可以通过法律等强制手段,或者政治仕途的牵绊,另一方面可以通过思想政治教育的协调与引导,从而对受教育者的价值观、利益观进行有效升华,正确看待长远利益与眼前利益,具有战略思维,能够从全局考虑,从而能够为经济发展创造和谐的社会关系,进而推

---

[1] 中共中央马克思恩格斯列宁斯大林著作编译局编译:《马克思恩格斯选集》(第一卷),人民出版社2012年版,第340页。

动社会经济发展。

中国在经历了改革开放后,在社会经济发展的同时,人们生活节奏也日益加快,导致容易出现心理及情绪方面的问题,尤其是在竞争激烈的时候,所要承受的压力就比以往都要大很多。假如不及时对人们进行思想政治教育引导,其影响不仅在于人们自身的健康发展方面,也给社会的稳定带来不确定的因素。但是思想政治教育在心理调适方面,促进包括经济活动等各种活动能够顺利进行等方面的作用有待加强,思想政治教育在运用各种方法对人们心理问题进行调节,解决人们所遇到的思想困惑,确保人们的心理健康,为经济建设提供一个良好的心理环境等方面的作用还不够强。

(二) 思想政治教育的政治效益不够强

政治效益是指通过思想政治教育使受教育者维护统治阶级统治地位、促进统治阶级发展,从而产生维护统治阶级统治合法性的效益。人类社会发展历史上,政治效益是作为思想政治教育的核心效益而表现出来的,而其他的社会效益都是为其服务的,也就是为了维护统治阶级的合法性和利益而服务的。

当前思想政治教育的政治效益不够强。思想政治教育效能提升致力于通过一系列教育活动的开展,有效凝聚人们共识,促进人们对政治统治的认同与沟通,促进国家政治局面稳定的形成。但是当前思想政治教育实践活动的开展一定程度上存在搞形式主义问题,对当前的社会矛盾和可能存在的隐患没有及时解决,这就未能真正了解群众的呼声,在收集民意、反馈民情方面的作用没有发挥好,这是思想政治教育实践应该要避免出现的。

(三) 思想政治教育的文化效益不够强

思想政治教育对文化发展起着一定的积极作用,产生一定的文化效益。此外,思想政治教育与社会主义核心价值观具有内在关联性,社会主义核心价值观既是思想政治教育的指导原则,又是思想政治教育的核心内容,同时,思想政治教育又是弘扬与传播社会主义核心价值观的主渠道。[1]

从社会主义核心价值观的内容可以知道,它是集结了古今中外优秀的文

---

[1] 参见路强:《思想政治教育论域下的社会主义核心价值观》,载《东北师大学报(哲学社会科学版)》2015年第1期。

化而形成的，对社会主义核心价值观的培育，不仅是作为提升国家文化软实力的内在要求，还充分彰显了作为思想政治教育文化属性的必然选择。但是，当前思政教育的文化效益不够强，思政教育在推进社会主义核心价值观建设、推动其真正使得民众能够内化于心与外化于行方面做得还不够，在进一步推进其进教材、进课堂和进头脑方面做得还不够。

（四）思想政治教育生态效益不够强

思想政治教育不仅具备巩固阶级统治的政治功能，促进经济发展的经济功能，增强文化软实力的文化功能，随着时代的发展，还被赋予了推动生态文明发展的功能。思想政治教育生态效益强调的是其能够引导受教育者正确处理人与自然以及经济发展与生态环境的关系，既要促进经济发展，也要维护好自然环境的效益。

目前，我国思想政治教育生态效益不够强，教育者对于生态文明观教育做得还不够，教育者积极引导受教育者生态价值观念做得还不够，教育者引导受教育者增强环保意识做得还不够，既注重自身生态环保行为、又监督他人生态环保行为的机制还不健全，并存在思想政治教育中的生态教育方式灵活性不足等问题，这对于引导人们重视和应对当前严峻的生态危机是有不良影响的。

五、受教育者的思想自觉水平有所欠缺

思想政治教育效能可以认为是思想政治教育取得较大效果的能力。目前，思想政治教育作为一种以一定的思想观念、政治观点、道德规范为主要内容的价值观和意识形态的活动，取得了一定的效果，受教育者心系国家、关心政治，对社会主义核心价值观也比较认同。[1]但是部分受教育者仍然存在对马克思主义、共产主义等认同不足，在道德修养方面存在知与行"两张皮"现象，价值取向个人主义、功利化现象突出等问题。可以说，受教育者一定程度上对思想政治教育内容内化于心与外化于行，实现思想自觉与行为自觉的程度还有所欠缺，教育效果不够好。

---

〔1〕 参见冯刚、白永生：《中国共产党思想政治教育百年发展的经验与启示》，载《人民教育》2021年第11期。

思想政治教育致力于实现受教育者的思想自觉与行为自觉。在思想自觉方面，使得受教育者能够认同并运用马克思主义的观点、方法等，具备较高的思想水平、政治觉悟、品德素养，从而使其正确的政治立场难以被外界改变。当前，受教育者的思想自觉水平有所欠缺。

（一）受教育者对思想政治教育的逆反情绪一定程度上存在

受教育者一方面认为思想政治教育总是"老生常谈""缺乏新鲜感"，希望"教育方式活跃些，多组织一些实践活动"，另一方面在现实社会中遇到难题时从思想政治教育中找不到现成的解决问题与矛盾的正确答案，从而对教育提不起兴趣，慢慢就会失去对思想政治教育学习的热情，产生思想上的怀疑与动摇，产生情绪上的反感，甚至有的受教育者对思想政治教育表面上应付接受，内心有诸多不满。可以说，有的受教育者思维具有片面性，喜欢钻牛角尖，这就使得他很容易陷入一个用不成熟、不健康的，甚至是反人类的推理方式来对社会进行思考的状况，如果不能及时地给予教育和疏导，就有可能产生犯罪心理，最终危害他人和社会。

（二）受教育者对马克思主义、共产主义等认同不够高

目前，仍有少数受教育者对"坚持马克思主义在意识形态领域指导地位，不能搞指导思想多元化"观点，持"说不清"或"不赞同"态度。[1]仍有一部分受教育者认为共产主义社会是空想的，不能实现；对"我们应该继续坚持马克思主义的指导思想吗"，仍然有部分受教育者认为"不应该，思想就应该自由化、多元化"；在关于"从本质上看，社会主义民主是比资本主义民主更具有优越性的新型民主"的观点上，部分受教育者并没有心悦诚服地接受这一事实。因此，受教育者的思想自觉水平还有所欠缺。

六、受教育者的外在行为表现仍有不足

思想政治教育效能提升致力于通过科学的思想理论引领科学的实践行动，使受教育者的思想自觉外化为行为自觉，达到知行合一。但当前受教育者并没有能够很好地将自身内化而形成的思想观念和理想信念直接转化为自己的

---

[1] 参见中共北京市委教育工作委员会：《2017年首都大学生思想政治状况滚动调查报告》，载《北京教育（德育）》2017年第5期。

行为。因此，在外在行为表现方面仍有不足。

（一）受教育者在道德修养方面一定程度上存在知与行"两张皮"现象

目前，有的受教育者主观上赞同"诚信是做人之本"的非常多，但在现实中"考试作弊、抄袭剽窃"屡见不鲜；有的受教育者平时巧舌如簧地宣称要多以集体主义为重，可是在现实生活中又摆出一副旁观者的姿态，"事不关己，高高挂起"；有的受教育者看似是积极向上者，可实际生活中过度关注社会中阴暗腐败的一面，愤世嫉俗，对国家大事缺乏足够的兴趣，缺乏理想抱负。可见，当代受教育者对于国家的主流意识形态的态度存在一些问题，有的受教育者并没有坚定的共产主义理想信念，甚至有些受教育者对于马克思主义作为指导思想进行否定，从根本上讲就是否定了思想政治教育的核心内容，这对于思想政治教育的伤害是比较大的。

（二）受教育者的个人主义、功利化现象一定程度上存在

总体上来看，当前受教育者对社会主义核心价值观的认知状况较好，他们也愿意积极践行社会主义核心价值观。但是，也有一部分受教育者在现实生活中将满足个人利益和实现自我价值放在首位，他们更多是从个人本位的角度对社会上的人和事进行评价，看中的是能不能符合自我需求和发展的需要，在他们眼里只有个人价值，对于集体意识和社会责任感是视而不见的。这种价值取向，一方面突显了受教育者非常有个性，但也会容易产生非常极端的个人主义和利己主义的人生观和价值观，导致了人们的短视行为，诱发了个人主义的恶性膨胀，价值理想缺失，理想信念"钙不足"。尽管我们倡导要满足受教育者的个体需求和实现个人价值，但这必须是受教育者合理的需求和正确的价值选择，比如满足让受教育者能够熟知社会政治规范、道德规范；能够了解和掌握社会运作规则；提高社会交往的能力；充满爱国主义情感、社会责任感、职业道德感等，可以让他们进一步与国家和社会集体相融合；满足他们对当今社会方面所需要的认知判断和抉择能力，从而能够进行自我教育、自我管理、自我控制的活动。对于有的受教育者存在的当前社会所不能容忍的利己行为、功利化行为、不劳而获的行为等不应当一味纵容，应该给予纠正和扭转。

第四节 思想政治教育效能提升存在问题的原因

思想政治教育效能提升存在问题的原因，主要表现在：思想政治教育尚未形成育人合力，内容体系不够完善，方法守正创新不够，环境缺乏系统优化，制度功能不够到位。

一、思想政治教育尚未形成育人合力

前面分析了思想政治教育效能提升存在的问题，那么其中原因之一是思想政治教育尚未形成育人合力，主要是思想政治教育队伍尚未形成育人合力，学校、家庭和社会尚未形成育人合力，思想政治教育各阶段尚未形成育人合力，思想政治教育方法之间尚未形成育人合力。

（一）思想政治教育队伍尚未形成育人合力

思政教育效能提升是一个需要思政教育队伍相互配合的过程，需要各类人员能够处理好彼此之间的关系，能够同向发力、携手而行，共同促进思政教育的深入发展。但是，思政教育效率、效益与效果不佳，有思政教育队伍尚未形成育人合力的原因。比如在高校，思想政治理论课教师与辅导员尚未形成育人合力。第一，思想政治理论课教师与辅导员各自有要完成的任务，思政教育理念和方式方法不一样。思想政治理论课教师有教学任务，除此之外还有科研任务，他们大多在乎受教育者对自己的教学评价高不高，评分高不高，科研职称能不能得到进一步提升。辅导员则每天需要行政坐班，他们既要处理好学生的事情，又要做好行政工作，应付处理不完的表格、会议，他们大多在乎学生惹不惹事情、身心安全不安全、工作任务能不能早点完成等。第二，高校中的思想政治理论课教师在选聘入职时的要求大多是对专业知识和教学能力的要求，但是辅导员却来自各个专业，并且有的马克思主义理论功底和政治素养又不深厚，入职后忙于工作来不及给自己"充电"。因此，思想政治理论课教师对学生了解的程度不够，掌握学生的兴趣爱好和有效接受方式的程度不够，致使思想政治理论课吸引力不够，实效性不够高；辅导员思想政治理论功底不够强，难以达到更深层次的教育。思想政治理论课教师与辅导员合力不够强，导致一定程度上思想政治教育理论与实践相脱

离，甚至队伍之间的意见不一，思想政治教育效果难免互相抵消。可以说，思想政治教育队伍尚未形成育人合力。

(二) 学校、家庭和社会尚未形成育人合力

当前，学校、家庭、社会的合力没有完全形成，全党全社会关心支持思政教育的氛围不够浓厚。[1]习近平提出思想政治教育工作是学校最核心的工作，一定要贯穿到教育教学全过程，努力"实现全程育人、全方位育人"[2]的要求，这是针对当前思想政治教育出现的问题提供的解决方案。从另一方面来说，则是说明当前学校、家庭和社会尚未形成育人合力，制约着思想政治教育效能的进一步提升。当前，思想政治教育需要发挥学校教育的核心作用，与家庭教育和社会教育形成相互支撑并有机协调的统一体。而目前这三者之间以及两两之间都还明显存在缺位、错位以及脱节等突出问题。

第一，学校与家庭教育缺乏深入合作。当前，一定程度上出现学校简单地认为其只负责教育管理好受教育者，而受教育者的家长则认为家庭只负责缴纳与学习相关的费用即可等问题，二者之间缺乏积极有效的深入沟通与协同育人理念。此外，二者在沟通交流以及合力育人上还存在平台不完善、机制不健全等问题，严重制约了育人的水平和质量。第二，学校与社会教育缺乏合作机制。智能时代，瞬息万变，而部分学校在思想政治教育教学上，明显存在跟不上社会时代的最新要求，出现一定的脱节现象。同时，长期以来部分学校在思想政治教育上存在明显的重理论轻实践的问题等，培养出的部分受教育者难以很好地适应社会发展。一定程度上学校与社会教育缺乏合作机制，缺少社会对学校思想政治教育的评价反馈和改进机制等。第三，学校、家庭、社会教育联动的合力机制尚未完全形成。与受教育者生存与发展紧密联系、不可分割的就是学校、家庭、社会。但是目前，学校、家庭、社会有机协调还欠火候，学校、家庭、社会联动的合力机制缺乏整体上进一步构建。

(三) 思想政治教育各阶段尚未形成育人合力

思想政治教育效能的发挥与进一步提升致力于促进受教育者的更好发展，

---

[1] 参见《中办国办印发〈意见〉深化新时代学校思想政治理论课改革创新》，载《人民日报》2019年8月15日，第1版。

[2]《习近平谈治国理政》(第二卷)，外文出版社2017年版，第376页。

这脱离不了遵循受教育者的发展规律，与受教育者发展的连续性和非连续性相统一的特征相一致，注重全程各阶段的教育也就是进行既完整又具有层次，又进行动态的教育，从而使得各阶段教育螺旋上升、循序渐进，整体促进受教育者的发展。但是目前思政教育效能不高，思政教育效果欠佳，思政教育各阶段尚未形成育人合力。

第一，思想政治教育需要经过多个阶段才能完成，目前对各阶段进行专门统一协调的机构未能完善。目前思想政治教育很多方面受限于现有的教育管理体制和机制，而且主管部门不是同一个层级部门，各阶段的思想政治教育出现各自为战的局面，各阶段的合力不强。第二，目前，各地区、各省市的思想政治教育，在各阶段使用的思想政治教育内容、方法等不尽相同，这在一定程度上给整体促进思想政治教育发展造成一定的困难。第三，目前各阶段的思想政治教育，在时间与空间的科学规划上不足，也就是说在形成时间上是递进的、空间上是并存的，时间与空间上的结合不强。按照受教育者成长和接受规律，由易到难、由故事到理论、循序渐进、螺旋上升的教育教学规划不够完善。第四，受教育者的成长成才具有阶段性、反弹性，思想政治教育的长远规划、长远发展与短期目标含混不清，各阶段衔接不够。各阶段教育内容的多样性与受教育者的阶段性之间存在矛盾，教育的内容与受教育者需求认知不相匹配，受教育者对思想政治教育产生厌倦感和消极心态等方面的问题未能解决。比如，创新推进新时代爱国主义教育，提升新时代爱国主义教育针对性和有效性，切实推动受教育者形成爱国主义的强烈意识和自觉行动，始终坚持爱党爱国爱社会主义的底线，必要时不惜牺牲自己，但是这些重要任务不是哪一个阶段单独可以完成的，不能违背阶段性与连续性相统一的规律，需要幼儿园、小学、中学、大学等各阶段的连续性的教育相统一，从而使受教育者对爱国主义教育具有强烈的获得感和积极热爱并践行。第五，受到历史因素和现实状况的影响，思想政治教育的基础性知识和深层次理论间的关系还未被真正理顺，这在一些受教育者学习政治理论知识时的心态和状态、理论知识水平的层次上或多或少都有体现。如何通过良性沟通和互动使各个阶段的思想政治教育在理论与实践层面形成密切联系，这是未来值得深层次思考的方向。

（四）思想政治教育方法之间尚未形成育人合力

随着受教育者的思想观念和获取信息方式的转变，思想政治教育方法也应有所强化，但方法之间目前尚未形成育人合力。

第一，现有思想政治教育具体方法尚未建立有效联系。部分现有的理论教育方法未能和高度信息化智能化的时代需要有机接轨，家庭、学校和社会现有的具体教育方法尚未建立有效联系。方式方法不有机联系，必然会出现教育中的重复无效甚至"打架"等问题，进而达不到教育的目标。第二，思想政治教育的方法尚未有效整合。在现代思想政治教育上，可以说方式方法有很多，比如理论教育法和实践教育法、显性教育法和隐性教育法等多种多样的方法，但受传统教育方式的历史惯性影响，部分教育者习惯用显性的灌输教育方法，对其他积极有效的思想政治教育方法缺乏补充利用，使得思想政治教育难以形成完善的合力育人方法体系，合力育人的方法难以发挥应有的作用。

二、思想政治教育内容体系不够完善

当今处于多元化、网络化时代，信息内容量大、传递迅速、更新快，这非常符合教育对象的内心需求。教育对象对国内外问题关注的热情高，在衣食住行中都离不开手机网络。国内社会热点，宇航员登上月球，奥运会获取金牌等可以点燃他们心中的爱国热火；国外暴乱、恐怖分子袭击等可以引发教育对象的声讨等。如果思想政治教育内容仍然停留在一般单向的理论或口号式的内容上，把教育对象当作象牙塔里的孩子来看待，就会引发受教育者的逆反心理并最终丧失其对受教育的热情，导致思想政治教育效率、效益和效果不够高。思想政治教育效能提升存在问题的原因之一是内容体系不够完善。思想政治教育部分内容脱节、部分内容忽视受教育者发展、部分内容"倒置"与简单重复的问题一定程度上存在。

（一）思想政治教育部分内容脱节的问题未能解决

从思想政治教育的内容来说，它不是书斋里的哲学，它需要是理论指引和社会实践有机统一的，对社会现实发展具有很强的指导意义。当前思想政治教育部分内容存在陈旧脱节的现象，缺乏足够的说服力，存在"比较系统，但部分内容需要更新"，"总体上不能满足需要，要系统调整"等问题。

第一，思想政治教育内容与时代发展相脱节的问题未能进一步解决。随着社会的不断发展进步，思想政治教育内容也得到了一定的发展，部分教育内容得以整合优化、完善提高。但是部分教育内容滞后于快速发展的中国特色社会主义新时代，部分教育内容呆板、枯燥、乏味，缺乏感染力，甚至陷入原教旨、本本主义。第二，思想政治教育内容与现实问题相脱的问题节未能进一步解决。思想政治教育内容只有深入受教育者现实问题，才能彰显内容的理论魅力，从而产生影响受教育者思想与行为的巨大能量。目前，部分思想政治教育内容与受教育者现实中存在的问题的紧密贴合度不够强，对受教育者解决现实问题引领不够强，未服务于受教育者的实际生活而是处于空中楼阁。

（二）思想政治教育部分内容忽视受教育者发展的问题未能改变

马克思指出，"我们的出发点是从事实际活动的人"。[1]思想政治教育效能提升也是服务于人这一主体的。过去，由于主客观因素的制约，我国思想政治教育部分内容一定程度上对受教育者关注不够。随着时代的发展进步，伴随着各方面思想政治教育改革的逐步实施，我国现行思想政治教育也在一定程度上改变了传统内容的弊端。但与此同时，我们也不得不承认的是，现行思想政治教育部分内容仍然存在忽视受教育者发展的问题，而这也成了思想政治教育实施不理想，其效率、效益、效果不佳，其效能不高的一个重要原因。

第一，思想政治教育内容对受教育者真实需要的关注仍显不足。每个人的现实需要具有社会历史性，人的需要是客观的。目前，在思想政治教育过程中坚持一切以受教育者的真实需要为出发点和归宿点来构建内容体系，做到"以人为本"，关注与满足人的现实需要仍显不足。现行的部分的思想政治教育内容体系不顾受教育者的内在需要，并对其出现问题缺少回应或缺位。如新时代大学生作为"网生代"，由于痴迷于网络虚拟世界，有很多人属于"宅男"或"宅女"族。进入大学后，他们本身存在现实社交能力不足或不够，有一定的社交恐惧或困惑。因此，大学生进入大学后，思想政治教育内容设置最重要的就是培养其独立生活和团队交往能力。当前，部分思想政治教育内容体系忽视受教育者需要的问题，已经对我们的思想政治教育产生了极大的不良影响，因而现行教育内容依然需要在切合受教育者客观实际需要

---

[1] 中共中央马克思恩格斯列宁斯大林著作编译局编译：《马克思恩格斯选集》（第一卷），人民出版社 2012 年版，第 152 页。

方面继续深化改革。第二，部分思想政治教育内容对受教育者自身问题的关注不够。通过对思想政治教育内容的梳理我们发现，目前我国部分教育内容体系中，对受教育者所存在的一些现实性品德问题缺乏针对性的指导。如对于受教育者在学校中出现的早恋情感问题，自我中心、盲目攀比、缺乏生活独立性等问题，抑郁心理问题，等等，现有思想政治教育内容体系还需进一步完善。第三，思想政治教育内容体系对受教育者发展需要关注不够。由于各地在社会发展水平、历史文化、民族特点以及社会环境等的差异，不同地区、不同层次受教育者间的差异总是客观存在。因而，这就使得思想政治教育内容与受教育者发展存在一定程度的差异或矛盾，突出表现在差异性和个性化不足等问题。当前部分思想政治教育内容照顾到不同地区、不同层次受教育者思想品德发展的个体差异的限度有待提高。否则，思想政治教育效能提升也无从谈起。

（三）思想政治教育部分内容"倒置"未能解决

有效开展思想政治教育，需尊重教育对象的成长发展规律。教育对象的一生会经历不同的成长阶段，这也就决定了思想政治教育的内容也要与教育对象的成长发展规律相匹配，并使思想政治教育内容随着教育对象的年龄发展、思想层次水平发展渐进加深。然而，当前我们的思想政治教育内容，虽然国家相关部门高度重视，也进行了一系列的改革。2019年教育部等五部门印发《关于加强新时代中小学思想政治理论课教师队伍建设的意见》、2020年中共中央、国务院发布的《关于全面加强新时代大中小学劳动教育的意见》、2021年中共中央、国务院印发《关于新时代加强和改进思想政治工作的意见》等政策中的内容，对于我们如何开展思想政治教育、如何设置教育内容提供了一定的参考、方向指引以及政策要求。但是，我们现行的思想政治教育内容在具体实施时距离政策的要求还有一定距离，思想政治教育部分内容"倒置"未能解决。

（四）思想政治教育部分内容简单重复未能解决

思想政治教育内容本身就应当根据教育教学规律和受教育者的发展要求及其成长规律因时、因势、因事来科学设定，按照各个阶段顺序进行分解排列，从而使得思想政治教育内容体系呈现出相互联系、前后相继的思想政治教育内容系统。但是，目前部分思想政治教育内容简单重复问题依然存在。

思政教育内容的简单重复，浪费了宝贵的思政教育资源，削减了受教育者参与进来的积极性，降低了思政教育效能。

尽管，新时代党和国家高度重视思想政治教育，也出台了一系列政策文件，对思想政治教育进行了发展规划，但目前在思想政治教育部分内容中，简单重复现象还是有所显现。比如，思想政治教育中的教育对象即使处于不同阶段，但是部分教育者都把总的思想政治教育目标当成这个阶段所要完成的教育任务，而不加以具体细化，从而导致教育对象处于不同的阶段但是接受到的内容是没什么区别的。另外，需要注意的是受教育者形成良好的思想品德不可能一时半刻就显现，这是一个长久的循序进行的过程。因而，有必要针对部分思想政治教育内容进行连续性的教育，但连续不等同于简单重复，而是针对同一教学内容，在总体把握的基础上，科学地设定"螺旋上升"式的教学模式，根据受教育者的成长和接受规律，来科学进行有层次的思想政治教育。因此，我们必须明白，我们进行"螺旋上升"式的教育，是在使教育对象打牢基础内容上，从易到难、由简单到复杂的逐步提高的过程，并不是进行单一的、机械的简单重复。否则，思想政治教育内容将没有存在的意义与价值，也无法达成教育的实际效果。目前存在对思想政治教育教育内容简单重复讲解的现象，没有区分深浅，容易造成教育对象认为是"应付""不重视""照课本读"的感觉，使得教育对象认为思想政治教育浪费时间还不如不进行。总而言之，这应该足以引起我们进行深刻的反思。

三、思想政治教育方法守正创新不够

教育方法要因时、因势、因事而不断创新，避免陈旧落后。前文也分析了思想政治教育效能提升存在的问题，那么其中原因之一是思想政治教育方法守正创新不够，主要是思想政治教育方法的综合性不够、个性化不够、隐性化不够、现代化不够。

（一）思想政治教育方法综合性不够

由于革命战争年代条件不允许，思想政治教育的方法比较单一。[1]但是在当今网络化时代，假如我们的思想政治教育方法还是像以前那样，方法过

---

[1] 参见王海平：《军队思想政治教育接受论》，军事科学出版社2002年版，第12页。

于单一陈旧,很多教育形式枯燥,僵化老套,很难受到人们认可接受,难以完成思想政治教育历史使命。当前我国思想政治教育方法的制定与实施有了很大改进,普及多媒体教育、案例教学、心理咨询等方法,教育方法丰富而有效。但是,思想政治教育方法的综合性还不够。需要注意的是,目前思想政治教育方法存在单一性问题,缺乏综合性方法,并不是要求教育方法为了应付上级检查、短期内吸引眼球等,缺乏前期设计规划,缺少内容有机融入,花费大量人力财力,向简单化、功利化、表面化等取向靠拢。而是要考虑采用综合性的方法后,投入与产出是否匹配,是否科学有效。

(二) 思想政治教育方法个性化不够

社会主义市场经济体制的建立、发展和完善,不仅带来了社会发展,也提升了受教育者的主体地位和自主性,受教育者内在思想活动复杂多变也更加凸显出来,同时也诱发了极端个人主义、享乐主义等错误价值观念。总的来说,在现如今的中国,已逐步消除人的标准化、模式化,人的个性化意识、主体性水平不断增强,个体的独特性追求越来越受到尊重和支持,人的创造性、自主性得以快速发展。但也要看到,个性发展的不平衡问题依然存在,消极的个性观和积极的个性观相互运动着。受教育者的价值取向慢慢展现出自主化、多样性等特点。在网络化发展的今天,思想政治教育呈现出"感性化"、"碎片化"和"复杂化"等特点,教育者在尊重受教育者时,根据不同的受教育者采用不同的教育方法,调动受教育者的积极能动性方面还不足,教育方法的个性化不够。

(三) 思想政治教育方法隐性化不够

思想政治教育的方式方法对于提升受教育者素质水平具有重要意义。当前,部分思想政治教育方式方法不适应形势发展,有一部分原因是思想政治教育方法的隐性化手段做得不够好,存在思想政治教育感染力不足甚至走过场现象,受教育者获得感不强。在思想政治教育实施方法体系中,显性与隐性教育方法是相辅相成、相互促进的关系,隐性教育方法依靠显性教育方法得以更好发挥作用,显性教育方法需要隐性教育方法进行辅助,方能效果最佳。但是,当前思想政治教育的方法没有很好地将其目的和内容隐藏在生活、学习、工作、娱乐、文化、管理等空间中,使得其过程有强制灌输的意味,思想政治教育效果不持久,造成受教育者的不积极。

(四) 思想政治教育方法现代化不够

随着生产力的快速发展,物质基础越来越丰富,我国经济发展进入新常态,加之日新月异的现代化科学技术,不断开阔着人们的眼界和拓展着人们的思维意识,对思想政治教育方法的现代化提出了要求。尽管在思想政治教育方法中出现了这样那样的现代化新兴载体,但也要看到,这些先进的现代化技术方法并没有很好地被人们应用到实际的思想政治教育方法中去。比如,目前思想政治教育教学中的多媒体技术,如PPT、音乐、视频等比较新鲜,但制作时比较费时费力的技术,它们在思想政治教育过程中出现的几率比较少,教育者制作的也无法提高受教育者的兴趣,甚至造成了一部分受教育者成为课上的"低头族",觉得手机相比较于听课更有吸引力。不难看出,之所以出现这种现象,很大一部分原因在于部分教育者缺乏对现代化技术手段的实际应用,大都采用传统的"一问一答"式的方法和受教育者进行交流。目前,教育者对现代思想政治教育方法的重要性未能充分认识,必备的教育技能与技巧还没有牢牢掌握,高科技的教育方法还没有有效实施,思想政治教育方法现代化还不够。

四、思想政治教育环境缺乏系统优化

环境虽然好像没有直接参与思想政治教育活动,但对其有促进强化或削弱抵消的效果,因此环境对思想政治教育效能提升具有重要的作用。环境作为思想政治教育的重要组成部分,其核心目标在于提高人的思想道德素质,促进人的全面发展。但是,目前思想政治教育环境没有真正发挥出对受教育者的导向、塑造、强化、基础等作用,其缺乏系统优化。

(一) 思想政治教育经济环境缺乏优化

目前,虽然通过党和国家的高度重视并进行有效管理与谋篇布局,市场机制得以不断完善,市场秩序运行平稳,经济环境不断得以优化,一系列经济伦理体系也正在逐渐形成,但仍然存在"假冒伪劣产品"、"抖音直播"商品质量不过关、饭店采用"地沟油"、"拜金"、"虚荣"、"过分透支信用卡"等现象,影响着公平竞争、互助友爱、向善向美的道德风尚形成,影响着受教育者的平等、诚实、互利互惠、通力合作的道德共识形成。可以说,思想政治教育的经济环境尚未进一步优化，生产力需要不断提高，基本经济制度未能尽快完善和发展，社会主义市场经济新秩序未能进一步规范，城乡一体化体制和社会主义开放型经济新体制未能进一步健全。

（二）思想政治教育政治环境缺乏优化

新中国成立后，人民成为国家的主人，人民的政治观念、国家观念也发生了显著变化。在此基础上，社会主义的信念在人民群众中普遍形成。伴随着这些变化，我国的环境随之发生变化，通过加强思想政治教育，澄清了一部分人关于"人权""自由""民主"的模糊认识，使这部分人认清了西方政治虚伪的本质，看清了西方一些资本主义国家在其军事策略失败后对社会主义国家实行"和平演变"的政治策略。这大大催生了人民群众的爱国主义热情，从原来对西方国家鼓吹的"民主""自由""人权"的向往转为对新生社会主义制度的憧憬。但是，目前仍然出现部分受教育者被西方资产阶级所利用，充当资本主义的间谍，成为被利用的政治武器的问题。可以说，思想政治教育的政治环境和社会主义民主政治制度未能完全健全，社会主义法治有待加强建设，政府机构未能完全推进改革以及反腐倡廉与干部思想道德建设有待加强。

（三）思想政治教育文化环境缺乏优化

文化环境自身有着复杂多变的构成要素，面对各种文化要素涌入斗争的时代背景，良好的思想政治教育文化环境强化受教育者的思想意识，不良的文化环境会弱化受教育者的思想意识。当前，思想政治教育文化环境缺乏优化。现如今的社会，由于不良的文化环境影响，加之多元文化交织，严重淡化了主流意识形态的传播，主要表现为三个主要方面。第一，影响受教育者正确思想观念的形成。一是在不良的思想政治教育文化环境中，受教育者产生了模糊的政治信仰，社会主流意识形态的作用由此被削弱，这导致一部分人价值观念发生动摇，甚至出现扭曲。同时，西方国家利用新媒体大肆传播资本主义民主的价值观念，试图在意识形态领域"分化"中国。受这些因素潜移默化的影响，一部分受教育者的思想观念受到了冲击，出现混乱，没有形成与社会主流意识形态相一致的价值观念。二是受教育者在不良的思想政治教育文化环境中容易形成错误的价值观念。人具有社会性，不可避免地受到社会文化环境的影响，不良的社会文化环境与社会发展规律相悖。在这一环境中传播的价值观念与社会主流意识形态背离,这是不科学的,直接导致受教育者的价值观出现错误。如在不良环境中,出现大肆宣扬享乐、个人主义、拜金和自由主义等思想观念;如一部分受教育者为了有好成绩,不脚踏实地地学习,而是选择求神拜佛。这些观念会影响他们的具体行为方式,阻碍他们形成正确的认知判断能力,需要第一时间予以重视。第二,对受教育者理想信念的削弱。一是部分受教育者没有动力。部分受教育者在不良的思想政治教育文化环境中所接受的是错误的价值观念,没有很好地形成明确的理想信念和目标,这会促使这部分受教育者在自身的发展过程中迷失方向,进而丧失为实现理想而奋斗的信念。二是部分受教育者缺乏责任感。如,一部分人在个人主义和功利主义等价值观念的误导下,忽视了社会责任,越来越注重自身物质利益,贪图安逸。第三,对受教育者道德行为的干扰。由于思想政治教育文化环境的多变性、复杂性,对受教育者道德行为的正确养成有着不小的挑战,特别是在和我国主流价值观念相悖的文化环境中,更是直接对受教育者道德判断的形成产生阻力,影响受教育者正确道德行为的形成。可以说,思想政治教育文化环境缺乏优化。

(四) 思想政治教育社会环境缺乏优化

在我国法律面前,人人平等。但也要看到,由于少部分人在现实的生活中滥用权利,造成了极坏影响,严重挫伤了广大人民群众的主人翁意识和自豪感,进而影响到人们的为人处世态度以及对国家与社会的积极认同态度。在这一环境中,人们的思想、行为受到不好的影响,进而产生消极的后果,使人们越来越多地走向社会的对立面,严重影响社会和谐和稳定。这一系列不好的后果削弱了思想政治教育的功效,其效果大打折扣。因此,我们可以说,我国的社会环境仍需优化,社会事业未能完全得以改革发展、社会治理体制未能完全得以创新。

(五) 思想政治教育生态文明环境缺乏优化

对于思想政治教育来说,一直深处生态文明这个大环境中,生态文明环境的破坏,影响着深处生态环境中的受教育者。改革开放四十多年来,我国在政治、经济等各个方面都取得了巨大的成就,但也面临着资源、环境的高负荷运转。比如,秦岭、祁连山、六盘山等地自然资源被无节制地开发利用建造别墅,严重影响了生态系统的完整性,大气污染控制不力,垃圾回收处理不到位等问题时有发生,这严重影响到了我国人民群众的生存与发展环境、人民群众的身心健康,影响到受教育者的生态文明意识的形成,影响到受教育者正确生态文明观的形成,影响到受教育者生态道德素质的提高,影响到受教育者的行为是否越过生态文明相关法规边界,影响到受教育者怎样处理自然的丰富资源与产生的利益之间的关系,以及以什么样的态度对待自然、如何尊重人、尊重自然等。可以说,思想政治教育生态文明环境缺乏优化。

五、思想政治教育制度功能不够到位

前面分析了思想政治教育效能提升存在的问题,其中原因之一是思想政治教育制度功能不够到位,主要表现在制度体系未能完善、制度创新不够、制度运行机制还不完善、制度执行力不够强。

(一) 思想政治教育制度体系未能完善

任何一项具体制度都是整个制度体系的一个子系统。只有两者之间协调一致、相互配套时,良好的整体规范效应才能更好地出现。完善的思想政治教育制度体系进行相应的规范与支持,才能够提升思想政治教育效能。然而,我国虽有思想政治教育制度体系,却往往以单一的制度体系出现,或者有的具体制度体系健全、有的不健全,产生相互抵消的作用效果。可以说,思想政治教育制度体系配套还不够完善。

第一,思想政治教育的目标体系未能完善。目标体系是由若干目标构成的,并不是单一的。同时,这一目标体系随着社会实践发展的需要呈现出一定的动态性,也具有内在的层次性、逻辑性。当前,这一目标体系还没有形成逻辑严密的系统性目标体系,没有完全理清各项具体目标的内在逻辑关联,也没有理清各项具体目标是否符合客观实际,从而制约着思政教育效能提升。比如,有的高校思政教育制度规定,"大学生每周至少组织两次课外活动",并对各项活动有一系列的指标要求与积分明细,这项思政教育制度本意上是为了增强大学生素质与本领,但是大学生每周有课、做实验、做作业、听报告等,剩余时间不多,若还强制要求大学生每周参加两次课外活动,不仅使大学生不能自由支配时间,也增加了班级负责人的压力,思政教育制度不仅没有发挥积极作用,还影响了思政教育制度效能的发挥。第二,思想政治教育的规则体系未能完善。规则体系规定着教育者与受教育者能做什么、不能

做什么、应该怎么做等。它直接规定着人们应该遵守的行为准则,包括法律、法令、章程、条例等,它规范或引导着人们的行为,也对思想政治教育活动实践空间与范围进行了界定。目前针对教育者与受教育者的制度规则还不完善。比如,针对教育者的评聘与考核还不太完善。第三,思想政治教育的组织体系未能完善。组织体系就像人的大脑中枢神经系统一样,对于整个系统正常运行有着重要指挥作用。但是,目前思想政治教育的组织体系不够完善,没有构建好完整的领导架构,组织领导体系不够明晰;具体操作层面,职责划分不够清楚,分工不够具体。第四,思想政治教育的保障体系未能完善。保障体系是由思想政治教育制度内部起保障作用的各要素之间像血与肉一样、像鱼与水一样相互影响与制约而构建起来的体系。伴随着日积月累,思想政治教育制度在内容、方法等方面比较注重并加以一定的制度建设,但是对于整个思想政治教育过程的保障体系却稍有忽视、不够完善有效,从而使得思想政治教育实践活动开展极易受其他不良因素限制与干扰,思想政治教育内部分工协调欠缺,行为规范违规追责不到位,运行保障措施残缺不全等在客观上对思想政治教育效能及其提升产生阻碍。

(二) 思想政治教育制度创新不够

时间的钟表一刻不停地在行走,时代一天一天地在发生变化。假如思想政治教育制度不能紧跟时代的脚步,跟不上人的发展变化,就很难发挥自身功能、彰显自身效能。思想政治教育制度需要进行创新以适应不断变化的时代,满足人们日益增长的需求。但是目前思想政治教育制度缺乏创新性,创新观念不够强,一定程度上缺乏人文性,创新的方式方法有待提高,检验思想政治教育制度是否创新的标准还没有明确,制约着思想政治教育效能提升。

第一,思想政治教育制度创新观念不够强。目前思想政治教育制度创新观念不强,一定程度上存在形式主义、官僚主义、教条主义等现象。此外,曾经制定的思想政治教育制度部分已经不适应日益变迁的时代,已经不适合处在新时代的教育对象,已经不能有效处理新时代要求与教育对象自身素质发展之间的矛盾。而且曾经制定的思想政治教育制度以国家与社会发展为要,个体的价值与发展稍有忽视等。虽然党和国家在一定程度上对此引以重视,但是思想政治教育制度需要不断与时俱进进行创新的观念还不够强。第二,思想政治教育制度人文性未能增强。在现实生活中,制度的设计者和实施者在制定和运行制度时优先考虑实现思想政治教育活动的社会目标，一定程度上忽视了教育个体的自身发展。尽管思想政治教育是为了培养符合社会需要的人，但其旨归和落脚点是要促进人的全面发展。很长时间以来，一部分教育者对思想政治教育的政治性或阶级性过于敏感，沉浸在传统社会本位思想中，把人看成是社会发展的工具。如果继续沿着这种思路，思想政治教育制度功能的发挥自然也就忽略了对个体的教化和引导，侧重于对个体的约束和规制，而这与这一制度的应然功能相背离。第三，思想政治教育制度创新方法未能提高。制度缺乏创新，一定程度上因为制度创新方法不够。目前思想政治教育制度创新方法还未能提高，制度自上而下的制定一定程度上缺乏与群众面对面的交流。此外，当今时代是互联网时代、大数据时代，部分思想政治教育制度还没有与大数据等先进方式方法进行有机结合，还没有通过大数据进行定位、分析，准确、系统地掌握人们的诉求，不能对分散的信息进行实时数据掌握挖掘和有序关联起来，难以排除各种垃圾信息的干扰误导，难以把握这一制度需要遵循的倾向性、规律性问题，制约着思想政治教育制度制定与决策的科学化水平。第四，思想政治教育制度创新检验标准不够明确。任何制度创新都要在实践过程中进行检验，经得起检验的就是好的或比较好的，接着进行贯彻执行。经不起实践检验的，肯定存在着问题。目前，虽然一定程度上也意识到思想政治教育制度创新的重要性，也为制度创新做了一定程度的努力，但是制度创新有没有效果、成功不成功，有没有尊重客观规律，其检验标准需进一步明确。

（三）思想政治教育制度运行机制还不完善

思想政治教育制度运行机制不够完善，主要表现在领导机制、监督机制、激励机制、评价机制等几个方面：

第一，思想政治教育领导机制还不够完善。首先，部分领导机制内部设置繁冗，行政化的思想突出。这一机制缺乏领导与服务的有机配合，很难使得受教育者受到思想政治教育的潜移默化影响。同时，一部分领导机制是单向的、线性的教育方式，忽视个体内在需要，过分追求宏观调控。其次，当前，思想政治教育的机构通常是根据职能设置岗位，并且设置得越来越多，由此带来各部门责权不明晰等问题，组织性、协调性、配合性不足。思想政治教育整合机制不健全，容易造成各部分之间缺乏协调，无法进行有效联通，出现失衡、无秩序和无纪律的现象,引发系统紊乱,难以有效形成合力。比如,一部分高校把专业课发展当成重点,忽视或者不设置思想政治教育理论课。第二,思想政治教育监督机制还不够完善。育人是一个长期、系统的工程。思想政治教育实践活动需要经历很长时间才能看到成效,同时这一过程也是一个不断重复的过程。但在具体实施过程中,思政教育监督机制还不够完善,不利于思政教育效能提升。第三,思想政治教育激励机制还不够完善。激励机制是为了激励人们表现出符合主观预期的效果而采取的一种手段。激励机制影响着思想政治教育过程中的效率,目前,激励机制还不够完善,比如,在高校大学生思想政治教育的奖励机制设立方面,相对于普通高校,对知名度和影响力大的高校大学生在名额分配与表扬程度上不一样,一定程度上影响了一些学校大学生的努力程度。第四,思想政治教育评价机制不够健全。目前,一部分评价机制不够健全,离建立科学的、系统的评价指标还有一定距离;另外一部分评价机制存在主观化的问题,选择从主观意志出发,而不从这一制度发挥的实际效能出发,因而作出了不符合客观实际的评价。不难看出,这些存在的问题影响了思想政治教育效能提升的顺畅运行。首先,存在单一的评价方式。评价的要求是要加强教育内容的针对性和教育的实效性,不仅要考查受教育者的满意度,而且要考查教育者理论教育目标完成的程度。其次,在评价机制中,一部分评价内容形式化严重,大多空洞浮泛,实质性问题难以得到解决,部分评价方式依然缺乏针对性和客观性。最后,由于一部分评价机制的实际指导力、评价力和应用力不强,系统化和规范化的评价程序欠缺,加之这部分评价机制处于高高在上、敷衍了事的状态,因而会影响到评价结果。

(四)思想政治教育制度执行力不强

目前思想政治教育制度设定的目标诉求与实际效能之间还存在着较大差距,其原因是制度执行力不强。目前思想政治教育制度执行力不强主要表现在教育者的制度意识不强、制度执行能力不强、制度执行监督与问责不强等方面。

第一,思想政治教育者的制度意识不强。当前,虽然制定了一系列制度,但是却存在把一些制度放置高阁的现象,或者即使有严格的制度,但是真正执行惩罚力度不到位等,这其中问题的症结在于人们的制度意识淡薄。目前人们没有形成自觉尊崇制度的意识，教育者的制度执行意识未能增强。教育者的制度意识的薄弱，削弱了制度的作用与功能，也影响了思政教育价值的实现，制约着思政教育效能提升。第二，思想政治教育者的制度执行能力不强。制度的价值在于其效能的体现，制度执行力是制度效能充分发挥并得到提升的关键途径。制度执行力疲软、弱小或过大是制度执行不力的必然产物，制度执行力不强或过强影响思想政治教育效能提升。首先，有思想政治教育制度，部分却得不到全面落实。制度的生命力在于有效执行落实，否则只能算是一纸空文，这样的情况比缺乏思想政治教育制度危害更大，其危害性主要是使思想政治教育制度沦为"稻草人"与摆设，浪费了前期投入的大量人力、物力和财力，人们不禁从内心深处怀疑制度的效能。其次，部分思想政治教育制度执行不到位。制度执行不到位，将会影响思想政治教育的权威性，使人们难以认同并降低了对教育的心理预期。最后，部分思想政治教育制度执行力度过大。制度的制定与完善主要是为了更好教育人、约束人、服务人，而在实际执行过程中过于简单粗暴、僵硬强制的话，会产生适得其反的效果。第三，对思想政治教育者的制度执行监督与问责未能增强。在制度执行过程中，为了避免因多种主客观原因使思想政治教育制度不能得到执行或者不能完全被执行，使得制度流于形式或成为空架子，就需要对教育者的制度执行进行监督与问责。尽管目前思想政治教育制度进行了一定的建设，但是，在对教育者的制度执行监督与问责方面还没有把握好力度，导致制度落实不够彻底，没有发挥制度的育人作用。导致监督运行不畅，执行权力不对等，监督主体的权力与监督主体的决策不够公开透明，难监督、监督难，不好监督、不想监督问题突出；而且没有贯穿到人们日常工作行为中，出现了言行不一、欺上瞒下、上有政策下有对策的做法；存在问责力度与效果没有起到很好的震慑作用等问题。

CHAPTER 6 第六章
思想政治教育效能提升的具体路径

习近平在中共中央政治局第三十次集体学习时强调，提高传播效能，需要加强传播队伍能力建设、完善话语内容、改善传播方法、构建话语制度体系等。[1]他对提升效能的路径进行了说明。同理，思想政治教育效能提升，不是简单地进行部分枝节的修补，而需要从思想政治教育合力、内容、方法、环境、制度等层面进行系统地、全方位地、整体性地提升。思想政治教育效能提升就好比把传统的"绿皮火车"变成"动车""高铁"，只有完成从"绿皮火车"到"和谐号"再到"复兴号"的提升，才能实现质的飞跃，进而增强人民群众的乘车体验，不断满足人民群众美好生活的客观需求。可以看出，绿皮火车自身是具有效能的，但是效能不高、不强，这种效能是需要提升的，而不是墨守成规、一成不变的。换言之，思想政治教育自身也是具有效能的，但这种效能也要随着其自身发展面临的实际情况进行系统性、整体性、全方位提升。唯有如此，才能更好地推动思想政治教育促进国家发展、社会进步、实现人的自由全面发展。

第一节 树立效能理念，增强思想政治教育合力

人类政治最紧迫的任务是使全人类协力互助。[2]思想政治教育效能提升需树立效能理念，增强教育合力，主要表现在：提高教育者的能力、促进教

---

[1] 参见《习近平在中共中央政治局第三十次集体学习时强调 加强和改进国际传播工作 展示真实立体全面的中国》，载《人民日报》2021年6月2日，第1版。

[2] 参见哈佛燕京学社编：《全球化与文明对话》，江苏教育出版社2004年版，第134页。

育者与受教育者的合作互动、加强社会育人资源的整合。

一、提高思想政治教育者的能力

教育者是思想政治教育过程中的组织者、主导者,教育是否有效、教育目标实现程度多大与教育者的能力密切相关。教育者缺乏优秀的能力不利于受教育者的发展,不利于进一步提升思想政治教育效能。进入中国特色社会主义新时代,思想政治教育效能提升亟需提高教育者的能力,以增强教育效果,满足时代发展要求。教育者的能力强调教育者贯彻执行思政教育政策,高效完成思政教育工作,实现思政教育目标的能力。提高教育者的能力主要从提高教育者的沟通能力、创新能力、组织管理能力和调查研究能力几方面进行探讨。

(一) 提高思想政治教育者的沟通能力

思想政治教育开展离不开教育者和受教育者,教育者缺乏一定的沟通能力,则教育难以进行。就好比鲁滨逊漂流记中的鲁滨逊即使生活在孤岛上也要和星期五这个仆人进行沟通。教育者在教育过程中占据主导地位,提升思想政治教育效能,需要教育者具有较高的沟通能力。

第一,教育者要有良好的沟通意识。有的教育者理论水平很高,但是开展思想政治教育的效果不佳,一部分由于教育者缺乏良好的沟通思想观念。有的教育者主要靠单向灌输为主,或者说简单地与受教育者双向互动为辅,在教育过程中与受教育者是上对下的关系,部分存在靠声音、简单威胁来控制现场秩序,甚至把自身对社会和个人的消极情绪与观念带给受教育者,非但思想政治教育效果不好,而且还加重了受教育者的不满抵抗情绪。因此,教育者首先需具备进行良好沟通的意识,主动学习如何有效进行沟通,改变以往的上对下、单向的沟通模式,及时有效进行沟通信息的传达和问题的解答,增强沟通效率和效果。

第二,教育者要有较高的沟通理论水平。知识就是力量。扎实的理论知识影响着教育者的沟通理论水平。教育者需及时充电提升自己的知识理论水平以满足不断进步的受教育者的需要。这就要求教育者,首先掌握本学科相关的马克思主义理论知识,在沟通时有着马克思主义的沟通立场、观点和态度,能够有效化解冲突;其次,掌握思想政治教育原理与方法,从而以此有效指导沟通实践;最后,掌握能够提高沟通理论水平的其他学科知识,比如,教育学、心理学、管理学、传播学等知识,从而增加教育者的沟通理论知识储备。

第三,教育者要有高超的沟通技巧。首先,教育者要有语言沟通的能力。教育者具备娴熟的语言技巧,时而加速、时而平缓,时而幽默风趣、时而严肃认真,并伴有一些眼神和手势,把自己想要传递的信息与情感高效地表达出来,更容易走入受教育者的内心。其次,教育者要学会倾听与"察言观色"。教育者的倾听能够拉近与受教育者之间的距离,给受教育者带来尊重,有助于进一步地了解和认识受教育者,给予受教育者信心和勇气。通过"察言观色",捕捉有效信息,比如通过观察受教育者的动作、语气、面部表情,判断受教育者的情绪反应,在合适的时机选择合适的沟通方法。比如,当受教育者有激动的情绪时,则采用沉稳平和的沟通技巧,从而提高思想政治教育的引导作用。最后,教育者要有网络沟通技巧。新时代是一个追求美好生活的时代,也是一个网络无处不在的时代,我们必须承认网络的一面即有利性,那么教育者则要勇跟网络潮流,学会运用网络技巧以提高沟通效能。比如,通过QQ、微信、腾讯会议、ZOOM等手段教育教学,运用图文来拉近与受教育者之间的距离,以此提高沟通效能。

(二)提高思想政治教育者的创新能力

唯物辩证法认为,世界是一个普遍联系的有机体,事事有联系,时时有联系。因而,人的能力的形成与发展也和其他事物联系着。教育者的创新能力影响着受教育者的创新能力,影响着思想政治教育理念是否先进、内容更新速度快慢等,进而影响着思想政治教育效能提升。可以说,不管是向受教育者传递知识,还是培养受教育者的创新能力,都离不开教育者的创新能力。因此,需提高教育者的创新能力。

第一,增强教育者的创新意识。思想政治教育是一个潜移默化的既传授知识又塑造受教育者良好品德的过程,教育者的创新意识能够在潜移默化中对受教育者产生影响。在思想政治教育过程中,不同时代不同背景的受教育者具有不同的思想特点和行为要求,假如教育者无法满足受教育者的积极需求,则会影响教育者在受教育者认知中的权威性和威望度,进而影响教育过程的效率,制约思想政治教育效能提升。因此,面对改革开放和世界多元文化发展，受教育者的理想信念、价值理念和道德水平受到了影响、产生了变化，这就要求教育者增强创新意识，不断根据经济体制变革、社会结构调整、利益格局变化、受教育者认知变化等创新教育内容，不仅不停留在翻来覆去地重复讲解原有内容，也加强对世界、国家和社会的新知识的关注，与受教育者的强烈的求知欲和关注欲形成同频共振。不断更新变化现有的思想观念和方式方法，促进受教育者勇于怀疑、敢于批判精神的养成，推动受教育者创新能力的形成，促进受教育者创新人格的养成。

第二，增强教育者的理论创新能力。教育者首先需加强自身对马克思主义理论的理解分析能力。教育者自身又红又专，才能培养出又红又专的社会主义接班人和时代新人。习近平指出，要加强对马克思主义经典著作的阅读和理解能力，能够在理解的基础上，会用经典、活用经典，从而发挥出马克思主义经典著作的经典魅力。要不断发展马克思主义理论，杜绝用教条的、不变的眼光对待它，根据中国国情，用现代眼光、现代思维发展马克思主义理论。[1]其次，教育者需积极关注国事、家事、天下事，学习中国共产党的最新理论成果和方针政策，不断提升自身的理论素养。教育者需避免只停留在教材中而忽视了把最新国家方针政策融入思想政治教育内容中，从而影响受教育者的现代前沿知识和对社会问题的分析能力。最后，教育者需加强科学研究能力。习近平指出"广大科技工作者要把论文写在祖国的大地上，把科技成果应用在实现现代化的伟大事业中。"[2]只有对思想政治教育理论进行深挖和拓宽研究的视野，才能发挥理论研究为思想政治教育实践提供支撑的作用，也能进一步带动受教育者持之以恒分析钻研的思维方式的养成和创新思维、创新能力的提高。

第三，增强教育者的实践创新能力。理论只有用来指导实践并落到实践上才具有意义。实践是理论认识的前提和基础，也是理论认识的归宿。因此，教育者除了需提高自身的创新意识和理论创新能力外，还需增强自身的实践创新能力。能否提升思想政治教育效能，进而促进受教育者的自由全面发展，教育者的实践创新能力必不可少。首先，教育者要改变传统的教育模式，通

---

[1] 参见《习近平在中共中央政治局第五次集体学习时强调 深刻感悟和把握马克思主义真理力量 谱写新时代中国特色社会主义新篇章》，载《人民日报》2018年4月25日，第1版。
[2] 中共中央党史和文献研究院编：《十八大以来重要文献选编》（下），中央文献出版社2018年版，第334页。

过探索积极改变并提高现有思想政治教育模式水平，促进受教育者能够主动学习，将理论与实践相结合，增强动手能力、解决问题能力，探索新的领域。其次，教育者需在思想政治教育实践中，运用自身创新思维、独特观点、新颖方式，对理念、内容、方法等进行变革创新，激发受教育者的创新能力，促进受教育者具备社会未来发展所需要的思想政治素质与能力，从而能够在我国社会主义现代化建设和实现中华民族伟大复兴的宏图伟业中担当重任。

（三）提高思想政治教育者的组织管理能力

教育者在思想政治教育中的地位非常重要，教育者的组织管理能力关系着对思想政治教育的设计、实施、协调与组织等，关乎着教育的规范化、科学化，影响着教育的质量、任务和目标，影响着思想政治教育的效能发挥与进一步提升。因此，需提高教育者的组织管理能力。

第一，提高教育者的过程设计能力。首先，教育者在预备环节，从受教育者入手，对受教育者有个初步的思想政治素质的了解，然后给予一定的信息判断，从而对受教育者的教育过程给予教育内容以及方法手段采用的初步安排，使得整个思想政治教育过程更有针对性。其次，教育者在实施环节，能够运用系统思维和战略思维，统筹谋划，对受教育者思想观念、价值准则和行为规范给予一定引导，有效实现受教育者的知、情、意、行转化。最后，教育者需设计好思想政治教育的反馈环节。教育者需对思想政治教育的反馈环节进行把握，了解教育现状是什么，目前教育产生了什么效果，存在什么问题，在对前面设计环节进行评估的基础上，进行改善和调整，从而使新一轮的思想政治教育环节更加优化。提高教育者的过程设计能力，使思想政治教育过程中的一个环节紧密联系着另一个环节，良性循环，推动思想政治教育进一步深化，促进其效能进一步提升。

第二，提高教育者的过程操作能力。思想政治教育是培养受教育者实践能力的重要手段，也是促进人的全面发展的主要渠道。在思想政治教育过程中，教育者需对整个思想政治教育过程进行把握，循序渐进。一方面，教育者需有效引导受教育者积极交流与实践探索，促使受教育者从感性认识上升到理性认识，促进受教育者的认知能力、理解能力和判断能力提高。另一方面，教育者需在思想政治教育过程中能够进行内部控制与外部控制相结合。切克兰德指出，"在开放系统与其环境之间可以有物质、能量与信息的交换"，而且"需要一系列有为着调节或控制而进行的信息交换之过程。"[1]教育者对内部控制是要做到与受教育者进行教育信息双向流通的把控，对外部控制是要做到与思想政治教育环境的信息进行双向交流的把控。

第三，增强教育者的管理能力。首先，教育者的管理能力需更加系统化，也就是说，教育者应具备一套成熟的管理育人知识系统与能力。其次，教育者的管理能力需更加规范化，其实施手段需避免随意性与无计划性，有着规范先进的教育方法，制定成熟的教育内容、目标和理念，使得整个思想政治教育过程科学有序运行。最后，教育者的管理能力需朝着现代化方向发展。现如今我们已步入中国特色社会主义新时代，朝着社会主义现代化强国迈进，那么这就要求教育者的管理能力具备现代化水平，将有限的思政教育资源进行合理整合，使思政教育更加科学化，提高思政教育的效率与整体战斗力，达到思政教育的最大化效益，助推思政教育效能提升。

（四）提高思想政治教育者的调查研究能力

重视调查研究是中国共产党的优良传统。习近平强调："调查研究是谋事之基、成事之道，没有调查就没有发言权，更没有决策权。"[2]可见，中国共产党领导人认为调查研究十分重要。作为思想政治教育的组织者，教育者应具备调查研究的能力，找到书本教材中没有的社会经验，进一步加强对事物的认识判断能力，从而更好地解决教育过程中的问题，进而助推思想政治教育效能进一步提升。

第一，增强教育者的实事求是调查能力。毛泽东认为调查研究绝不是先入为主、事先下结论，而是一定要坚持实事求是，从实际情况出发，做到不唯书、不唯上、只唯实。[3]教育者除了注重理论宣讲、道德熏陶外，也应对思想政治教育整个运行过程和真实面貌进行实事求是地调查了解，进一步把握事物的本质和客观规律。首先，教育者需具备问题意识，明晰调查的目的，坚持一切从实际出发，把固有安排与随机调查相结合。其次，教育者需坚持

---

[1] [英] P·切克兰德：《系统论的思想与实践》，左晓斯、史然译，华夏出版社1990年版，第104页。

[2] 中共中央宣传部编：《习近平新时代中国特色社会主义思想学习纲要》，学习出版社、人民出版社2019年版，第249页。

[3] 参见《毛泽东选集》（第一卷），人民出版社1991年版，第110页。

有一说一，敢于听实话、坚持办实事，避免形式化地走调查流水账。最后，教育者需掌握实事求是的调查方法，除了杜绝刻舟求剑、闭门造车外，还需反复比较，能够耐心、静心搜集第一手资料，切实掌握受教育者思想脉搏以避免思想政治教育出现"两张皮"现象。

第二，增强教育者的全面深入调查能力。首先，教育者需多区域多方位进行调查，对不同的对象、内容等进行多层次多手段多技巧调查，特别是运用现代科学技术方法进行调查。其次，教育者需用足够的时间全身心地深入教育对象实际，杜绝"蜻蜓点水"走过场，比如通过进行实地调查、问卷调查、座谈会等，有效掌握情况。最后，教育者需听取各方面意见，比如工人、农民、知识分子、大学生、社会人士的意见，深入分析问题。毛泽东指出："要了解情况，唯一的方法是向社会作调查，调查社会各阶级的生动情况……才能使我们具有对中国社会问题的最基础的知识。"[1]

第三，增强教育者的分析解决问题能力。教育者具备调查研究的能力，也就是为了能够有效地解决问题。毛泽东在《反对本本主义》中指出："你完完全全调查明白了，你对那个问题就有解决的办法了。"[2]这就要求教育者，首先除了能够实事求是地了解实际情况外，还要对调查后的事物进行分析，透过现象分析本质，从而有效地解决问题，提出切实可行的解决办法。其次，教育者的解决问题的措施需有可操作性，能够切实解决问题。最后，教育者的调查研究需实现制度化，对重要决策进行调查研究以提高决策的科学性。

二、增强思想政治教育者与受教育者的合作互动

助推思想政治教育的效能进一步提升，离不开教育者与受教育者的合作互动，需推动二者和谐共存、良好互动、相互转化，使得思想政治教育过程有效率、结果有效益、效果良好。

（一）思想政治教育者与受教育者和谐共存

第一，教育者需有民主平等观念。提升思想政治教育的效能，不是建立在教育者地位高于受教育者、教育者凌驾于受教育者的基础之上。教育者只

---

[1]《毛泽东选集》（第三卷），人民出版社1991年版，第789页。
[2]《毛泽东选集》（第一卷），人民出版社1991年版，第110页。

有与受教育者实现民主平等,才能种下信任之花,进而了解受教育者内心实际,结出受教育者受益匪浅之果。教育者需有民主平等的教育观念,在民主平等的基础上,二者实现知识、人格、道德等方面的相互理解、相互尊重。首先,教育者需具有平等的意识。在教育者的思维逻辑和教育理念上,需杜绝"高高在上""一副冷面孔""压制""漠视",对受教育者平等地进行教育,以平等、尊重的姿态对待每一个受教育者。其次,教育者需具有民主的观念。思想政治教育过程中教育者可以与受教育者商量具体实施过程怎么进行,能够听取受教育者的意见和建议,也进一步调动受教育者的自我教育、自我管理的能力。最后,需要注意的是,教育者与受教育者之间的民主平等,由于二者在思想政治教育过程中的地位、作用不同,二者之间是在人格方面的平等;并且教育者与受教育者之间的民主平等,也不等于教育者不能对受教育者进行指导和约束。教育者与受教育者之间的民主平等需要靠二者共同自觉具备规则意识和良好行为。

第二,教育者与受教育者需加强情感交流。"十年树木,百年育人""随风潜入夜,润物细无声"等佳句一直被传颂,这也就道出了教育者与受教育者需加强情感交流,真诚关爱与理解对方的真谛。首先,教育者与受教育者要真诚地关爱对方。教育者与受教育者之间应真诚地关心、信任和理解对方,促进二者之间积极情感的产生,形成一种充满责任、高尚、和谐的关系。其次,教育者与受教育者要互相理解。教育者与受教育者需能够"移情",遇见烦恼和困惑能够将心比心,试想处于同样的境遇、拥有同样的感悟,达到互相赏识和悦纳,从而能够拉近二者之间的关系,实现二者和谐发展。

第三,教育者与受教育者需和谐对话。教育者与受教育者和谐对话,能够促进二者在情感、知识等方面上的相互促进、相互启发、相互认同,是促进思想政治教育实效性、提升其效能的重要途径。首先,教育者与受教育者互相调动双方对话的积极性。只有二者都具有对话的积极性,才能够开始并深入进行对话,能够让双方表达出自己想表达的观点并进行深层次交流。其次,教育者与受教育者可以交替使用多种方式进行对话以实现最佳效果。比如,可以采用文字、口头语言进行交流对话,再加上动作、神情和姿势等辅助。对话的内容可以探讨思想认识;或者进行情感的深层对话;或者对性格、素质等方面进行对话。最后,有效化解教育者与受教育者对话中的冲突。教育者与受教育者进行对话,并不意味着观点永远一致,分歧、摩擦、冲突是不可避免的，那么双方要主动积极采取措施解决争端，从而建立和谐的对话关系。

(二) 思想政治教育者与受教育者良好互动

教育者与受教育者进行良好互动能够使得二者之间既相互学习又相互影响。一方面，教育者根据一定的思想观念、政治观点等对受教育者进行有目的有计划的影响，另一方面受教育者在接受思想政治教育时受其影响并反映其影响后的效果，促使教育者根据反馈进行调整等。

第一，教育者与受教育者相互促进、相互制约。教育者与受教育者是思想政治教育运行过程中的对立统一体，教育者与受教育者既对立又统一，教育者与受教育者一方面相互促进，另一方面相互制约，一方的存在以另一方的存在为前提。一方面，教育者与受教育者相互促进。教育者与受教育者在思想政治教育活动中扮演的角色不同，所处的地位不同，但是二者能够推动思想政治教育活动的顺利进行，能够互相促进对方。教育者的教育能力、表达能力、学识涵养的增强，能够促进受教育者向教育者学习，形成"偶像效应"，比如袁隆平爷爷、张桂梅校长推动着受教育者的提高与进步。受教育者的见识视野、语言能力、创新能力、灵活能力也能促进教育者调整教育内容与方法，促进教育者的经验、样本得到丰富。教育者与受教育者不论是知识技能上的切磋还是思维、精神上的互促，都推动着思想政治教育效能的提升。另一方面，教育者与受教育者相互制约。教育者是思想政治教育活动的实施者，受教育者离不开教育者的引导和启发，教育者制约着受教育者的受教育情况和结果，影响着受教育者的思想与行为变化。教育者不能离开受教育者，没有受教育者，思想政治教育没有存在的意义；受教育者制约着教育者的教育活动，影响着教育者具备教育素质与能力的高低；受教育者是教育者进行教育活动的对象和最终归宿，没有受教育者，教育者促进受教育者的思想品德素质提升就无处可存，更难有思想政治教育效能提升的实现。

第二，教育者与受教育者学习互动。教育者与受教育者进行学习互动，是建立在教育者运用一定的方法手段进行思想政治教育并对受教育者产生影响基础上的。同时，受教育者超前的思想观念也影响着教育者主动向受教育者学习、创新。一方面，受教育者要向教育者学习。教育者前期经过长期的、专业的、集中的培养与培训，无论理论知识、思维视野还是实践能力都高于受教育者，受教育者应向教育者学习，学习正确的政治信念和立场，学习积极的人生观、世界观和价值观，学习良好的道德品质和艰苦奋斗的精神，以及严于律己、无私奉献的崇高品质。另一方面，教育者要向受教育者学习。新时代，受教育者呈现许多新特点。受教育者的见识面、知识面、思维等都呈现出比较高的水平，而且他们积极向上、乐观自强，经常接触新鲜事物，对网络技术、电子产品、先进科技的学习能力和使用能力一定程度上高于教育者，教育者也需要学习他们这些积极的方面。正如，2020年的新冠肺炎疫情，90后成了抗击疫情的主力，保护亿万中国人民，深深地感染着我们。

(三) 思想政治教育者与受教育者相互转化

第一，教育者向受教育者转化。教育者在进行思想政治教育之前，需先转化为受教育者，也就是毛泽东所指出的教育者是当先生的，有一个先受教育的任务。[1]因此，教育者须先受教育。教育者需夯实自身的专业知识与专业基础，不断学习党的方针政策和最新国家热点，也需加强其他学科比如教育学、心理学、哲学等的学习，通晓国内与国外社会思潮变动情况，学会用批判的眼光分析新鲜事物、学习并接受新鲜事物带来的新变化，使身心得到熏陶与锻炼。比如，当前网络飞速发展，假如教育者还只进行"三尺讲台"的照本宣科，不主动学习网络技术与网络术语进行多媒体教学，就会出现台上"费劲"无效果，台下"费劲"听不下去的现象，影响整体教育效果。所以，思想政治教育互动过程实际上是教育者与受教育者交互影响的过程。所以，教育者要向受教育者转化，练就过硬本领，"勤学通百艺，苦练出真功"，全面进行学习。教育者要进行不断地总结、反思、学习、调整，从而实现勤奋好学能力强、吸收能力强、自我教育能力强。

第二，受教育者向教育者转化。受教育者向教育者转化强调受教育者能够主动进行自我教育，做自己的教育者。受教育者需根据教育者的要求、社会的要求、国家的要求进行学习，把国家、社会、个人的外在压力变为受教育者自身的内在动力，受教育者自己做教育的主人翁。比如，面对升学、就业、升职等压力，受教育者需主动充当教育者的角色，主动进行学习充电、辅导培训，合理有效率地安排自己的学习计划与时间节奏，从而提高思想政

---

[1] 参见《毛泽东文集》（第七卷），人民出版社1999年版，第271页。

治教育的最后效果。此外，受教育者也要根据自身需要，主导选择自己感兴趣的、有利于自己发展的、有助于展示自身特长和天赋的内容进行加深学习，并主动选择在多大程度上促进自身知识的内化，通过什么样的形式将理论与实践相结合，从而促进自身全面发展，成为德智体美劳全面发展的时代强人。

三、加强思想政治教育育人资源的整合

习近平非常重视统筹各方面力量做好思想政治教育，强调"办好教育事业，家庭、学校、政府、社会都有责任。"[1]基于当前国家、社会对思想政治教育的重视，要求其需要取得好的效果，提升其效能。思想政治教育效能提升需构建"全党全社会共同参与的思想政治工作大格局"，[2]形成教育合力。需要统筹家庭、学校、社会等育人资源，充分挖掘和利用对于思想政治教育有利的、与人们息息相关的并为其提供服务的资源，形成家庭、学校、社会等的育人合力。

（一）注重思想政治教育主阵地：加强学校思想政治教育资源的整合

学校作为思想政治教育的主阵地，加强学校思想政治教育资源的整合，能够给受教育者提供良好的育人条件。第一，学校的思想政治理论学科与思想政治理论课部分内容被认为枯燥无味，吸引力不够，尤其是面对较为年轻的群体，教育效果不佳。因此，需整合其他学科的教育资源，充实思想政治教育内容，增添自身魅力。一方面，思想政治教育学科应吸收理工学科的教育资源，比如理工学科的优秀人物事迹案例，如北京大学数学领域的韦东奕"韦神"在数学方面的造诣和淡泊名利深受社会关注，可以通过这一现实例子，引导受教育者只有一步一扎实、一步一努力，才能勇攀科学高峰。另一方面，思想政治教育学科应吸收文科学科如文学、教育学、历史学等学科的教育资源，比如吸收并弘扬中华优秀传统文化与核心价值观念，吸收国学的一些教育资源，老子《道德经》中的"上善若水"，《周易》中的"地势坤，君子以厚德载物"等，都能够丰富教育资源，丰富思想政治教育内容。

---

[1]《坚持中国特色社会主义教育发展道路 培养德智体美劳全面发展的社会主义建设者和接班人》，载《人民日报》2018年9月11日，第1版。

[2]《中共中央国务院印发〈关于新时代加强和改进思想政治工作的意见〉》，载《人民日报》2021年7月13日，第2版。

第二，挖掘校园文化教育资源，可以使得思想政治教育发挥阳光向上的积极作用，促进受教育者心灵健康美丽。首先，学校的校门、教学楼、图书馆、花园等都具有思想政治教育的意义与良好的审美价值，使得受教育者不知不觉、潜移默化中受到学校教育资源的熏陶、感染与启发。比如，学校中的走廊可以悬挂有道德、有德行的圣人或者悬挂鼓舞意志的革命英雄的画像、名言名句等，以此增强受教育者的爱国热情和高尚情操。在学校的树木上悬挂富有哲理的古诗词、名言警句，使得学生在欣赏美景的时候，还可以温暖心灵。或者在台阶上、饮水处等明显位置，张贴校训、励志名言，能够进一步鼓励受教育者成长成才。在校园空地上放置马克思、恩格斯等名人的雕像，在橱窗、报刊栏、校园广播中，汇报优秀受教育者的书法、画作、时事新闻、学校政策等，既能增强受教育者的自豪感，又能让受教育者坚定政治立场、时时受到鼓舞。购买大量的文化书籍放置图书馆，净化学生的心灵，充分发挥它的教育功能。以上都调动了受教育者学习的积极作用，陶冶其情操、荡涤其心灵，有利于增强思想政治教育效果。其次，充分利用校园文化活动，比如，举办时政评论大赛、中华优秀诗词大会比赛、"大学生讲思政课"比赛等活动，既坚持了以学生为本，又提高了学生的主动参与性、积极创造性和自主意识，提升了思想政治教育的效能。

（二）注重思想政治教育的援兵：加强家庭思想政治教育资源的整合

马克思恩格斯指出："夫妻之间的关系，父母和子女之间的关系，也就是家庭。"[1]家庭之间的关系决定了父母对子女有着显著的教育示范功能。这就要求加强家庭思想政治教育资源的整合，充分发挥家庭教育资源的育人功能。

第一，家庭的地理位置与布局构造尽量融入一定的思想政治教育资源。比如向"孟母三迁"学习，给受教育者提供一个良好的受教育者氛围；在家庭内部布局时，营造出书香氛围，使受教育者爱上学习、乐于学习。第二，家庭氛围需融入讲民主、守道德等思想政治教育资源。在家庭中讲民主，能够使受教育者勇于认识自我、敢于表达自我、经常反思自我，能够给受教育者带来积极正能量。在家庭中融入积极的精神文化气息，能够给受教育者以启发，促进其具备吃苦耐劳精神、坚持不懈等精神。在家庭中注重道德约束，

---

[1] 中共中央马克思恩格斯列宁斯大林著作编译局编译：《马克思恩格斯选集》（第一卷），人民出版社2012年版，第159页。

能够使受教育者有着较高的道德素养和道德约束力,促进其成为一个拥有健康人格的人。第三,家庭中的家长应主动增强学习能力并与学校及时进行有效沟通。伴随社会的飞速发展,家长不仅是父母、朋友也是老师,他们的言谈举止、文化程度深刻影响着受教育者。家长需加强自身学习,向受教育者提供一些知识上的帮助。家长也需及时有效与学校联系,掌握受教育者的学习情况与心理状态,以便于给予受教育者同向帮助。

(三) 探索思想政治教育大课堂:加强全社会思想政治教育资源的整合

胡锦涛指出:"必须把社会各方面的力量动员起来,把社会各方面的资源整合起来"[1]。社会是一个与受教育者息息相关、形影不离的"大系统",这里面有着丰富多彩的可被挖掘与利用的,或者新出现的或者常常被忽视的思想政治教育资源,而受教育者又是其中的一分子,这就要求我们加强对社会思想政治教育资源的整合。

第一,应将社会中不同的思想政治教育资源串联、利用与共享。第二,通过探索与统筹规划,制定社会思想政治教育资源整合的规章条例,促进其整合的常态化、制度化,使其成为相互交叉的网状系统,把社会中的各个子系统的教育资源整合起来,发挥育人的最大功能,提高思想政治教育的效能。第三,探索新的社会思想政治教育资源,整合社会各界教育资源,比如聘请社会上的知名学者、成功人士、模范典型进行教育宣讲等。比如统筹建立实践育人基地,合力建设思政教育实践活动基地等。享受优质的思政教育资源,需积极依托思政教育社会实践活动基地,积极开发爱国主义、民俗文化、农业科技、自然生态、乡土乡情、生涯体验等类型的社会思政教育资源,引导受教育者在社会实践中学习、沉淀,让各基地有效发挥育人功能。

(四) 拓展思想政治教育空间:加强网络思想政治教育资源的整合

网络技术的发展一方面给思想政治教育效能提升带来了挑战,另一方面也给思想政治教育效能提升带来了机遇与资源。网络资源具有开放性、丰富性、共享性和及时性等特征,能够展现出其他资源没有的魅力,使得思想政治教育不受时空的限制,更具时代感。因此,需加强网络思政教育资源的整

---

[1] 中共中央文献研究室编:《十六大以来重要文献选编》(中),中央文献出版社2006年版,第645页。

合,助推思政教育效能的提升。

第一,提高整合网络思想政治教育资源的意识。加强网络思政教育资源的整合,应先具备优化整合网络思政教育资源的意识。首先,应加强对青年教育者的网络资源整合的引导与培训,增强他们的网络思政教育资源整合意识与敏感度,并利用他们善于运用网络技术的特点,使其发挥思维特长,促进网络思政教育资源整合的效果。其次,注重提高多元开发网络思政教育资源的意识,增强创新意识、探索意识,坚持不懈地结合不同的网络思政教育内容,探索不同的网络思政教育体系。第二,推动网络思想政治教育资源整合宣传,积极建设教育者与受教育者互动的多元网络平台,开展多种形式的网络主题教育活动。探索开展既有学术性又能陶冶受教育者的网络专题,鼓励优秀的教育者推出名篇佳作,调动教育者参与到网络思政教育资源整合行动中来。需依据受教育者兴趣爱好,打造具有鲜明特点的主题网站和特色品牌,并让受教育者加入进来、献言献策、发光发热,从而既增强网络思政教育资源整合的深度,也贴近受教育者生活实际。通过手机APP、微博、微信公众号、抖音和快手等短视频,开展多种多样的网络主题教育活动,比如"厉害了我的国"短视频征集活动、"我的家乡就是美"等展演活动,可以起到大规模的推广与润物细无声的作用和效果。除了视频形式外,也可以通过"学习强国"、广播广告、手机报等形式进行政策宣传、信息公示,或者通过网络课堂实现思政教育课程资源的共享,加强教育者与受教育者学习交流的效率,增添思政教育的趣味,调动受教育者的积极性。第三,加强网络思想政治教育资源整合的队伍建设。队伍的水平和能力影响着网络思政教育资源的效果。只有稳定的队伍、不断更新创新的队伍,才能推动网络思政教育资源整合具有持久性,才能长期取得良好的效果。加强队伍的理论功底和实践水平,促进产出新思维、新想法,增强网络思政教育资源整合的生命力。整改参差不齐、杂碎的、片段式的网络思政教育资源,打造网络思政教育资源数据库、人才库,提高网络思政教育资源质量。

第二节 打牢理论基础,优化思想政治教育内容

习近平在谈到军队思想政治教育效能不足时指出:"主要问题是有的教育接地气不够、联系实际不紧,说不到官兵心坎里,激不起思想共鸣,没有找准穴

位,打鼓没有打到点子上。"[1]那么,做到"接地气"就要尊重实际,摸清受教育者的所思所想;做到"激起思想共鸣",就要能够达到与受教育者同频共振;做到"找准穴位",就是要把受教育者的原始性动力调动起来。因此,应在思想政治教育内容方面下功夫,把内容讲活讲透,打牢理论基础,优化教育内容。

一、提高思想政治教育内容的契合性

思想政治教育内容不是高空飞物,不是看不见摸不着的东西,必须接地气,能够被教育者所运用,被受教育者所吸收。因此,需提高思想政治教育内容的契合性。

(一)思想政治教育内容与受教育者的日常生活、利益及需求相契合

马克思恩格斯指出:"人们的意识,随着人们的生活条件、人们的社会关系、人们的社会存在的改变而改变。"[2]随着时代的变化发展,思想政治教育内容应不断与受教育者的日常生活、利益及需求相契合。

第一,思想政治教育内容与受教育者日常现实生活相契合。日常生活中养成的习惯、得到的感悟、养成的品德将影响受教育者很长时间甚至一生。受教育者离不开日常生活这个场域,脱离日常生活的思想政治教育也无法走进受教育者的内心,相当于空中楼阁。假如思政教育内容没有发挥应有的作用,就会导致受教育者对教育者产生不信任。因此,需加强思政教育内容与受教育者的日常生活相联系,促进思政教育内容贴近生活、贴近受教育者,在日常生活中以社会主义核心价值观为引领,使思政教育内容融入受教育者的日常生活中,增强思政教育内容的鲜活力和说服力,以提升思政教育的效能,从而把思政教育内容内化到受教育者的内心。

第二,思想政治教育内容与受教育者利益、需求相契合。内容是由教育者根据一定的要求而制定的,而受教育者只有接受思政教育内容,才能发挥思政教育内容的作用,教育者才能完成思政教育任务和目标。受教育者作为一个具有主观能动性、独立思考的人,总是按照自己的利益、需求去认识世

---

[1] 中央军委政治工作部编:《习主席国防和军队建设重要论述读本》,解放军出版社2016年版,第72页。

[2] 中共中央马克思恩格斯列宁斯大林著作编译局编译:《马克思恩格斯选集》(第一卷),人民出版社2012年版,第419-420页。

界和改造世界。列宁把物质利益比喻为"人民生活中最敏感的神经。"[1]因此，思政教育内容需与受教育者的利益、需求相契合，有助于思政教育的效能进一步提升，容易被受教育者所选择和接受，则能出现积极的行动和积极的因素，产生积极作用和正效果。思政教育内容与受教育者的利益、需求不相契合，不利于提高思政教育的效能，受教育者不容易接受，则会出现不满、抵触、对立等消极行动和消极因素，产生零效果甚至负效果。因此，需加强思政教育内容与受教育者利益、需求的契合性，科学把握受教育者的思想特点，调查了解不同背景的受教育者的思想状况和发展规律，洞察不同时期、不同阶段、不同领域的受教育者的思想动态，从而能够从受教育者的切身利益和需求出发，及时对思政教育内容进行充实和调整。比如，思政教育内容中可以添加一些能够缓解受教育者思想矛盾、心理危机、情感困惑的相关内容，从而助力受教育者无所畏惧、无所困惑、无所牵绊更好地提高自己。

（二）思想政治教育内容与受教育者的思想认识水平相契合

任何一个受教育者对内容的接受都有其内在规律。因此，促进内容契合受教育者，"问题恰恰在于要找到与各阶段的发展相应的是哪些知识，然后采用该年龄水平的心理结构可同化的一种呈现方式。"[2]受教育者在不同的成长阶段、不同的成长环境会有不同的表现特征，他们对事物的认知、表现出来的思想观念、价值取向、物质需求和精神需求也是不一样的。因此，思政教育内容需与受教育者的思想认识水平相契合。

思政教育内容的设计，在受教育者的不同发展阶段应是不一样的，应遵循由低到高、由简单到复杂、重难点相结合的教育内容设计，遵循受教育者的思想认识水平。比如，在大学刚入学阶段，受教育者渴望了解新的大学校园环境、师长、同学和将要学习的课程，那么思政教育内容需设计新生入学教育内容，使受教育者充分了解到大学是什么样的，受教育者如何学习、生活、交友等，并设计有关的基本素质要求和价值观教育内容。在受教育者熟悉并习惯了大学阶段后，思政教育内容应包括对受教育者思想困惑和矛盾进

---

[1] 中共中央马克思恩格斯列宁斯大林著作编译局编译：《列宁全集》（第十六卷），人民出版社1988年版，第136页。

[2] 华东师范大学教育系、杭州大学教育系编译：《现代西方资产阶级教育思想流派论著选》，人民教育出版社1980年版，第361-362页。

行解疑的内容，能够指引受教育者思考问题、分析问题。总之，要增强思政教育内容与受教育者思想认识水平的契合性，使它有利于正确引导与有效解决受教育者所面临的思想困惑和现实问题，更好发挥思政教育的积极作用。

(三) 思想政治教育内容与时代发展相契合

每个时代都会产生每个时代所属的思想理论体系，思想政治教育的内容也是如此，是这一时代的精华内容。恩格斯指出："在不同的时代具有完全不同的形式，同时具有完全不同的内容。"[1]如今处在中国特色社会主义新时代，随着时代的发展，思想政治教育的内容也应主动与时代保持协调，与时代相契合。思想政治教育内容需主动顺应时代要求，展现时代精神，紧贴时代脉搏，探索属于自身的内容体系。

对于思想政治教育内容，要用时代的眼光进行审视与丰富，要用改革的精神进行构建。面对当今世界经济全球化的发展，需能够在坚持社会主义意识形态的前提下，借鉴和吸收人类文明进步思想，丰富教育内容。面对中国的国家富强、民族振兴、人民幸福目标，思想政治教育内容需有效阐释中国梦、中国特色社会主义新时代等关键术语，讲清习近平新时代中国特色社会主义思想，讲好如何推动中华优秀传统文化创造性转化与创新性发展，传授中国共产党百年来是怎样一步一步走向新的辉煌。总之，我们需促使思想政治教育内容具有先进性和前瞻性，体现中国特色社会主义新时代特征，从世界和中国时代背景下，顺应时代潮流，提炼思想政治教育内容资源，从而更好地运用充满时代色彩的思想政治教育内容教育、感染、激励受教育者，培育受教育者具有时代价值观和时代精神，成为担当民族复兴大任的时代新人。

二、加强思想政治教育内容的吸引性

随着思想政治教育学科的发展，其理论体系也逐渐健全，但是其功能有时候得不到最大程度的发挥，其效能不佳以及得不到提升，一部分原因是其内容脱离实际、缺乏吸引力。思政教育内容是思政教育目标与思政教育有效开展的中间环节。因此，需加强思政教育内容的吸引性，促进思政教育内容

---

[1] 中共中央马克思恩格斯列宁斯大林著作编译局编译：《马克思恩格斯选集》（第三卷），人民出版社2012年版。

做到科学透彻、对症下药和与时俱进。

（一）思想政治教育内容需科学透彻

真理的力量是伟大的，科学透彻的思政教育内容是能够深入人心、鼓舞人、带动人的。思政教育目标能不能实现、实现的程度有多大，也是依靠真理的力量和科学透彻的思政教育内容。科学透彻的思政教育内容能够正确反映事物的本质和发展趋势，能够符合受教育者的根本需求和社会发展的要求。

第一，对思想政治教育内容的性质需有科学的认识。思想政治教育是一门意识形态性很强的科学，也是关于人的科学，它围绕着人的生存与发展、思想与道德、人格与价值等进行探讨，为了实现人的自由全面发展而努力。恩格斯指出："科学越是毫无顾忌和大公无私，它就越符合工人的利益和愿望。"[1]那么，思政教育内容也应是科学的，需更加符合工人阶级、人民群众的根本利益和要求，用科学的内容体系教育人民，最终实现人的自由而全面的发展。因此，增强思想政治教育内容的吸引性，要先对其性质有着正确的认识。

第二，需构建科学的思想政治教育内容体系。有什么样的思政教育内容体系，受教育者也就会受到什么样的影响。思政教育内容体系是否科学完整，将会影响着受教育者的科学认知。思政教育内容体系的构建要与受教育者的认知结构和规律相符合，不与受教育者的认知结构和规律相符合，就会造成受教育者的认知混乱不清，影响思政教育的效果和思政教育目标的实现，思政教育的效能得不到提升。

第三，对思想政治教育内容的宣传讲解要透彻。尽管对思政教育内容的性质有了科学的认识，也致力于构建科学的思政教育内容体系，但是把思政教育内容对受教育者进行宣传讲解时不透彻、不清晰，甚至模棱两可的话，就会功亏一篑，白费工夫。"理论只要彻底，就能说服人。所谓彻底，就是抓住事物的根本"[2]，思政教育内容只有做到讲得清、讲得透、讲得全、讲得彻底，才能够被受教育者全面了解与熟悉，才能进行下一步的消化与吸收。就好比受教育者喜欢吃这碗饭，才愿意把食物吃进肚子里，然后才能对食物

---

[1] 中共中央马克思恩格斯列宁斯大林著作编译局编译：《马克思恩格斯选集》（第四卷），人民出版社2012年版，第265页。

[2] 中共中央马克思恩格斯列宁斯大林著作编译局编译：《马克思恩格斯选集》（第一卷），人民出版社2012年版，第10页。

进行下一步的消化吸收。受教育者只有知其然更知其所以然,才会接受教育进而接受思政教育内容。因此,思政教育内容的宣传讲解要透彻。

(二) 思想政治教育内容需对症下药

思想政治教育内容不是讲的花里胡哨就是好,不是高大上就是好,只有对受教育者有用才能称得上好,才能称得上是有价值的。因此,这就要求思想政治教育内容要对症下药,能够对受教育者因材施教。

第一,思想政治教育内容的受众对象是有不同利益需求的群体,也是不同层次的人员。思想政治教育内容需有效应对这个问题,坚持先进性与广泛性相结合。思想政治教育内容需是先进的内容,可以对于不同层次、不同利益需求的受教育者来说都能够受用,从而起到有效的积极作用。另一方面思想政治教育内容需是广泛的内容,促进其符合绝大多数受教育者,然后"先进带动后进",从而助推整体上实现对思想政治教育内容接受的积极效果。

第二,思想政治教育内容除了需具备先进性和广泛性外,还要有突出的教育内容。思想政治教育内容首先是符合统治阶级要求进而传授给受教育者的内容。其次,还需是能够满足受教育者精神需求的教育内容。比如,对于大学生群体来说,思想政治教育内容,除了要包含国家要求的世界观、人生观、价值观教育内容外,除了包含爱党、爱国和爱社会主义的政策方针外,还需包含恋爱观教育、就业观教育、法制观教育等符合大学生客观实际的教育内容,能够用先进科学的教育内容占领大学生的头脑,以满足他们接受教育最终成功走向社会的需求,避免大而空、实之无用。

(三) 思想政治教育内容需与时俱进

经济全球化发展,中国特色社会主义进入新时代,信息技术发展等使思想政治教育内容既面临着挑战,又增加了进一步发展的机遇。这就要求思想政治教育内容避免成为僵化的教条,在实事求是的基础上与时俱进,不断地更新发展教育内容,增强教育内容的吸引力。

第一,要及时结合时事整合添加爱国主义、集体主义、社会主义教育等内容。一方面要加强解决人的思想认知教育,另一方面也要符合国家、社会发展要求,做好爱国主义、集体主义和社会主义等基本性的思想政治教育内容。离开了思想政治教育的最基本的内容,思想政治教育的存在和发展将会受到质疑和挑战,其地位和功能将难以保证。在有关爱国主义、集体主义、社会主义教育内容中添加国内外经典事件的案例对比,能够使受教育者更加坚信中国共产党的领导,充分认识思想政治教育的科学性。

第二,要增加人与自然社会和谐发展、伦理道德教育等方面内容。虽然受教育者的生活水平得到了提高,接受教育的人群增多,全国文盲率降低,但是受教育者无论怎样发展,都离不开自然和社会环境。伴随时代飞速发展,并不是要在牺牲自然、社会、他人的利益基础上来发展自己,受教育者应学会与世界、自然、社会和他人以及自我和解,拉近彼此之间的距离,促成自身发展。因此,这就要求思想政治教育内容要与时俱进,顺应发展大势,增加人与自然社会和谐发展、伦理道德教育等方面的内容。

第三,要增加社会热点、网络等方面思想政治教育内容。教育内容不是空洞不变的教条,要随着受教育者的成长环境、时代背景发生变化而变化。因此,一方面,要增加社会热点方面的教育内容。受教育者生活在社会中、成长在社会中,难免被社会上的热点事件所影响,一些社会热点事件是真实的,也有的是被媒体、商家恶意制造气氛博取眼球,或者被国内外恐怖分子故意为之。这就需要增加社会热点思想政治教育内容,加强受教育者对社会热点的分辨与分析,对受教育者因社会热点带来的情绪反应进行正确的引导。另一方面,要增加网络方面的思想政治教育内容。如今已经进入5G时代,网络发展势不可挡,此外由于复杂的信息内容和网络控制技术的局限所在,各大网络媒体、搜索引擎、客户端、APP无孔不入,受教育者面临即使不主动接受网络信息也会被网络信息连番轰炸的局面,有数不清的网络信息自动推送甚至被持续推送,带有迷信、色情、暴力、反马克思主义、反社会主义的内容在网络传播,给受教育者带来了不良的影响,影响着思想政治教育效能的提升。因此,添加网络方面的思想政治教育内容十分必要,从而使受教育者能够快速对网络内容进行独立思考、是非分辨,避免简单、片面、盲从、跟风甚至反动。除了对网络负面信息的教育内容引导外,也可以在教育内容中增加网络热点词汇、语句、段子、歌曲,从而增强教育内容的可接受性。

三、加强思想政治教育内容的协调性

思想政治教育的内容相当丰富,各方面内容之间也紧密相连、密不可分,单靠其中一个方面的内容是难以实现最佳效益、产生最大效果的,假如思想

政治教育各部分内容能够从不同的角度进行协调搭配，那么将会发挥强大的作用力，推动思想政治教育的效能进一步提升，助推产生好的教育效果。因此，要加强思想政治教育内容的协调性，使得各部分内容高度配合、有序衔接，最大限度地发挥内容的功效。

(一) 思想政治教育内容横向协调

思想政治教育内容既涉及思想方面的，也涉及政治、道德、心理等方面的内容，具体到学校、学生方面又有课堂教育内容与日常教育内容等。不同部分、不同层面的内容具有不同的地位和性质，具有不同的分工和作用，应把握住不同部分、不同层面的思想政治教育内容的贯通性与整体性，从而对其进行横向协调。

第一，对不同思想政治教育内容进行协调。思想政治教育内容分为多个部分和不同的层次，处理好这些内容的关系并协调好，是思想政治教育效能发挥并进一步得到提升的关键性问题。比如，要把涉及思想方面的，也涉及政治、道德、心理等方面的内容协调好，他们之间处于不同的地位和具有不同的功能。要避免各思想政治教育内容彼此之间的各自为政、相互打压或者互相重复；避免部分内容主次关系不明确，或者只对重点教育内容进行讲解与分析，忽视了其他教育内容。

第二，对日常教育内容与课堂教育内容进行协调。对于学校、学生方面，思想政治教育内容可以分为日常教育内容与课堂教育内容，但是二者经常在实际工作中协调不够，一直处于分离或者各自为政状态。因此要加强对日常教育内容与课堂教育内容的协调，在进行课堂教育内容的讲授时，不能淡化日常教育内容，尤其对于高中的教育内容来说，不能因为"升学压力""分数至上"等原因简化日常教育内容。需将日常教育内容与课堂教育内容相互补充、互相促进。

第三，对思想政治教育内容与其他学科内容进行协调。对于每一个受教育者来说，不只思想政治教育内容能够起到积极的作用，其他学科的教育内容也能起到育人的作用。因此，思想政治教育内容要与其他学科内容进行协调，积极互动、互相反馈。避免思想政治教育内容与其他学科出现割裂或者重复的问题。比如，小学的品德课与历史课内容中，小学的品德课内容有时候会讲到历史课的内容，那么就需要对二者进行内容协调，形成密切配合的理论，发挥并提升思想政治教育内容与其他学科内容协调的效能。

（二）各阶段思想政治教育内容纵向递升

受教育者的认知和发展都要经历一定的发展过程，具有一定的阶段性的特征，受教育者对前一阶段的思想政治教育内容进行踏踏实实地学习后，能够为后一阶段的内容学习奠定基础，不能一口吃一个胖子或者越过某一个阶段。因此，对于思想政治教育内容要注重对不同阶段受教育者的认知特点与教育规律的把握，使各阶段的思想政治教育内容进行纵向递升。

第一，一方面要根据受教育者的身心发展特点和实际经验进行思政教育内容的安排，另一方面又根据社会的发展要求进行思政教育内容的安排，从而能够使各阶段思政教育内容实现由简单到复杂、由易到难、由浅到深的前后贯通，循序渐进地进行纵向递升。比如，随着受教育者的认知发展、需求发展、成长发展，思政教育内容要从适应个人、家庭、学校、社区的要求到满足整个社会、国家、世界、人类命运共同体的发展。思政教育内容的道德教育方面，要先讲具备什么样的行为规范值得赞扬，什么样的行为规范会受到惩罚，再讲心灵美则个人品德行为美，再讲自身的道德行为与外界社会息息相关，需学会处理人际关系，再上升到家庭关系、工作关系、公共场合应具备怎样的道德情操与道德行为的讲解。

第二，要根据受教育者的身心发展特点和认知水平，在不同阶段要根据不同的要求对思想政治教育内容进行提升，使之实现有知识深度、思维深度的递升。比如，对于思想政治教育内容在小学、中学、大学阶段有不同的要求与安排。在小学阶段，思想政治教育内容要涉及包括家乡、民族、国家的初步讲解，注重培养小学生对家乡、民族、国家的政治情感；小升初后的初中阶段，应在小学阶段的基础上，涉及中国的政治制度与地位等思想政治教育内容，注重在小学阶段培养学生政治情感的基础上，使初中阶段的学生能够对中国基本国情的内容知识基本掌握；由小学阶段到初中再到高中阶段，思想政治教育内容的深度要不断增强，由对教育内容的浅层掌握，实现教育内容的特点、原因、本质等理性认知与深层次理解，具备积极的政治行为；由高中阶段到大学阶段则要对思想政治教育内容实现新的跃升，大学生已经成年并对政治有一定的认知与价值取向，教育内容需涉及引导受教育者掌握正确的社会主义意识形态内容与价值观，引导受教育者能够对社会主义与资本主义进行理性思辨，具备正确的政治言行且带动身边的同辈群体。

(三) 思想政治教育内容整体协调

各部分、各阶段的思想政治教育内容要做到在横向上能够有序展开，在纵向上能够逐步递升，从而使得其更加协调、更加有效。需在时间上与空间上对思想政治教育内容进行有机组合和有效衔接递升，各个阶段、各部分内容各司其职、由浅入深、相互协调，使得思想政治教育内容内部形成一股绳，形散而神聚，消解部分内容的不足，增强其共同性与相互包容性。思想政治教育内容一方面要追求体现国家和社会发展的要求，一方面要能够促进受教育者发展。要依据思想政治教育目标、受教育者思想特点、认知发展规律，对教育内容各个部分、各阶段进行排列组合，横向上协调、纵向上递升，实现思想政治教育内容协调发展。各部分、各阶段越协调，稳定性就越强，整体功能就越强，整体效能就得到提升，整体效益与效果就越好。

四、注重思想政治教育内容的稳定性

注重思想政治教育内容的稳定性是根据目标、任务、受教育者思想特点等决定的，是思想政治教育内容本质方面固有的普遍性的部分。尽管前面我们要求其内容需与时代变化发展相契合，但是其内容一定程度上必须保持稳定性。在很长的一段时期里其目标和任务不会发生变化，而且其效果并不是一蹴而就、立刻实现的，其效果的呈现具有长期性。如果其内容缺乏稳定性，其效果难以具有持久性。因此，需注重其内容的稳定性。思想政治教育内容的稳定性是要求内容的指导思想稳定、基本要素稳定和基本观点稳定。

(一) 保持思想政治教育内容的指导思想稳定

思想政治教育内容的指导思想必须稳定，否则思想政治教育会自乱阵脚，整个国家和社会也会受到严重影响。正所谓只要"旗帜不倒"，将会继续前行。

第一，坚持以马克思列宁主义为指导思想不变。中国共产党的指导思想是马克思列宁主义。[1]思想政治教育是中国共产党领导、组织、动员、为主

---

[1] 参见《第一届全国人民代表大会第一次全体会议开幕　中央人民政府主席毛泽东主持会议的开幕式并致开幕词　宪法起草委员会委员刘少奇作关于中华人民共和国宪法草案的报告》，载《人民日报》1954年9月16日，第1版。

力进行的，因而也要坚持马克思列宁主义的指导，而且思想政治教育的内容也包括教导、组织、动员人们能够既坚持以马克思列宁主义为指导，又能够运用马克思列宁主义分析和解决问题。因此，思想政治教育的内容要坚持以马克思列宁主义为指导思想不变。

第二，坚持毛泽东思想和中国特色社会主义理论体系的指导地位不变。马克思主义传入中国，并与中国具体实际国情相结合，实现了马克思主义中国化。思想政治教育一直坚持中国共产党的领导，推动着其内容不断与时俱进。思想政治教育的内容不断变得丰富，既包括毛泽东思想和中国特色社会主义理论体系，遵循其立场与观点，又依靠其分析和解决思想政治教育的问题。

（二）注重思想政治教育内容基本要素稳定

思想政治教育内容应包括马克思列宁主义、毛泽东思想和中国特色社会主义理论体系教育内容、公民道德和民主法治教育内容等这些基本要素。不管时代如何变化，社会如何发展，思想政治教育内容也许会增加新的内容、创立新的形态，但是其内容的这些基本要素是相对稳定的，是必须包含在内的，否则就会造成思想政治教育的无计划性、盲目性和任意性，其内容就失去了坚强厚实的思想根基，也就失去了其赖以依靠的大树，其内容深度和力度不强。

（三）注重思想政治教育内容基本观点稳定

只有经得起长期的历史和实践考验的思想政治教育内容才具有魅力。只有相对稳定、不朝令夕改与变幻无常的内容才容易被人信服、认同和接受，否则容易被人腻烦和逆反。因此思想政治教育内容的基本观点要保持稳定，既贴近实际又不随意附和，既关注热点又不更改方向，给受教育者真实、科学、经得起推敲和被历史、实践检验的思想政治教育内容。

第一，注重思想理论观点的不变。思想政治教育具有意识形态性，反映一定阶级和社会的思想理论观点，也是对统治阶级要求稳定性的反映，因此，思想政治教育内容的思想理论观点必须保持稳定性。同时，我国致力于中国共产党长期执政、坚持中国特色社会主义制度、经过长期努力实现中华民族伟大复兴、实现人的全面发展，这就要求思想政治教育内容的思想理论观点保持稳定性，否则短时期内这些任务与目标无法实现。因此，在我国，我们必须坚持以马克思主义理论为思想政治教育的核心内容，以实现共产主义为信仰。

第二，注重社会道德规范要求不变。思想政治教育内容中包含的基本的社会道德规范要求不能变。受教育者只有具备并遵循基本道德规范才能存活于社会，继而促进完善人性、维稳秩序、和谐社会等。因此思想政治教育内容需坚持从我国历史实际和基本国情出发，坚持爱党、爱国和爱社会主义相统一，坚持集体主义与个人主义相统一，坚持社会公德、职业道德、家庭美德、个人美德等社会道德规范要求不变。

第三节 强化时代意识，创新思想政治教育方法

关于创新方法与提升效能的关系，习近平强调："用改革的思维、创新的办法提升社会治理效能。"[1]这为我们创新思想政治教育方法，提升其效能，提供了思想借鉴和实践指导。"过去授课的'绿皮车票'已登不上新时代的'思想高铁'。"[2]传统的思想政治教育方法在党的革命、建设和改革过程中发挥过积极的促进作用，在当今社会主义现代化过程中也仍然可以发挥作用。但是，当今科学技术飞速发展，社会发展加速，国家治理现代化亟需推进实现，传统思想政治教育方法下的教育效果不是最佳，影响和制约着其目标的实现。那么，如何适应时代发展要求，强化时代意识，提升思想政治教育的实际效能，这是当前亟需解决的突出问题。因此，需要创新思想政治教育方法，运用隐性教育方法、综合式教育方法、个性化教育方法、现代化教育方法。需要强调的是，这几个方法虽然有交叉使用的地方，但是各自的侧重点不同，对提升思想政治教育效能有助推作用。

一、运用隐性思想政治教育方法

伴随社会进步、网络发展以及人们日益增长的美好生活需求，思想政治教育方法也应有所改变与创新。如果我们总是用老眼光或者过去强制的方法进行思想政治教育，那么，受教育者就会对思想政治教育有所抵抗，即使是

---

[1]《习近平谈治国理政》（第二卷），外文出版社2017年版，第385页。
[2] 毛茂宇等：《教育课堂呼唤"精准设计"》，载《解放军报》2021年10月13日，第5版。

好的教育内容、具备足够的经费也无用武之地和无效果展现。因此，需适应现在的人与物的变化发展情况，运用隐性的教育方法。

（一）隐性思想政治教育方法的时代内涵

所谓隐性方法，就像武林小说中或者科幻电影中的"隐形人"一样，采用"隐形人"的方法有助于把该做的事情做成功。隐性教育方法强调在思想政治教育过程中将教育目的和内容隐藏在生活、学习、工作、娱乐、文化、环境、制度、管理等空间中，使得教育的过程不强制、教育的方式手段间接渗透、教育的效果持久，从而使受教育者无形之中、潜移默化地既受到了教育又表现出积极自愿状态。

（二）隐性思想政治教育方法的作用彰显

隐性教育方法强调使受教育者不知不觉地受教育，而且效果是显性教育不能替代的，对于提升思想政治教育效能，具有独特的功能和作用。

第一，有利于应对国内外发展挑战。从国外来看，经济全球化、文化多元化、信息技术的发展，使得受教育者受到西方社会思潮与价值观的影响，影响着受教育者的价值追求，享乐主义、奢靡之风等动摇了受教育者的理想信念、价值理念和认识追求，而这些消极影响与消极的内容信息，是以无声无息的方式出现在受教育者面前的。因此，采用隐性的教育方法予以回击，能够发挥思想政治教育的积极作用并提升其效能。从国内来看，现如今处于中国特色社会主义新时代阶段，人们的生活需求、生活方式也得到进一步的提高，但也伴随着正确思想观念与错误思想观念交织的现象，网络诈骗、黄赌毒等一直无处不在，隐藏在社会的各个角落，这都对党和政府的信任感和安全感造成了挑战、对思想政治教育的抵制一定程度存在，假如一直采用显性教育方法，采用理论灌输方法，会让受教育者产生厌烦心理，思想政治教育目标的实现难度加大。因此，要采用隐性的教育方法以应对现实挑战，有助于实现思想政治教育目标。

第二，有利于提高受教育者的接受度。前面我们已经论述了国内外社会发展变化给受教育者带来的思想观念、行为意识的挑战，诸如，受教育者的自主意识、独立意识有所提升，但与此同时，其群体观念、遵从意识以及政治观念有所淡化，传统的显性的思想政治教育方法一定程度上在尊重教育者的主导地位的时候忽视了受教育者的主动性，其所采用的直接方式一定程度上不符合受教育者的自主性特点,难以适应受教育者心理变化,难以符合受教育者的独立意识、自主意识增强等特点,受教育者对思想政治教育内容和方法则是被动地接受和应对。因此要在直接理论灌输的同时辅以隐性教育方法,契合受教育者的自主性、独立性等心理要求,适应受教育者的心理发展变化,把思想政治教育内容隐藏在受教育者的日常生活、实践活动中,让受教育者发挥自身的自主性。满足受教育者的自尊需要,能够积极主动地把社会要求的思想观念和政治观点内化成自身认知并进行外化。

第三,提高思想政治教育目标的实现程度。隐性教育方法强调将思想政治教育目的和内容等隐藏在受教育者的生动完善、丰富多样的日常工作、学习、生活中,能够引起受教育者的注意力,激发受教育者的兴趣点,从而使得思想政治教育内容在自然愉悦、心潮澎湃、积极向上的氛围中"随风潜入夜"地作用于受教育者,"润物细无声"地实现思想政治教育目的,使受教育者感受时代的召唤,绽放梦想,用奋斗点燃青春的光芒,干一番轰轰烈烈的事业。比如通过丰富的文化活动、健康的社会生活与集体生活、和谐的人际关系、国家大事与热点事件等,激发受教育者感受建党100周年的热血沸腾,感动革命前辈的"破旧换新天"边防战士的"清澈的爱"、"抗疫"一线的守护生命,感受奥运会挑战极限与空间站追逐梦想等,有效避免受教育者的逆反心理,能够使受教育者的情操、心灵和意志得到有效的陶冶、净化和培养,能够一定程度上促进受教育者具备良好的品质和健康的人格,且这种效果是持久的,甚至能够影响受教育者一生,从而提高教育的覆盖面和影响力,这有助于增强思政教育目标的实现程度。

(三)隐性思想政治教育方法的科学实施

第一,具备隐性教育方法的科学认知。首先,隐性教育方法实施前,要注意以受教育者的现实生活为基础,以贴近生活的方式把思想政治教育内容融入受教育者的思想行为中去。其次,隐性教育方法的实施中,要注重与受教育者的交流互动,没有与受教育者的交流互动,任何隐性的思想政治教育活动都是对牛弹琴,都是一方主动、另一方被动,有选择地采取隐性教育方法。最后,在当今处于主导地位的显性教育方法仍然是教育的主要方法之一。隐性教育方法虽然也是我们所主张应用的,但是,我们也绝不能忽视和否认显性教育的方法和手段。就价值导向而言,显性教育方法有着比隐性教育方法更为明确、强烈的价值导向。相比于隐性教育方法，显性教育方法对于增强社会主流意识的整合力量具有重要意义，能够较为明显地明确全社会的目标追求与价值导向，发挥出方向性、引领性的作用。不言而喻，显性教育方法给人们树立了正确的导向——它使人们明白什么样的行为才是符合社会要求和道德规范的行为。因此，各种正面思想政治教育活动的开展仍然应该要以显性教育方法为主。就思想政治教育效果而言，隐性教育方法有着良好且持久的教育效果，其作用是显性教育方法所不能比拟的，但与此同时，它也存在一定的局限性。隐性教育需要较长时间的沉淀才能发挥出作用。因而，显性教育与隐性教育的有机衔接与搭配才能够实现积极的有利效果。

第二，对隐性教育过程进行谋篇布局、完备规划。首先，对于受教育者而言，隐性教育是隐性的，因为它看不见、摸不着，其功效、作用的发挥也极其隐蔽，不为人所知、不为人所察觉。但相反，隐性教育对教育者来说是显性的，它是自发、自觉、自为的能为人所感知的具有主观能动性的活动。所以，总的来说，隐性教育法并不是一种任其自然、任其自流、不受约束的教育方法，它只是意味着教育者在一定程度上从台前走到了幕后，从思想政治教育内容信息的直接传播者变成了幕后的策划者和组织者，而这一切都只是教育者在思想政治教育过程中的角色发生了转变，其所处地位、作用本质还是一如既往、尚未改变的。其次，对隐性教育过程进行精心组织、策划和引导，不仅可以使教育的内容以一种"随风潜入夜"的方式渗透到受教育者的生活、学习和工作中，也可以使教育的内容在悄无声息、不知不觉的过程中被受教育者所接受吸收。最后，教育者既要能及时关注事物发展动态以及变化趋势，也要能获取受教育者信任、把握其内心活动、对其进行疏通引导。只有如此，才能使隐性教育的效果发挥到极致。

第三，要注意精心选择隐性教育的载体。隐性教育载体的选择和设置关系到思想政治教育过程中隐性教育的作用的发挥，因此，在选择隐性教育载体时，需考虑如下两个因素：其一，所选载体是否具备较强教育意义。简单来说，隐性教育载体是被教育者按思想政治教育目的加以设定的、具有丰富教育意义的事物或氛围。在思想政治教育过程中，如果事物或氛围不具备或缺乏教育意义，那它则不能被选中成为隐性教育载体。例如，一些事物或氛围含有一定的隐性教育因素，但由于存在于这些事物中的隐性因素有善有恶、有好有坏，一言以蔽之，就是参差不齐、良莠不分，因而这些因素很难被选中成为隐性教育载体。其二，不同教育对象之间存在差异，能否为隐性教育所用，是隐性教育载体的选择需考虑的另外一个因素。换言之，不同教育对象在年龄、性别、职业、性格等方面存在差异，而这些差异又会影响到隐性教育载体的选择，因此，在选择隐性教育载体时，要把这些因素充分考虑进去，以便提高隐性教育的实效。最后，注意隐性教育过程的长期性。由于教育手段的非强制性，使得它只能以感染、熏陶等方式发生影响，这就难以获得立竿见影的效果，需经历长期的教育过程。因此，这就要求教育者具备足够的耐性、恒心与毅力，不能操之过切、急于事成，否则会适得其反、毕其功于一役。只有坚持不懈、贯彻始终，才能最大限度发挥隐性思想政治教育的作用，达到与预期一致的良好效果。

第四，探索创新隐性教育方法。首先，利用现代教育信息手段开展隐性思想政治教育。隐性思想政治教育方法需紧跟时代潮流，围绕受教育者的思想特点与现代教育信息手段相结合，比如运用微信、微博、QQ、MOOC网络教育平台。通过线上的平等交流、多元对话改变线下固有的你上我下、尊卑有别的权威感、保守性；通过网络思维的延展性、完备性避免教育者的言语不当、行为错误；通过网络表情包的多样性、趣味性使用增加丰富的情感互动等，从而加强了思想政治教育的感染性与实效性。其次，利用工作、生活、学习中的活动开展思想政治教育。比如通过"好书、好戏、好影片、好电视剧、好文章"等隐性教育方法，这些都与人们的思想道德活动有着紧密的联系，有着可感性强的特点，更容易提升思想政治教育的效能。比如将思想政治教育与不同类型的企业文化、校园文化、社会活动相结合，进行一定组织文化的熏陶，各种科技竞赛、艺术创造、竞技比拼等，如"中国诗词大会"等，既能够坚持正确的政治方向，又能够摆脱枯燥的学习生活，既能够学习知识又能够提高思想境界与情操，调动了受教育的积极性。最后，利用先进典型、场馆类、教育基地、文化活动等开展思想政治教育。发挥受教育者身边的积极向上、鼓舞人心的榜样与先进典型作用，他们的感人事迹和优秀品质能够使受教育者泪流满面继而震撼心灵，受到鼓舞、汲取力量，达到很好的自我教育效果。比如，身患绝症但依然坚守在抗疫一线的人民英雄张定宇，病痛缠身却依旧献身教育、为大山女孩点燃希望的华坪女高校长张桂梅，身处"天坑"却敢向绝地要天路的"当代愚公"毛相林等，他们的事迹感染着人们的思想和行为，发挥了隐性的规范和教化作用。利用博物馆、纪念馆、校史馆、名人馆、爱国主义教育基地等开展教育，能够培养受教育者的爱国主义情感、集体主义精神，弘扬民族精神和时代精神，激发受教育者的热情。利用形式多样的节日活动、纪念活动开展思想政治教育，能拉近人与人之间的距离，促进受教育者人际关系和谐；利用中华优秀传统文化的感染与鼓舞作用，使受教育者具备自立、自信、自强的健康品格和坚韧不拔、不惧困难的勇敢心态，做到临危不乱、处事不惊。

二、运用综合式思想政治教育方法

"历史和现实都告诫世人：必须走综合发展之路，人类社会才能步入更加文明的未来。"[1]思想政治教育面对现代科学技术与社会发展，受教育者呈现出个性化、多样化等特点，以及各个学科领域呈现出综合化发展现象，这就要求采取综合式的思想政治教育方法，以应对人类综合化发展的时代。这不仅是创新思想政治教育方法的必然要求，也是提升其效能的重要途径。

（一）综合式思想政治教育方法的时代内涵

综合式教育方法强调教育者要应对社会经济发展要求，顺应时代发展趋势，把握各种教育方法的特点和共同发展趋势，实现教育方法制定与实施的综合性，是教育者同时或先后运用多种方法进行教育的统一性方法，强调教育者"相互结合地和相互联系地运用它们，以发挥思想政治教育方法的整体功能。"[2]在复杂、多变的时代背景下，教育者必须运用综合式教育方法观察、分析和解决问题。

（二）综合式思想政治教育方法是现实的需要

第一，思想政治教育的社会背景是复杂多样的。思政教育面临着经济全球化、社会多样化带来的挑战，政治、经济、文化、科技等综合发展，出现了社会结构多样化、思想观念复杂化等现象，影响着受教育者的发展，这就要求采取综合式的思想政治教育方法。

第二，受教育者是多方面发展的。我们国家要求培养德智体美劳全面发展的社会主义建设者和接班人，德育、体育、美育等缺一不可，同时受教育

---

[1] 周光迅：《大学教育综合化》，山东教育出版社1999年版，第1页。
[2] 万美容：《思想政治教育方法发展研究》，中国社会科学出版社2007年版，第218页。

者也有自己的发展需求和发展目标,这就要求教育者采用综合式的思想政治教育方法以应对这一要求。

第三,实现全员全程全方位育人的需要。习近平强调:"实现全员全程全方位育人。"[1]这就要求教育者采用综合式的思想政治教育方法,不再拘泥于传统的单一的教育方法,才能提高思政教育质量,提升思政教育的效能,从而有利于全面培养人和培养全面发展的人。

第四,思想政治教育过程的需要。在思想政治教育过程中,一方面不同的内容、不同的受教育者、不同的环境要求实施不同的教育方法,另一方面整个思想政治教育过程又包括认识过程、情感过程、意志过程、行动过程,准备阶段、实施阶段、反馈阶段等,这些也要求实施不同的思想政治教育方法。因此,必须采用综合式的教育方法。

(三) 综合式思想政治教育方法的科学实施

第一,在采用综合式教育方法前,应对各个思政教育方法进行考察、分析。首先,应根据受教育者的生活、工作、性格、特点等进行考察与分析,选择目前适合受教育者的教育方法。其次,对各个思政教育方法进行考察,总结每个思政教育方法的特点,分析各个思政教育方法的共同之处与不同之处,从而在分析受教育者的基础上,根据实际需要,综合运用多种方法。比如,感染教育法与激励教育法,都是思政教育的方法,但一种是隐性教育方法,一种是感性教育方法。那么在运用这些思政教育方法时,应在分析受教育者特点和现实要求的基础上,再选择综合运用。

第二,尽管采用综合式教育方法,并不代表在进行综合运用时每个方法处于同等地位,对各个思政教育方法要进行协调。运用综合式教育方法时,各个思政教育方法是有主次和先后之分的,必须计划好、协调好,避免思政教育开展在内容、方法、时间、人员上的矛盾与冲突,否则势必造成混乱的现象。比如,我们综合采用表扬与批判相结合的思政教育方法,要先进行表扬教育法的运用,再进行批评教育法的运用,也就是先鼓励受教育者给其以自信,再提出指导意见,让其发展更好。如果我们采用了相反的顺序,则会打击受教育者的积极性,最终影响思政教育目标的实现程度。

---

[1]《习近平谈治国理政》(第三卷),外文出版社2020年版,第331页。

第三，具体到综合式的教育方法，可以从以下几个方面进行运用。首先，可以采用主从式的教育方法，比如表扬与批评教育方法，教育与自我教育方法。其次，采用并列式的教育方法，比如理论宣传与实践教育方法，舆论引导与典型示范教育方法，环境塑造与文化熏陶教育方法。

三、运用个性化思想政治教育方法

（一）个性化思想政治教育方法的时代内涵

要"为每个学生提供适合的教育"[1]。个性化的教育方法，强调教育者在思想政治教育过程中注重人文关怀，根据不同的受教育者采用不同的教育方法。不断创新教育方法，挖掘特色的教育方法，通过运用个性化的教育方法进行思想政治教育目标和内容的传递，能够调动受教育者的积极能动性，从而推动不同的受教育者都能得到有效的教育和不同的受教育者之间形成优势互补、和谐发展。需要指出的是，个性化的教育方法也注重在尊重受教育者个性的基础上，培养受教育者良好个性与改造受教育者不良个性。

（二）个性化思想政治教育方法的意义彰显

第一，有利于激发受教育者的潜能。个性化的教育方法，强调尊重、理解不同的受教育者存在的智力、能力等差异，改变以往单一的教育方法，满足不同的受教育者的需求、利益等，提供可用于自主选择的教育方法。一方面，督促教育者进行个性化教育方法的创造创新，另一方面调动受教育者的积极性，开拓受教育者的眼光和创造性，激发受教育者的潜能，把社会要求转化为内在动力。

第二，有利于提高思想政治教育效率。个性化的教育方法相比于其他教育方法，更关注受教育者的接受度，更关注教育的针对性，注重受教育者的思想、心理和生活需要，主动了解受教育者的思想动态、学习能力等个性特点，建构受教育者的个性化的网络信息网，有利于提高思政教育的效率，提升思政教育的效能。

第三，有利于增强思想政治教育效果。个性化的方法能够对受教育者的

---

[1] 人民出版社编：《国家中长期教育改革和发展规划纲要》（2010—2020年），人民出版社2010年版，第13页。

自主意识与自觉性进行积极引导与激发;能够根据不同的受教育者与不同受教育者的认知水平、觉悟程度情况,采用不同的教育方法;能够根据受教育者的心理需求,引导受教育者正确看待物质利益,鼓励受教育者在创新创造中通过劳动创造价值,实现人生梦想。可以看出,个性化教育方法能够从实处着手又落在实处,满足受教育者的需要和社会发展的需要,能够彰显人文情怀,与受教育者产生思想共鸣,有针对性地发挥价值引领和思想导航作用,创新思政教育理念,增强思政教育的效果。

(三) 个性化思想政治教育方法的科学实施

第一,增强人文关怀。党的十八大指出:"注重人文关怀和心理疏导,培育自尊自信、理性平和、积极向上的社会心态"[1]。教育者需加强对受教育者的人文关怀和爱护,围绕、关照、服务于受教育者,加强对受教育者的生存状况、人格尊严等进行关怀。比如,将教育与心理疏导相结合。加强对受教育者的个性心理特点、行为表现进行把握,对受教育者的心理和行为进行引导与调整,富有针对性地进行心理疏导,促进受教育者积极发展形成健全的人格,提高思想政治教育解决问题的效率和质量。

第二,精准把握受教育者的个性化需求。首先,要精准识别受教育者的个体需求。每个受教育者都有自身的需求,这就要求教育者能够精准识别、全方位了解和分析受教育者的现实需求,比如可通过大数据等技术手段进行跟踪调查,把握受教育者的兴趣爱好、学习需求,从而为解决其需求,因材施教提供方法指导。其次,要分析部分代表群体的需求。通过对受教育者的个性需求进行汇总、分析、归纳,教育者能够制定个性化的教育方法,解决教育者与受教育者之间的供需矛盾。最后,要满足受教育者的合理需求。教育者在通过前面两个阶段对受教育者的需求进行统计与分析后,分析客观实际情况与现实性,对受教育者的各种需求进行取舍,制定科学的教育目标,选择合适的教育方法,最大限度地提高受教育者的积极主动性。

第三,把握不同类型思想政治教育侧重点。传统思政教育方法也发挥着重要的作用,应在传统思政教育方法的基础上,探索个性化的思政教育方法。一方面,创建个性化的网络教育专栏。通过网络教育平台,建设网络精品课

---

[1] 胡锦涛:《坚定不移沿着中国特色社会主义道路前进 为全面建成小康社会而奋斗——在中国共产党第十八次全国代表大会上的报告》,人民出版社 2012 年版,第 32 页。

程、教案、文库等资源，同时智能识别不同受教育者需求，精准推送与共享，"量体裁衣"以满足受教育者的个性化、多样化、差异化的需求。另一方面，可以建立个性化的思政教育方法体系。思想政治理论课可以说在不同的学校、部门有不同的学法与讲法，尽管使用同一个教材，但是教育效果不一样。因此，可以围绕国家课程标准和课程体系，借助人工智能，以个性化教育为理念，通过开展"慕课微课""雨课堂"等以满足受教育者的不同需求，促进个性化思想政治教育的开展，实施"智慧教育"。

四、运用现代化思想政治教育方法

随着时代的发展进步，要求教育者与时代发展进步潮流相符，改革与时代不相适应的思想政治教育方法。走向现代化是当今时代发展进步的潮流趋势，也是思想政治教育发展变化的趋势。因此，要求教育者采用现代化的教育方法，提升思想政治教育效能。

（一）现代化思想政治教育方法的时代内涵

现代化的教育方法是与传统的教育方法相对的，此处强调以全球化与中国特色社会主义新时代的现代社会环境为背景，以现代受教育者的思想状况为对象，以符合现代社会实现中华民族伟大复兴为目标要求，以现代社会新技术为手段等为特征的教育方法。[1]比如，用现代的话语去讲中国故事。现代化的教育方法强调的是扩展教育的理论与实践领域，融合更加开放、更加多元、更具时代性的因素，以现代化的思维与理念，采取精密、高效的现代化技术手段的教育方法。

（二）现代化思想政治教育方法的意义彰显

现代化的教育方法能够突破时空的界限，有效地传播思政教育内容，获得丰富的思政教育资源，提高思政教育效率与效益，对于思政教育效能提升有着重要的意义。

第一，现代化的教育方法能够拓宽思政教育空间，改变受教育者的获得信息方式与受教育方式，有利于思政教育信息的传递，提高思政教育效率。

---

[1] 参见刘新庚：《现代思想政治教育方法论》，人民出版社2006年版，第4-5页。

现代化的教育方法通过把实践基地、红色经典等物质资源和重要文件进行网络展示与传播，提供快捷的思政教育内容、共享的思政教育资源，相对于以往的思政教育面对面、书本、广播、报刊、电视等手段，现代化的教育方法利用科学的、全球性、交互式的现代信息技术，开拓了新的发展领域，拓展了思政教育的空间、方式与内容，改变了受教育者的获得内容方式与受教育方式，促进教育者与受教育者平等、自主地教育与接受教育，增强了多方的互动性，有利于思政教育信息的传递，提高了思政教育的效率。

第二，现代化的教育方法有助于提高思想政治教育效果。现代化的教育方法能够将心理疏导、网络平台、隐性文化等有机融入思政教育领域，既有利于受教育者在心理上接受思政教育内容信息，又有利于受教育者行动上能够有效践行思政教育要求，能够促进受教育者的吸收和内化程度，提高思政教育效果。比如，运用网络载体等现代化教育方法，发挥其开放、及时等积极作用，助推教育者有效抓住受教育者的思想情绪与实际动态，有针对性地进行思政教育，提高了思政教育运行效率与效果。

第三，现代化的教育方法有利于实现思想政治教育目标。其一，现代化的教育方法有利于提高受教育者的思想道德素质。现代化的教育方法要求思政教育具有现代化的教育理念，掌握现代化的教育技术手段，引导受教育者在多元的环境中获得思政教育信息，由单一向纵深推进，面对不同的文化观念，能够理性、平和、客观对待，有效促进受教育者具备处理复杂关系的能力与交往能力。比如，教育者可以引导受教育者对网络热点、热词客观对待，"yyds""网络直播""网络代沟"等需要教育者用现代化的教育方法进行引导与启发，才能够既顺利地进行教育活动，又起到提高受教育者思想道德素质的效果。其二，教育者可以通过现代化手段把理想信念教育、爱国主义教育、思想道德教育等无声无息地、全方位地进行，有利于提升受教育者的人文素养与道德情操。其三，现代化的思想政治教育方法能够通过高科技手段充分了解受教育者的心理与内容接受特点，能够给受教育者提供一个良好的教育环境，帮助受教育者具备良好的思维习惯和健康心态，形成健全人格，有利于增强受教育者面对不良社会思潮的抵制力与辨别力，使受教育者符合社会发展需要。

（三）现代化思想政治教育方法的科学实施

教育者应尽快熟练掌握各类网络新媒体技术、适应网络发展环境，充分利用新媒体资源，进行思想政治教育方法手段的改进，构建互动性、参与性较强的交互教育情境；加强网络环境下思想政治教育方法的探索，更新教育理念、制订合理的策略，积极参与话语权竞争，从而真正占领思想政治教育的主阵地，以切实应对网络化对思想政治教育效能提升的新挑战。

第一，教育者主动学习现代化思想政治教育方法。教育者要主动学习、研究和采用现代化的教育手段与技术，把现代化的教育技术方法运用到思想政治教育过程中，能够带动受教育者接受并学习现代化的技术手段，为之后提高现代化思想政治教育方法的接受性与实效性奠定基础。

第二，运用现代化的技术分析手段制定思想政治教育实施方案。教育者可以通过信息分析进行思想政治教育实施方案的制定，也可以运用电子信息技术分析软件进行科学的数据分析，通过定性与定量相结合，从而获取、分析、处理、反馈信息，使得思想政治教育实施方案更加科学有效。

第三，创新运用网络等载体，开展思想政治教育活动。首先，创新并运用网络载体等多种形式，既需要政府的大力支持，也需要社会各单位的通力协调与实施，多方力量创设网络资源，比如地方官员、主播、民间力量等进行多种形式宣传，拓宽网络思想政治教育阵地。其次，既注重在线下面对面地开展思政教育，也注重网络思政教育活动的开展。开展网络主题教育活动，组织网络热点讨论，网上直播观看中国文物古迹与各大场馆基地等，调动受教育者的感受与认知。比如，针对"孟晚舟女士被无理拘押将近1000天"开展网络投票，要求加方立即无条件释放孟晚舟，激发了无数受教育者的民族大义与爱国主义情感；党和国家政府成功包机接回孟晚舟以及孟晚舟的网络直播发言，激发人民群众对伟大祖国行、能、好的自豪情感。最后，教育并引导网络行为，使受教育者在文明、安全的网络环境下接受思政教育，既保障思政教育的安全运行，又给思政教育创造良好的网络环境，提高网络思政教育效率，从而提升思政教育效能。

第四节　运用系统思维，加强思想政治教育环境建设

思想政治教育环境包括经济环境、政治环境、文化环境、社会环境等方面，是思想政治教育的组成部分，对受教育者的思想政治道德素质的形成与发展起着强化、塑造、导向等积极作用。通过加强环境建设，提升思想政治

教育的效能，使其更好发挥对受教育者的积极促进作用。

一、推进思想政治教育的经济环境建设

社会存在决定社会意识。在我国，社会主义基本经济制度和由基本经济制度决定的经济生活条件影响着思想政治教育的开展和人的思想品德的形成。

（一）经济环境对思想政治教育效能提升的影响

马克思主义认为经济环境是人类思想和行为形成和发展的基础，决定着人们是否达到自由全面的发展。[1]在现实社会中，经济环境对思想政治教育的开展及其效能的进一步提升奠定了经济基础，有着重要的影响。

第一，经济环境影响受教育者的世界观、人生观和价值观。生产力的发展水平影响着人具有什么样的思想高度、认识水平以及价值观念。可以说，思想政治教育的活动开展需要一定的经济支持，经济投入大，思想政治教育开展得到足够保障，思想政治教育开展得顺利；经济投入少，则难以保障思想政治教育的顺利进行。思想政治教育开展属于精神文化生活领域，追求的是一种高层次的活动，影响着受教育者的世界观、人生观和价值观。"穷山恶水出刁民"，假如对一群缺衣少食的人开展教育，那么思想政治教育是难以取得良好效果的。第二，经济环境影响受教育者的思想道德发展水平。经济环境决定着人的生活条件，生活条件好，生活得到改善，人们则会对精神和素质有进一步的要求与提高，进而更加愿意接受并践行社会主义核心价值观，使自身具备良好的思想道德发展水平。假如生活条件不好，人们则会更容易追逐利益，有时容易被利益遮蔽双眼，做出道德败坏的危害社会的事情。经济制度下的分配方式是否公平，利益分配是否合理，是否兼顾效率和公平，影响着人们的有序参与与支持度。目前，有的产品出现"假冒伪劣产品"，这既是一种违法乱纪现象，也与不良商家道德败坏有关，这就要求加强经济环境建设，形成一种公平竞争的道德风尚，促进人们具备诚信意识、道德意识、竞争意识等。此外，新时代社会主要矛盾发生变化，使思想政治教育也面临着复杂的难以把控的经济环境，与之相连的是人们则会出现利益矛盾，对人

---

[1] 参见中共中央马克思恩格斯列宁斯大林著作编译局编译：《马克思恩格斯选集》（第一卷），人民出版社2012年版，第385页。

们的心理、情绪、心态、理想信念等产生重大影响。第三，经济环境为思想政治教育的开展提供保障。良好的经济环境除了促进受教育者良好的思想和行为的形成外，还为思想政治教育提供一定的物质保障，提供了丰富的载体和人力，推动思想政治教育不断向着现代化方向发展。因此，需加强经济环境建设，为思想政治教育效能的进一步提升提供一个良好稳定的经济环境。

(二) 加强经济环境建设的具体措施

第一，大力发展生产力。经济是国民生活的命脉，生产力决定着我国社会发展，是思想政治教育的基础，更是提升思想政治教育效能的基础。因此，要坚持大力发展生产力不动摇，以改革促进生产关系与生产力相适应，上层建筑与经济基础相适应，加快科学技术发展，发挥科学技术是第一生产力的作用，提高经济建设发展步伐，尊重知识，尊重劳动，尊重人才，提高人的素质，发挥人才的创造力，为思想政治教育效能提升提供基础。第二，完善和发展基本经济制度，巩固和发展公有制经济和激发非公有制经济发展活力，增强经济竞争力；通过完善现代企业制度，提高经济质量和管理效率；通过支持非公有制经济健康发展，为公有制经济发展提供有益补充。通过一系列举措，使人们更加坚信社会主义与共产主义好，使社会主义意识形态更加巩固，杜绝资本主义、封建主义等不良思想和行为影响，引导人们产生积极的思想和行为。第三，建立社会主义市场经济新秩序。市场经济秩序是好的，则人们的思想和行为不紊乱，思想道德素质也稳步得到提升。因此，需建立开放有序的社会主义市场经济新秩序，使市场运行效率得到提升；完善市场价格决定机制，使市场运行更透明；完善金融市场体系，使市场经济健康发展；深化科技体制改革，激发创新内生动力等。需坚持效率优先与兼顾公平相结合，建立和谐的利益关系，鼓励人们在社会主义经济发展过程中，正确处理社会、集体和个人利益的关系，自立自强、勇攀高峰。第四，健全城乡一体化体制和社会主义开放型经济新体制。一方面健全城乡一体化体制，促进城乡要素平等交换和均衡配置公共资源，促进城乡健康发展，努力缩小城市与乡村差距，减少城乡矛盾，调动城乡之间的互促共进积极性。另一方面健全社会主义开放型经济新体制，使得社会主义经济建设适应国际发展潮流，既引进来又走出去，各方面资源自由有序流动，国际与国内市场深度融合，从而增强人们的对外开放观念和合作共赢理念。

二、加强思想政治教育的政治环境建设

政治环境对思想政治教育活动的影响最为直接,[1]影响着思想政治教育活动的顺利进行。良好的政治环境是提高思想政治教育目标实现程度的一个重要手段。因此,提升思想政治教育的效能,需注重政治环境建设。

（一）政治环境对思想政治教育效能提升的影响

通过分析政治环境,可以看出谁是统治阶级,谁掌握着思想政治教育的领导权,体现着一定的阶级利益,影响和制约着思想政治教育活动的开展。第一,国外政治环境对思想政治教育效能提升的影响。当前,国外一些国家鼓吹"自由""民主""人权",却做着一些违背"自由""民主""人权"的活动,存在种族歧视现象,进行着恐怖主义活动等。这在一定程度上对社会主义发展产生了不良影响。思想政治教育只有积极有效开展坚定社会主义信念的教育活动,才能有力应对不良影响。第二,国内政治环境对思想政治教育效能提升的影响。当前,我国社会主义民主制度和法律体系有待进一步完善,并且一定程度上存在践踏法律、以权谋私、党风政风不良等现象,对受教育者产生了负面影响,影响着思想政治教育的方式方法的接受度与效能。第三,政治环境影响着受教育者的政治态度,进而影响着思想政治教育的开展程度与效能提升。生活在一定政治环境中的受教育者总是会受到所处政治环境中的政治意识的影响,比如受到政治理论、思想、主张等影响,也受政党及其政治机关等政治组织所管制,体现着统治阶级用来规范成员政治行为的手段,其所开展的活动能够影响着身处其中的受教育者的政治观念水平。

（二）加强政治环境建设的科学措施

我国的国家性质决定了我国实行人民民主专政的人民代表大会制度,坚持社会主义政治立场,这一政治环境也就要求我们培养的人才是社会主义国家需要的人才,这对于我们开展思想政治教育有着导向和约束作用。因此,更好地发挥思想政治教育的积极培养人的有利作用,更好地实现其目标,提升其效能,须使得其政治环境更佳,加强政治环境建设。主要从以下几个方

---

[1] 参见毕红梅、陈万柏主编：《思想政治教育学原理》,中国人民大学出版社 2021 年版,第134页。

面进行：

　　第一，健全社会主义民主政治制度。通过健全社会主义民主政治制度，丰富民主形式，保障人民当家作主的主体地位，使人们能够享有权利和自由，积极有序参政议政，充分发挥和体现我国社会主义民主政治制度的优越性，引导广大人民具备正确的思想和行为，继而充分发挥广大人民的建言献策的潜力和号召力，为思想政治教育顺利进行提供良好的政治条件和政治环境，为思想政治教育积极有效开展凝魂聚力，鼓舞教育主体多方力量发力，激发受教育者参与的积极性。第二，加强社会主义法治建设。法治是事物存在与发展的保障，是我们开展一切活动都必须遵循的，是进行国家治理和思想政治教育的重要依托。其一，开展普法宣传与教育，使全民具有法律意识，树立社会主义法治观念，使人们知法懂法服法。其二，完善中国特色社会主义法律体系，培育和践行社会主义核心价值观，完善宪法执行与监督制度，科学立法，做到有法可依，有法必依，执法必严，违法必究，一方面赢得人们的尊重，另一方面增强人们对法治的信心。其三，建设社会主义法治政府，让政府成为人民的政府、人民信赖的政府、人民依靠的政府。政府带头敢负责、敢担当、顶天立地，不乱为、不懒政、不怠政，实行政务公开，让人民既看得到政府的积极作为，也让人民满意放心。其四，要公正司法，完善审判监督制度，严格司法，加强对司法活动的监督，从而保障社会的公平，使社会能够稳步进行，也不易造成人们思想和行为的混乱。其五，坚持中国共产党对依法治国的领导，完善党内法规制度和依法治军，保障"一国两制"和推进祖国统一，加强完善涉外法律法规体系，从而保证法治中国建设行稳致远，人们安全稳定。其六，加强法治队伍建设，加强对法治专业队伍的培养培训，使他们朝着正规化、专业化、职业化方向发展，为思想政治教育积极开展提供源源不断的组织和人才保障。第三，推进政府机构改革和加强反腐倡廉与干部思想道德建设。建设廉洁高效的政府，树立正确的政绩观，转变政府职能，精简机构，提高效能。完善权力运行制约和监督体系。明确领导干部的职能职责，提高人们的反腐思想认识，加强"朝阳居民"似的反腐监督意识。加强党风廉政责任制建设，把权力关进制度的笼子里，广大党员干部能够廉政高效。加大反腐倡廉与干部思想道德建设力度，"治标先治本"，以雷霆出击之势，提高反腐水平。可以说，只有"从上到下"与"从下到上"相结合，才能推进反腐倡廉建设、干部思想道德建设常态化，才能够形成持之以恒的良好的政治环境。此外,也要能够具备应对与解决突发事件的能力,妥善处理各种社会矛盾与纠纷的能力,为思想政治教育的顺利开展提供良好的机遇与政治条件。

三、加强思想政治教育的文化环境建设

思想政治教育活动总是在一定的文化氛围、文化环境中进行的。文化环境影响着人的思想和行为,具有潜移默化的作用,是思想政治教育的重要环境因素。因此,需加强文化环境建设,发挥文化环境感染人、熏陶人的有利作用。

(一) 文化环境对思想政治教育效能提升的影响

人的发展离不开一定的文化环境,人总是被文化环境影响,被文化环境感染与熏陶。思想政治教育的进行也是在文化环境中进行的,教育者与受教育者都受文化环境的影响。第一,文化环境影响着受教育者的思想认识。人们生活在文化环境中,其思想认识水平和行为方式会受到文化环境中的风俗习惯、舆论等影响,会不知不觉地打上了处于其中的文化背景的烙印。[1]保守的文化环境对受教育者的思想认识产生消极的影响,会阻碍健康的思想认识的形成,比如女孩子不要读书早点嫁人;比如女孩子要裹脚等。良好的文化环境对受教育者的思想认识产生积极的影响,促进受教育者健康的人格的形成,比如,尽管深处大山,张桂梅仍然创办免费女子高中,鼓励贫困家庭女子受教育,从而改变自身命运,成为对社会有用的人。第二,文化环境影响着受教育者的行为方式、个性、心理。文化环境除了能够影响受教育者是否产生正确的思想认识外,还影响着受教育者的行为方式和个性心理。一方水土养一方人,不同地域、不同民族等,其文化环境是不同的,对受教育者的影响方式也是不同的。比如,端午节时南方人喜欢吃咸粽子,北方人喜欢吃甜粽子。大城市和沿海地区,交通方便,社会文化发展比较快,人们受教育程度比较高,视野开阔、思维敏捷,具有较高的认识能力,擅长人际交往,环境适应能力强;农村和西部内陆地区,由于交通不便利,经济基础薄弱,文化教育发展水平较低,不善言谈,但是由于长期生活在艰苦地区,则具备

---

[1] 参见[美]露丝·本尼迪克特:《文化模式》,王炜等译,生活·读书·新知三联书店1988年版,第39页。

吃苦耐劳和勇敢顽强的精神。第三，文化环境中出现的有害的社会文化思潮影响着思想政治教育效能的进一步提升。文化思潮对人的影响是无影无踪、不知不觉的，有时是难以控制的。一些错误的社会思潮，比如"民粹主义""自由主义"等，影响着受教育者的政治观、道德观，甚至对思想政治教育有消解和抵制作用。总之，需加强文化环境建设，有效运用良好的文化环境以发挥促进育人的作用。同时，也根据人的生存和发展要求，创造有利的文化环境，将文化环境中的消极因素转化为积极因素。

（二）加强文化环境建设的科学举措

思想政治教育的文化环境对思想政治教育具有"双刃剑"效应。因此，加强文化环境建设，对于思想政治教育效能提升有着举足轻重的作用，营造有助于促进教育者与受教育者思想道德素质发展进步的积极向上的文化氛围，主要从以下几个方面进行：

第一，坚持以文化人的价值导向。首先，推动中华优秀传统文化创造性转化与创新性发展，发挥优秀传统文化浸润人心的育人价值。其次，以革命文化引导受教育者坚定理想信念，凝聚革命精神力量。最后，培育和践行社会主义核心价值观。以社会主义核心价值观引领社会思潮建设，坚持与其他优秀文化求同存异、共同发展，增强文化环境的创造力与感染力，从而提高思想政治教育的效能，提高受教育者的思想道德素质。第二，加强文化体制机制创新和规范文化运行规则。一方面，需完善文化管理体制，提高公共文化服务水平和质量，提高文化开放水平，激发思想政治教育的创造力、新活力与不竭动力。另一方面，需规范文化运行规则，制定和完善相关政策法规，完善文化服务体系协调机制，健全评价和反馈机制，健全法人治理结构，完善绩效考核制度，引入竞争机制，为思想政治教育有序运行提供助推力。第三，注重大众传媒环境建设。当今时代，是被大众传媒环境包裹的时代，大众传媒环境影响着人们的生存与发展，影响着人们的思想和行为。积极向上的传媒环境促进社会主义文化发展，促进思想政治教育的效能提升，对受教育者的思想与行为产生积极作用；消极的传媒环境阻碍社会主义文化发展，影响思想政治教育的效能提升，阻碍着受教育者的思想和行为。比如，一些酒吧、歌厅、游戏厅、电视、书籍、报纸等由于管理不规范，充斥着不良信息，影响着受教育者的身心健康，对思想政治教育也发挥了抵消作用。因此，需注重大众传媒环境建设,发挥大众传媒的舆论引导作用,大力宣传党的主张,倾听民众心声。需重视对大众传媒环境的管理控制,制定和完善相关政策法规,极力支持积极向上的文化传媒产品和提供健康的文化服务,加强对大众传媒舆论的评析和监督等,从而弘扬社会主义文化主旋律。第四,加强正能量的基础文化设施建设。对于文化环境建设除了加强管理外,还需不断地完善、增加新的文化设施,通过大力建设图书馆、体育馆、文学艺术、新闻出版等文化基础设施,营造积极向上的文化环境,用新鲜的力量抵挡不良文化环境的影响,从而满足人们的精神文化需要和提高思政教育的效能。

四、推动思想政治教育的社会环境建设

社会环境直接影响着人的思想和行为。[1]党的十九大报告指出,"要统筹推进经济建设、政治建设、文化建设、社会建设、生态文明建设。"[2]可以说,社会环境建设的好坏影响着国家的富强,社会的和谐,人民的利益,影响着思想政治教育的发展及其效能提升,影响着人们的思想和行为的进步。

(一) 社会环境对思想政治教育效能提升的影响

第一,良好的社会环境有助于增强人们的主人翁地位。公平公正的和谐的社会环境,能够增强人们享受就业、教育、医疗等平等的权利,杜绝性别歧视、公民身份歧视等,进而增强人们的主人翁地位,让人们获得生理与心理安全感,可以促进社会的和谐,积极引导人们的思想和行为,增强思想政治教育的效果。第二,良好的社会环境有助于调动人们参与活动的积极性。一个良好的社会环境,既可以给予人们权力的平等,获得平等的机会,给人们带来生理和心理安全感,也能够实现人们的利益的满足,保障不同利益群体的利益,从而降低社会矛盾冲突,给人们提供实现自由全面发展的机会,有效引导人们的思想和行为朝着美好的方向发展。第三,良好的社会环境能够增强人们的法治意识和道德水平。一个良好的社会环境,寻衅闹事、打架斗殴、恐怖事件、暴力事件就会减少发生,不稳定因素进而减少,即使遇到

---

[1] 参见朱强:《思想政治教育环境变化对人的思想和行为的影响研究》,电子科技大学2017年博士学位论文。

[2] 习近平:《决胜全面建成小康社会 夺取新时代中国特色社会主义伟大胜利——在中国共产党第十九次全国代表大会上的报告》,载《人民日报》2017年10月28日,第1版。

问题，人们也能够主动寻找法律帮助，相信法律并依靠法律解决问题。随着社会的发展，人民的法治意识以及伴随而生的道德水平自然得到提高与增强，为促进人的思想和行为产生正能量，形成良性循环发展。

（二）加强社会环境建设的科学举措

加强社会环境建设是我国"五位一体"总体布局的一项任务要求，也是实现社会和谐，实现中华民族伟大复兴的要求，更是在中国社会大背景下思想政治教育发展及其目标更好实现的要求。良好的社会环境能够对人们的思想和行为产生正向强化作用。因此，需加强社会环境建设，主要从以下几个方面进行：

第一，推进社会事业改革发展。需加强思想政治教育领域改革创新，均衡配置城乡义务教育资源，改革考试招生制度以及社会力量助推思想政治教育等，从而既给予受教育者公平的教育，又培养受教育者良好的思想道德素质以及社会责任感。需健全就业创业体制机制，消除就业歧视与就业不平等，改良创业扶持体制机制以及就业人员表达合理诉求通道，完善失业保障制度等，从而给予受教育者一个良好的就业创业环境。需促进收入分配合理有序，健全初次分配制度，完善再分配调节机制，规范收入分配格局。需健全社会保障制度，健全基本养老保险制度，完善社会保障财政投入制度，建立健全人口老龄化服务体系。需推进医药卫生体制改革，统筹推进医疗保障、医疗卫生、医疗监管等综合改革，加强公立医院建设，促进中医药发展。通过推进社会事业改革发展，可以满足受教育者的实际需求，增强对中国共产党和社会的信任感与自豪感，调动受教育者的积极性。第二，创新社会治理体制。需改进社会治理方式，实现党委领导、政府负责和社会各方面参与的社会治理方式，运用法律与德治相结合的社会治理方式，加强基层源头治理，从而能够形成网格式治理，满足各层次受教育者的利益需求，营造一个良好的治理环境。需激发社会组织活力，完善政府与社会组织协调合作关系，健全社会志愿者服务组织管理，给予社会组织和社会组织在华境外组织一定的管理和引导。需从完善社会稳定风险评估机制和有效预防、化解社会矛盾体制入手，做好积极为人民群众解决利益矛盾争端的机制与机构等工作，同时把积极改革改进信访工作制度作为着重点。需健全公共安全体系，切实做好社会治安综合治理，完善农产品的安全监管体系，从而营造一个风清气正、积极向上的社会环境，可以使受教育者积极参与社会治理，积极调整自身行为。

五、加强思想政治教育的生态文明环境建设

党的十九大报告指出，要统筹推进生态文明建设。[1]加强生态文明环境建设意义深远，关系人民长治久安。当前一定程度上存在着既追求经济效益，又使得资源严重浪费、环境污染、自然过度开发等问题，使得自然生态系统恶化，影响着人们的生存与发展。对于思想政治教育来说，其生存与发展、效能得以提升更离不开生态文明建设这个大环境。因此，需加强生态文明环境建设，从而发挥对思想政治教育效能提升的有利作用。

（一）生态文明环境对思想政治教育效能提升的影响

生态文明环境建设关乎人们的生活质量、身心健康、心理状态。当受教育者生存在良好的生态文明环境中时，则容易把受教育者的思想和行为引导到更高阶段，促进思想政治教育效能的进一步提升。

第一，生态文明环境影响着教育者对客观规律的认识。由于人们过度贪婪并对自然进行无限制的索取，违背自然客观规律，使自然生态难以进行修复，使得自然资源和环境承载力弱化。对于思想政治教育来说，提升其效能，则要求教育者遵循客观规律，遵循受教育者的认知发展规律，合理有效地开展思想政治教育。第二，生态文明环境影响着教育者与受教育者、教育过程的和谐。"人本身是自然界的产物。"[2]这表明人不能离开自然而独立存在，人与自然紧密联系。可以说，人与生态文明环境是相互影响、相互制约、互利共生的。思想政治教育作为一项发生于自然环境中的社会实践活动，也将受到影响，影响着教育者与受教育者、教育过程的和谐，进而影响着整个思想政治教育效能提升过程。第三，生态文明环境影响着教育者与受教育者的创新能力与创新水平。马克思认为人创造环境，环境也创造人。[3]那么人创

---

[1] 参见习近平：《决胜全面建成小康社会　夺取新时代中国特色社会主义伟大胜利——在中国共产党第十九次全国代表大会上的报告》，载《人民日报》2017年10月28日，第1版。

[2] 中共中央马克思恩格斯列宁斯大林著作编译局编译：《马克思恩格斯选集》（第三卷），人民出版社2012年版，第410页。

[3] 参见中共中央马克思恩格斯列宁斯大林著作编译局编译：《马克思恩格斯选集》（第一卷），人民出版社2012年版，第172-173页。

造环境，要把制约人生存、发展的模式改为高效、低耗的发展模式，这就需要人们发挥主观能动性，进行思维创新，开展科技创新工作。提升思想政治教育的效能也深受这一环境影响，也要求教育者与受教育者的创新能力与创新水平得到提升。

（二）加强生态文明环境建设的科学举措

加强生态文明环境建设，关系到人民幸福、民族发展、国家未来。第一，尊重自然客观规律。唯物辩证法要求我们按照自然客观规律办事。"当人类无序开发、粗暴掠夺自然时，自然的惩罚必然是无情的。"[1]自然界是受教育者生存发展所依赖的基础，这就推动受教育者敬畏、尊重、顺应与保护自然，在尊重自然本身客观规律的基础上，不断地调整受教育者自身的行为。第二，推动保护生态环境科技创新。推动人们科技创新，对生态环境的研究与开发加大投资投入，比如大气污染治理、垃圾分类、污水有效排放与转化等。加强把研发产品投入市场，只有其被广泛使用，才能发挥科技创新的力量。加强国内与国外生态科技创新合作，进行生态科技创新交流与沟通，从而更好运用科技手段保护生态文明环境。充分利用网络媒体、电视、广告、小视频APP等媒介和明星名人效应进行保护生态环境的宣传，最大程度地发动人民一起保护生态环境。可以说，全社会形成保护生态环境科技创新的氛围，激发思政教育动机，优化思政教育模式，推动思政教育扬弃现有的矛盾与冲突，提高人们主动参与保护生态环境的思想认识，以思想带动行为，从而能够使人们坚持不懈地为保护生态环境出一份力；增强受教育者保护生态环境的科学意识，主动意识到对自然生态过度索取、破坏生态环境也会造成对人类自身的伤害，对受教育者具有进一步的思想熏陶和约束。

第五节 加强顶层设计，推进思想政治教育制度建设

"制度问题不解决，思想作风问题也解决不了。"[2]"领导制度、组织制度问题更带有根本性、全局性、稳定性和长期性"，[3]思想政治教育制度更是

---

[1] 习近平：《推动我国生态文明建设迈上新台阶》，载《求是》2019年第3期。
[2] 《邓小平文选》（第二卷），人民出版社1994年版，第328页。
[3] 《邓小平文选》（第二卷），人民出版社1994年版，第333页。

如此。制度一方面体现着党和国家的意志以及利益;另一方面,制度一旦确定下来往往是长期性的、稳定的,具有相对稳定性和较为普遍的约束力,有利于保障育人活动的有序、有效开展,很好地契合了思想政治教育效能提升任务的复杂性、长期性等特征,对这一任务可以制定长远目标,减少随意性,保证其延续性和连贯性。可以说,制度是思想政治教育效能提升的根本依据,促进其朝着规范性发展,保障其有效运行。没有制度的保障,思想政治教育效能提升实现不了。

一、完善思想政治教育制度体系

思想政治教育制度体系的完善和健全,影响着思想政治教育效能的提升。因此,需完善制度体系,从而更好地发挥制度的规范和引导功能。完善目标体系,解释清楚思想政治教育做什么;完善规则体系,指出思想政治教育如何做;完善管理体系,明确思想政治教育谁来做;完善保障体系,明晰思想政治教育的运行保障。

(一)完善思想政治教育目标体系

构建科学的目标体系有利于提升思想政治教育效能。人是一个有主观能动性的主体,只有明确了行为方向,才会有效进行社会实践活动。思政教育目标的确立,对于思政教育活动的效果具有重要意义。目标体系更加"规定了制度运动和发展的方向,是制度体系的灵魂所在。"[1]完善目标体系,能够引导教育者与受教育者合理合法开展思想政治教育,也能够激励教育者与受教育者带着一定的希望和追求同向共进。完善目标体系,要先考虑新时代国家和社会的发展需要,考虑国家目前对思政教育建设的政策、路线、方针的制定,还要考虑教育者的能力和受教育者自身的思想道德水平等,进而向着促进受教育者的全面发展目标前进。

第一,合理设置思想政治教育目标体系。目标体系的制度化,意味着教育者不仅需要将目标系统化,对目标体系进行科学和合理的分类,还需要对制定的目标通过相关制度加以确保。思政教育效能提升需要完善思政教育的根本目标体系。思政教育的根本目标必须能够对思政教育内容进行宏观概括,

---

[1] 贺培育:《制度学:走向文明与理性的必然审视》,湖南人民出版社2004年版,第17页。

并高于思政教育内容，是一种旨在激发受教育者想象和使教育者与受教育者努力追求的目标意图，从而能够为教育者与受教育者指明远大的奋斗方向。思政教育的根本目标体系包含两个层面，一层是提高受教育者的思想道德素质，另一层是促进人的自由全面发展。思政教育的根本目标体系具有高度概括性，因此，需要合理设置思政教育的具体目标体系。在思政教育的目标体系中，具体目标体系与根本目标体系相比比较具体，具有一般性，它把根本目标体系分解成为一个一个具体的目标体系。需要合理设置思政教育的具体目标体系，具体而言主要包括：合理设置政治教育目标体系，主要是培养受教育者形成基本的政治素养；合理设置思想教育目标体系，主要是培养受教育者具备积极的创新思想；合理设置心理教育目标体系，主要是培养受教育者具备健康的人格；合理设置道德教育目标体系，主要是培养受教育者具备社会责任感和使命感，具备良好的道德素质；合理设置生命教育目标体系，主要使得受教育者能够珍爱生命。这几个具体的思政教育目标体系是辩证统一的。

第二，合理实施思想政治教育目标体系。思政教育的根本目标体系是最高的目标体系，是长久起作用的目标体系，它规定着思政教育的具体目标体系。而具体目标体系是根本目标体系的具体化，是直接指向教育者的，是必须进行实施的。因此也就要求合理实施思政教育的具体目标体系，要以具体目标为出发点和归宿，要将教育者与受教育者的相关职责进行细化。首先，教育者要明确各具体目标的指向和各机构、组织和个人的职责；其次，要对具体目标体系进行执行实施，实现由"应然状态"向"实然状态"的转变；最后，要对具体目标体系的实施效果进行总结归纳，从而为下一阶段具体目标体系的实施提供指引。

（二）完善思想政治教育规则体系

"完善的制度体系必定有自己一套完整而具体的规则和规定。"[1]思想政治教育目标体系的完善，为思想政治教育效能提升指明了方向，但由于目标对人们的行为不具有直接的规范作用，因此，还需要我们建立起具有可操作性的规则体系，以利于思想政治教育效能提升的展开。可以说，建立思想政

---

[1] 贺培育：《论制度化》，载《理论探讨》1990年第2期。

治教育的规则体系，可以说是完善制度体系的关键所在。

思想政治教育规则体系对教育者与受教育者能做什么，不能做什么，如何做，怎么做得更好等有着职责与责任的规定。完善制度体系，完善规则体系，提升思想政治教育效能，需做到：第一，完善对于教育者的实施规则要求。教育者承担着对受教育者实施教育的任务，那么，有必要通过完善规则体系，对教育者开展思想政治教育活动进行一定的指导与规则约束。比如，对于高校教育者来说，一是要建立思想政治理论课教师集体学习的规则要求；二是要建立思想政治理论课教师与班主任联席会议的规则要求；三是要建立思想政治教育总结的规则要求。通过完善教育者的规则要求，可以对教育者进行一定的强制执行与约束，从而保障教育的全面实施。第二，完善对于受教育者的实施规则要求。通过建立一系列的规章制度，完善品德修养、言谈举止、公平竞争等规则要求，从而使受教育者"戒空戒松，从严而终""三省吾身"。比如，党的十九大报告对时代新人思想、道德、责任、奉献等多方面进行了系统的规定，都生动体现了国家对时代新人担当民族复兴大任的要求。[1]

（三）完善思想政治教育组织体系

"目标和规则必然通过制度的主体系统——组织系统来实现、贯彻和执行。"[2]因此，需建立起明确有序的组织体系，并完善思想政治教育组织体系。

当前思政教育存在组织层级偏多、分工不够明确等问题，制约着思政教育的水平。随着思政教育的发展，完善组织体系已成为思政教育发展的紧要任务，也是提升思政教育效能的重点所在。主要从以下几个方面进行：第一，优化组织流程，提高运行效率。比如在高校，要真正地提高思政教育效率，就必须减少冗杂的组织层次，并加强网络平台的有效利用。第二，压缩职能部门，减少资源浪费。比如在高校职能部门多、人员多，但是低效率，这就需要压缩职能部门并进行合理分工与沟通协调，从而减少组织过程中的混乱局面。第三，协调组织关系，加强沟通力度。传统思政教育管理模式中，比如思想政治理论课教师与辅导员分别隶属教学部门和隶属行政部门，其协调性就不高。因此，需做到减少组织层次，加强部门之间的沟通协调，对责任

---

〔1〕 参见《习近平谈治国理政》（第三卷），外文出版社2020年版，第33页。
〔2〕 贺培育：《制度学：走向文明与理性的必然审视》，湖南人民出版社2004年版，第21页。

与分工进行明确,并借助互联网、电视电话会议等技术来协调。

(四) 完善思想政治教育管理体系

在完善思想政治教育的目标体系、规则体系和组织体系后,还需要明确完善管理体系,以统筹谋划。由于管理体系不完善,就目前来看,各方面、各环节思想政治教育的管理相对独立,其内容不清、衔接不足,其模式、方法、途径、资源等方面统筹不够,运行目标缺乏规划,在管理设计层面缺乏明确的指引,使得运行过程各自为政、缺乏有效沟通和配合。因此,需完善思想政治教育管理体系,通过强化管理手段,不断有效提升思想政治教育效能,主要从以下几个方面进行:

第一,加强统一管理。思想政治教育的重要地位,决定了必须加强顶层设计的重要工作,加强统一管理。加强党的领导是思想政治教育效能提升的政治保证。思政教育管理部门成立思政教育统一管理机构,有利于加强思政教育各环节、各方面的协调,整体规划和部署思政教育建设,使各学段、各环节思政教育更加规范有序。需在相关部门和党政部门的管理下,落实立德树人根本任务,进行顶层设计,并统筹规划思政教育与其他教育、其他工作的关系。第二,加强统一管理的同时兼顾民主性。思想政治教育及其效能提升最终的落脚点都在人身上,因此要求被管理者充分表现其"更上一层楼"的积极性,成为管理活动的主体,参与到管理实践活动中去,这一点决定了完善管理体系时在加强统一管理的同时兼顾民主性。在思想政治教育实践过程中,需坚持被管理者被管理与自我管理相结合,充分参与各自主体性的管理活动,让思想政治教育管理的积极作用得到最大限度发挥。第三,完善思想政治教育管理体系的同时兼顾效益。首先,把管理放在中心位置,因为管理必须出效益,否则管理就没有存在的价值了。其次,在追求思想政治教育管理体系效益时,要正确处理管理体系的内在矛盾。

二、推进思想政治教育制度创新

习近平指出:"勇敢推进理论创新、实践创新、制度创新、文化创新以及各方面创新。"[1]这也就为推进思想政治教育制度创新指明了方向。制度不是

---

[1] 习近平:《在庆祝改革开放40周年大会上的讲话》,人民出版社2018年版,第11页。

第六章 思想政治教育效能提升的具体路径

万能的,有其自身的局限性,需不断推进制度创新。思想政治教育制度创新的本质其实是一种延续,是增强制度活力的一种方式。推进思想政治教育制度创新就是在原本有效的制度基础内容、体系之上,剔除已经失效的部分,添加更加适应时代发展、教育发展的制度,以满足提升思想政治教育效能的需要。主要表现在以下几个方面:

(一)增强思想政治教育制度创新的观念

志坚定,道不变,是一切创新的基础和前提。在此基础上,需增强主动应变、积极求变的决心,把遏制思想政治教育发展的腐朽的体制机制废除,把在其体内形成的利益圈子割除,创新创造一套齐全、高效、规范的制度系统。

第一,树立正确的思想政治教育制度创新观。制度创新需坚持立场和原则不变,坚持以马克思主义为指导,坚持发展和完善国家治理体系和治理能力现代化的方向。要杜绝思想保守、习惯走封闭僵化老路等问题,改变思维方式和工作作风,创新思想政治教育制度,在坚持以上原则的基础上,对思想政治教育具体制度、具体体制机制改革创新,要有轻重缓急,从而保持制度不断自我完善、发展与永葆生机活力。第二,提高思想政治教育制度创新责任意识。制度是一个系统工程,制度创新更是意义重大与责任重大。这就要求制度创新不落伍,善于吸收他国优秀制度创新经验,提高思想政治教育制度创新的责任意识,不断提高自身能力,锤炼制度创新本领。

(二)增强思想政治教育制度的人文性

制度具有强制性与规范性,制度在制定时往往以实现统治阶级目标为主,而忽视了个人的内在需求。尽管思想政治教育是为一定阶级、一定政党服务的,但是其最终目标是促进人的自由全面发展,最终落脚点是放在了人身上。一定程度上,制度把人看成了社会发展的工具,更偏重于对个人的约束与强制,忽略了制度要为人服务,要更好地发挥对人的引导与教化作用。中国共产党是为多数人谋利益的,是为多数人谋发展的,是为多数人服务的,那么,需增强思想政治教育制度的人文性。

推进制度创新,增强思想政治教育制度的人文性,主要从以下几个方面考虑:第一,提升思想政治教育效能是为了更好地为人服务,应满足多数人的利益需求,促进人的全面发展。创新思想政治教育制度要坚持以人为本理念，是为了服务人、发展人，而不是为了约束与控制人。第二，思想政治教育制度除了对教育者、受教育者、活动、内容、方法等进行约束外，还要增加对教育者与受教育者的关心与理解成分，要增强人文关怀成分，凸显制度的人文属性，从而能够调动教育者的积极性，增强受教育者的认同，从而能够更好地实现其育人目标。

（三）完善思想政治教育制度创新过程

一般情况下，制度的制定者都是由特定机构、权威部门等自上而下进行制定的，一定程度上能够提高制度制定的效率，但是这种具有明显的上下等级划分现象，容易使人遵守制度的积极性不高，甚至有时对制度产生反感与抵抗，甚至制度有时处在空中楼阁，很难满足教育活动的需要，制度供给与制度需求相脱节。思想政治教育制度创新要围绕现存的问题进行。

第一，应改变过去制度自上而下的单一垄断局面，调动多方力量参与思想政治教育制度的制定，参考多方意见。第二，思想政治教育制度创新，需要对具体制度与体制机制进行创新。在结合并参照以往制度的基础上，与人民群众开展调查研究，并善于运用大数据等先进方法相辅助，自上而下与自下而上相结合，充分了解各个主体的制度诉求，形成一个合理高效的制度制定完善过程。第三，精简思想政治教育制度的内容供给。制度创新不是为了创造出更多的制度，不是名目越多越好、标准越多越好，否则会让人产生抵触制度的情绪，思政教育效能发挥不出来，思政教育效果不佳。一方面要增强制度供给理性，实事求是地增加制度内容，杜绝"制度万能"与制度越多越好；另一方面，删减过去没有发挥功用或者阻碍思想政治教育效能发挥的制度，从而提高制度运行效率，减少制度维持成本。

（四）以实践检验思想政治教育制度创新

制度创新一方面要在总结前人思想政治教育制度制定与施行的经验基础上进行创新，另一方面，思想政治教育制度创新效果怎么样，多大程度上发挥了积极作用，是否提高了思想政治教育的效能，制度创新的结果谁说了算，是权威机构、权威人士还是下级实施者，这些都需要经过实践检验。

第一，思想政治教育制度创新要总结实践经验。长期以来，思想政治教育制度从无到有，从不完善到完善，各层级、各单位、广大人民群众发挥并贡献了聪明才智与重要力量，在这一过程中富有宝贵的经验、做法与行之有效的具体细则。思想政治教育制度创新要善于总结带有规律性、制度性的经验，把这些经验上升到具体的制度与体制机制，以此推动制度的更好创新。第二，思想政治教育制度创新，实践是检验的唯一标准。经过实践检验，制度运行过程中有效率，制度维持成本低，教育者与受教育者能力得到发挥，制度实施效果良好，就可以算得上思想政治教育制度有效，可以全面贯彻这一制度。假如对制度进行创新，是建立在大操大办、哗众取宠，大搞噱头，甚至是劳民伤财等基础上，影响了思想政治教育和党的形象，那么就不能称得上是制度创新。要对思想政治教育制度在广泛听取自上而下与自下而上结合的意见与经验的基础上，不断仔细琢磨并经实践运行检验。

三、优化思想政治教育运行机制

提升思想政治教育效能，优化思想政治教育运行机制，需完善领导机制，这是实现思想政治教育效能提升的战略依托；完善监督机制，这是实现思想政治教育效能提升的运转支持；完善激励机制，这使思想政治教育效能提升的动力增强；完善评价机制，这是对思想政治教育效能提升的价值判断。

（一）完善领导机制——效能提升战略依托

思想政治教育是实现党所领导的、以人民民主专政的根本利益为目的的教育形式和工作方式。[1]思想政治教育效能提升活动总是由一定的领导者和领导机构来进行的。领导机制主要着重进行领导机构设置和权力划分，假如设置与划分合理，秩序稳定，关系和谐顺畅，就能有效地激发教育者的潜能，提升思政教育效能，取得思政教育最大效益。因此，完善领导机制涉及国家、地方、各级组织部门，保证思想政治教育及其效能提升不偏离社会主义方向。

长期以来，思想政治教育是由党委统一领导、党政齐抓共管、各个部门紧密配合的领导机制统一管理的。[2]尽管现行的思想政治教育领导机制有了

---

〔1〕 参见宇文利：《论我国当代思想政治教育的制度化建设》，载《思想理论教育导刊》2011年第1期。

〔2〕 参见中共中央文献研究室编：《十六大以来重要文献选编》（中），中央文献出版社2006年版，第190页。

明确的要求，但对于这一体制的建设应予以强化。改革和完善思想政治教育领导机制，应在以下几个方面突出重点，多做工作：第一，对党委统一领导以制度化的手段予以强化稳固。第二，建立层次分明、职责明确的思想政治教育领导系统，从中央到地方都要加以职责划分。第三，建立少而精、素质高、效率高的思想政治教育指挥和执行机构，培养一批专职与兼职相结合的骨干精英。第四，健全约束体系，规范约束领导行为，促使领导行为合理化。

完善领导机制，需要注意的是：一方面，要减少组织层次，提高领导效率，分工明确，提高思想政治教育管理效率，减少思想政治教育的资源浪费。另一方面，要提倡思想政治教育的务实态度，去除管理工作中的官僚作风。总之，要优化领导流程、提高领导技术、协调领导关系。

(二) 完善监督机制——效能提升运转支持

完善监督机制不仅是对思想政治教育活动进行严格的监督，也是对其进行严格的要求以及对其进行严格的管理，进而更好地提升其效能。这里面需要层层选拔监督人员，并要求监督人员之间进行有效的互相监督。需要注意的是，监督人员需要思想政治教育制度的执行者参与其中，只有这样，才能弄清楚制度到底有没有被执行或者制度有没有被合理地执行。既要监督教育者能否有效落实，也要监督受教育者能否自觉遵守。唯有如此，才能真正地充分发挥制度的育人功能作用。换言之，如果只是单方面地监督受教育者是否严格遵守制度的各项规定，不去监督教育者，这样的监督是不平等的，会导致制度在具体的操作层面受阻，效果大打折扣。正因为如此，监督机构的设置要实行全员、全方位、全过程监督，建立一整套制度化的监督机制，确保制度切实得到实施。

第一，建立自下而上的监督机制。要建立自下而上的监督制度，加强和提高受教育者和教育者对思想政治教育运行情况的监督意识，把受教育者和教育者纳入监督体系。除此之外，还要充分发挥党团和社团组织对思想政治教育活动的监督。这样才能增强和提升思想政治教育的实效，让受教育者学会做人做事，全面提高自身的综合素质。第二，建立平级舆论监督机制。平级舆论监督指公众通过一定组织或新媒体等媒介反映舆论现象，影响权力中心的决策与实施。不难看出，这一监督机制具有及时性、公开性和社会性等特点。正因为平级舆论监督机制的这些特点,也就决定了平级舆论监督机制在监督体系中的特殊地位,有着不可替代的重要作用。落实在思想政治教育领域,建立平级舆论监督机制,比如在学校,一是加强纪律管理,建立由学校宣传部门发挥牵头作用和广播、校报等部门参与的机制,统筹协调全校宣传舆论工作。二是开展群体监督,把社会和家长对于学校开展思想政治教育的意见反馈给学校。第三,建立自上而下的监督机制。无论社会,还是学校与家庭中,都需要有一定的权威机构进行监督,以此使人心存敬畏,努力作为,积极向上。为此,建立自上而下的监督机制需要权威部门关注、重视与监督。比如,对于学校来说,学校领导每年要向上级教育主管部门汇报本校思想政治教育工作开展、计划和任务部署情况。同时,上级教育主管部门根据每所学校领导的汇报情况,在定期检查和不定期抽查制度的基础上,选择性地抽取一部分学校,实行定期和不定期相结合的思想政治教育工作绩效突击检查或抽查,对教育工作做得好的学校进行奖励,对教育工作做得不好的学校予以通报,公布各学校思想政治教育工作开展、落实情况,其效能在一定程度上也会得以提升。

(三) 完善激励机制——效能提升动力增强

完善激励机制,是通过理性化的制度来规范人们的行为,调动人们的积极性,达到思想政治教育人性化与制度化的平衡。[1]激励机制的有效运行需借助于充分的信息沟通。思想政治教育激励机制强调通过运用激励手段并调动教育者与受教育者完善自身道德素质的自觉性与主动积极性以符合社会发展要求。[2]通过完善激励机制,调动教育者与受教育者的积极性与创造性,使得教育者与受教育者"会当击水三千里",进而"更上一层楼",提高思想政治教育活动的效率,最终以较低的成本实现其目标,谋求集体利益与个人利益的一致。主要从以下几个方面着手:

第一,坚持以马克思主义为指导,把握完善激励机制的正确方向。完善激励机制,需要借鉴西方管理学中的一些激励理论、激励机制,比如,需要层次论、期望理论等。但是在中国,我们不能照抄照搬,在借鉴的基础上,

---

〔1〕 参见刘正周:《论企业组织的激励机制及其设计》,载《当代财经》2000年第6期。

〔2〕 参见黄雅恒:《思想政治教育激励机制构成要素及其运行原则分析》,载《教学与管理》2011年第36期。

需要避免西方激励机制中过于夸大个人主义、过于夸大满足物欲以实现激励效果等不科学的观点，应始终不忘了在正确方向的基础上完善激励机制。完善激励机制，助力思想政治教育效能提升，要把激励机制与中国特色社会主义核心价值体系紧密结合起来。比如，国家颁发的《关于深化新时代学校思想政治理论课改革创新的若干意见》政策制度体系，学校颁布的《中小学生学籍管理办法》《中小学教育惩戒规则》等规定，为思想政治教育效能提升指明了正确的政治方向。

第二，坚持物质激励与精神激励相结合。物质激励一定程度上推动着受教育者的积极性，但是从需求的层次看，物质激励存在一定的局限性，只能符合基础层次的需求。这就要求教育者也要完善精神激励机制，给受教育者以动力，使得受教育者获得成就感的满足，"自信人生二百年"，朝着思想政治教育目标要求前进。实践证明，缺少物质激励，只有精神激励，就会造成乏味难以取得积极效果；缺少精神激励，只有物质激励，就会造成金钱至上的错误价值取向。只有采用精神激励与物质激励并举的方式，比如学校通过《三好学生评定办法》《优秀学生奖学金评定办法》等办法，既有物质鼓励方面的奖金形式，又有荣誉证书、表彰大会、新闻推送等精神激励方式，从而实现激励的健康发展，调动受教育者的积极性。

第三，建立个人激励与集体激励相结合的长效机制。邓小平指出，每个人的成长发展过程与条件是具有差异的，表现出来的思想道德素质也是不同的。[1]因此，其一，要建立个人激励机制。通过个人激励机制能够对受教育者的思想与行为产生正向的刺激作用，并促进思想政治教育过程的开展具有层次性与针对性。但是，只对个人进行激励，又造成他人积极性难以调动的不足，毕竟思想政治教育的实施对象是多数人。没有优秀的集体就没有优秀的个人。其二，要坚持集体激励机制。集体激励能有效地激发受教育者所在群体的集体战斗力、集体责任感，从而助推整个集体相互协作、相互鼓励、共克时艰。但是，仅有群体激励，容易滋长平均主义、吃大锅饭的倾向，削减着个别优秀者、对集体有突出贡献的拔尖者的积极性，缺少集体队伍的领头羊，整个集体难以在"时势造英雄"的感染下产出最大效能。其三，建立个人激励与集体激励相结合的长效机制。一方面，有助于受教育者客观认识

---

[1] 参见《邓小平文选》（第二卷），人民出版社1994年版，第106页。

自身能力；另一方面，有助于全体人员克服不足、步调一致、齐心协力，从而提高集体的效能。

（四）完善评价机制——效能提升价值判断

思想政治教育效能提升除了要求完善领导机制、监督机制、激励机制外，还需完善评价机制。人类的任何有目的行为都需要给予评价。思想政治教育及其效能提升是具有明确目的指向的，通过评价进行反馈能够督促与保障目标实现。

第一，坚持一定的评价机制原则。评价机制是针对思想政治教育的过程和其最终效果做出的评价。需认真坚持一定的评价机制原则，从而为完善思想政治教育评价机制奠定基础。其一，坚持"以人为本"的原则。思想政治教育的对象是人，其改革发展是为了人，其效能提升也是为了促进人的更好发展。那么，评价机制也要围绕着人来进行，要从教育者和受教育者的切身利益出发。其二，坚持"实事求是"的原则。只有客观真实地进行评价，才能充分发挥评价的作用，体现评价的意义，对整个思想政治教育过程才能发挥监督、保障的作用，否则评价就是"空架子"，充当了"花瓶"。首先，要对思想政治教育过程中存在的不足进行真实客观的反馈。其次，要客观评价思想政治教育体现在受教育者身上的效果，有效把握受教育者的思想与行为状态，对教育效果好坏予以判断，及时调整教育方法，改正不足。其三，坚持灵活机动的原则。评价是为了达成目标并促进思想政治教育效果更好，需要根据受教育者的状态、教育过程中发生的情况，依据新出现的思想政治教育实际情况作出适当的调整，及时更改评价手段与评价标准。第二，细化评价指标。完善评价机制，根据思政教育的实施情况和实践做法，可以从思政教育理念、教育者与受教育者、思政教育效率、思政教育效益、思政教育效果等方面进行评价。此外，在完善评价机制时还要注意，制度的实施也是一种思政教育的方式，具有滞后性，需要根据实际效果情况进行调整、完善，以便对思政教育进行有效规范与促进。

四、提高思想政治教育制度执行力

习近平指出："要强化制度执行力，加强制度执行的监督，切实把我国制度优势转化为治理效能。"[1]思想政治教育是国家治理的重要内容,提升其效能,同样要求提高其制度执行力。提高思想政治教育制度执行力是提升思想政治教育效能的重要支撑,主要从以下几个方面进行:

(一) 强化思想政治教育者的制度意识

教育者的制度意识强弱直接关系到思想政治教育制度的实践运用过程,影响思想政治教育制度的具体实施效果。党的十九届四中全会《中共中央关于坚持和完善中国特色社会主义制度 推进国家治理体系和治理能力现代化若干重大问题的决定》要求,"各级党委和政府以及各级领导干部要切实强化制度意识"。[2]强化教育者的制度意识,要做到:

第一,要自觉尊崇思想政治教育制度。我们必须认识到思政教育制度的内容、价值、地位与必要性,认识到思政教育制度关系到党和国家的成败,关系到社会主义意识形态的稳定,要真正从内心深处形成尊崇思政教育制度的良好意识,并把思政教育制度规范作为自身的行动指南。第二,要具备思想政治教育制度执行意识。制度执行意识就是对制度执行能够发挥积极的主观能动性的思维意识。即使对制度进行了完善与提高,但是不把制度执行到位,就等于一纸空文。因此,贯彻执行制度,前提是脑袋里必须有制度执行意识。明确对于执行制度的责任与自觉性,首先,杜绝假模假样地执行思想政治教育制度的形式主义思想,要务实,"心怀'国之大者'",具备真抓实干的自觉意识与责任意识。其次,思想政治教育制度的出发点与落脚点都是为了受教育者的更好发展,并且完善思想政治教育的过程实属不易,这就要求教育者对思想政治教育制度要有维护意识,与违反、破坏、假执行制度的行为斗争到底,维护制度的权威性。

(二) 提高思想政治教育者的制度执行能力

"一步实际运动比一打纲领更重要。"[3]教育者的制度执行能力的强弱、制度执行效果的高低,直接影响着思想政治教育效能是否得到提升。因此,

---

[1]《习近平在中央政治局第十七次集体学习时强调 继续沿着党和人民开辟的正确道路前进 不断推进国家治理体系和治理能力现代化》,载《人民日报》2019年9月25日,第1版。

[2]《习近平谈治国理政》(第三卷),外文出版社2020年版,第128页。

[3] 中共中央马克思恩格斯列宁斯大林著作编译局编译:《马克思恩格斯选集》(第三卷),人民出版社2012年版,第355页。

对于思想政治教育效能提升来说,也要提高教育者的制度执行能力。毛泽东指出:"政治路线确定之后,干部就是决定的因素。"[1]对于思想政治教育来说,教育者是各项制度执行的主体,教育者的执行能力关系着制度的成效,关系着思想政治教育效能是否提升。因此,要提高教育者的制度执行能力。

第一,提升教育者的能力素质。要通过理论教育、实践锻炼、培训或者比赛等形式提升教育者的理论修养、政治素养,坚定正确的政治方向和政治立场,使教育者学深悟透,思想政治觉悟高、工作态度积极、理论内涵与实践能力俱佳、综合管理水平较高,做到政治过硬、本领过高、执行最强。不断提高教育者的制度制定和执行的素质,既具备通过实践检验对思想政治教育制度进行分析的能力素质,又能及时发现思想政治教育制度在执行过程中的漏洞并进行补足,还注重增强教育者的制度执行意愿,提高教育者的制度执行能力。第二,以身示范遵守思想政治教育制度。制度执行需要教育者作为主体进行参与执行,这里面关系到执行效果、兴衰成败的主体就是教育者,他们有着关键身份、处在关键环节、发挥关键作用。因此,教育者要发挥带头模范作用,带头学习并遵守思想政治教育制度,增强制度意识,更好地维护和执行制度,通过以身示范遵守制度,影响和带动受教育者自觉遵守思想政治教育制度。在贯彻执行过程中,要把思想政治教育制度落到实处、落到细处,不落空处、不急于求成,协调统一、有机一体,既发挥制度的导向作用、规范作用,又发挥好制度的增效防风险作用。

(三) 加强对思想政治教育者的制度执行监督与问责

加强思想政治教育制度建设既需要强化教育者的制度意识,加强教育者的制度执行能力,也需要加强对教育者的制度执行监督和问责,这是把制度落在实处,提高制度执行力的保障。

第一,实现对教育者的制度执行监督视野的全覆盖。保障思想政治教育制度的执行效果在于进行监督,在制度顶层设计环节,要把握好思想政治教育制度执行与设计的功能匹配性,把握好监督的力度和渠道,做到有张有弛、有的放矢。从本质意义上讲,监督得越有力越有利于思想政治教育制度执行力提高。因此,实现制度执行监督视野的全覆盖,理应将监督意识贯穿于全

---

[1]《毛泽东选集》(第二卷),人民出版社1991年版,第526页。

员日常工作行为中，禁止出现令行不严、言行不一、欺上瞒下、折扣变通、偷工减料、阳奉阴违等触碰底线的乱象，推动思想政治教育制度执行监督细则有界限、有重拳、有严惩。第二，加强对教育者的制度执行责任追究。教育者对于思想政治教育开展及其效能提升有一定的权力，也要承担一定的责任。思想政治教育者的制度执行到不到位，执行多少，有没有偷工减料，任意修改，上有政策、下有对策等，需要加强对思想政治教育者的制度执行的责任追究，对于违纪现象还要给予问责和惩处。

结束语

思想政治教育自产生以来就有着重要的地位和功能，发挥着积极效用，对于统治阶级加强思想统治、促进经济社会和人的发展，发挥了极其重要的作用。可以说，思想政治教育本身就发挥着效能，思想政治教育效能来自思想政治教育自身的组织运行。提升思想政治教育效能是思想政治教育存在合理性、发展科学性与价值有效性的必然要求。提升思想政治教育效能，能够有力维护国家意识形态安全、推动社会进步、促进人的发展等。忽视或者弱化思想政治教育效能，思想政治教育就失去了存在的意义。

理清思想政治教育效能提升这一课题，思想政治教育效能的内涵与本质不可偏废。思想政治教育效能是指思想政治教育所含功效的发挥程度与实现能力，其要素结构包括思想政治教育目标、思想政治教育者的能力、思想政治教育效率、思想政治教育效益与思想政治教育效果。思想政治教育效能具有实践性、综合性、系统性、评价复杂性等基本特征，其与意识形态的关系本质上是思想政治教育与意识形态的关系，是思想政治教育与意识形态关系的一个方面和重要表现；其本质涵义在于坚持思想政治教育本质，发挥思想政治教育功能，发挥思想政治教育的应有作用。提升思想政治教育效能在增强思想政治教育主导力、强化思想政治教育目标、提高思想政治教育有效性等方面的重要价值。

本书主要围绕着思想政治教育效能提升的理论资源、因素考量、基本遵循等问题展开研究；对于我国来说，目前思想政治教育效能提升取得的成效、面临的挑战、存在的问题以及存在问题的原因需要深入思考，在这种情况下，进一步探讨如何提升思想政治教育效能十分必要。

关于思想政治教育效能提升这一课题，学界对于德育效能、高校思想政治教育效能等从不同方面进行了探索，取得了一些进展。然而对思想政治教育效能提升全面、系统的深入研究还没有进行。思想政治教育效能提升作为一个理论性与实践性都较强的新课题，作为一项持续性、艰巨性的重要任务，本书对此进行的研究也是初步的，但在一些方面也进行了有价值的探索。比如：对思想政治教育效能的内涵与本质进行了分析；对思想政治教育效能提升的理论资源进行了详细论述；对思想政治教育效能提升的内在机理、影响因素、如何使影响因素发挥积极作用进行了详细探讨；对思想政治教育效能提升应遵循的原则、达到怎样的目标、具体评价标准进行了深入阐述；对当前我国思想政治教育效能提升取得的已有成效、面临的挑战、当前思想政治教育效能提升存在的问题及其存在问题的原因进行了深入分析；对增强思想政治教育合力、优化思想政治教育内容、创新思想政治教育方法、增强思想政治教育环境的感染力、推进思想政治教育制度建设等方面的具体实施路径进行了深入探讨。

由于当前意识形态领域斗争仍然复杂，思想政治教育效能与意识形态的关系本质上是思想政治教育与意识形态的关系，是思想政治教育与意识形态关系的一个方面和重要表现，取得意识形态斗争的胜利离不开提升思想政治教育效能。因此，本书的研究还是很有意义与价值的，对思想政治教育发展与社会主义意识形态增强有着一些贡献，但思想政治教育效能提升这一课题还有很大的研究空间。本人的理论素养和知识储备还有待进一步提高，因此本课题的研究难免有不足之处，比如对国外思想政治教育效能提升的研究还有待深入，对思想政治教育效能提升展开的实践研究相对较少，对思想政治教育效能提升的策略研究还不够深入全面等。另外，思想政治教育效能提升研究这一课题是在学习借鉴学者们关于思想政治教育、思想政治教育有效性、思想政治教育效益、学校效能、教育效能、治理效能等可谓"山果熟，水花香，家家风景有池塘"的研究基础上而展开的，因此非常感谢各位前辈贡献的丰富的智慧。本人将在以后的研究中进一步"上下而求索"和完善提高。

参考文献

著作类：

[1] 中共中央马克思恩格斯列宁斯大林著作编译局编译：《马克思恩格斯选集（一-四卷）》，人民出版社2012年版。

[2] 中共中央马克思恩格斯列宁斯大林著作编译局编译：《马克思恩格斯文集（一-十卷）》，人民出版社2009年版。

[3] 中共中央马克思恩格斯列宁斯大林著作编译局编译：《列宁选集（一-四卷）》，人民出版社2012年版。

[4] 中共中央马克思恩格斯列宁斯大林著作编译局编：《列宁专题文集（一-五卷）》，人民出版社2009年版。

[5] 《毛泽东选集（一-四卷）》，人民出版社1991年版。

[6] 《毛泽东文集（一-二卷）》，人民出版社1993年版。

[7] 《毛泽东文集（三-五卷）》，人民出版社1996年版。

[8] 《毛泽东文集（六-八卷）》，人民出版社1999年版。

[9] 《邓小平文选（一-二卷）》，人民出版社1994年版。

[10] 《邓小平文选（第三卷）》，人民出版社1993年版。

[11] 《江泽民文选（一-三卷）》，人民出版社2006年版。

[12] 《胡锦涛文选（一-三卷）》，人民出版社2016年版。

[13] 《习近平谈治国理政（第一卷）》，外文出版社2018年版。

[14] 《习近平谈治国理政（第二卷）》，外文出版社2017年版。

[15] 《习近平谈治国理政（第三卷）》，外文出版社2020年版。

[16] 习近平：《决胜全面建成小康社会夺取新时代中国特色社会主义伟大胜利——在中国共产党第十九次全国代表大会上的报告（2017年10月18日）》，人民出版社2017

年版。

[17] 罗国杰等：《马克思主义思想政治教育理论基础》，高等教育出版社2002年版。

[18] 邱伟光、张耀灿主编：《思想政治教育学原理》，高等教育出版社1999年版。

[19] 陈秉公：《思想政治教育学原理》，辽宁人民出版社2001年版。

[20] 郑永廷主编：《思想政治教育方法论》，高等教育出版社2010年版。

[21] 祖嘉合：《思想政治教育方法教程》，北京大学出版社2004年版。

[22] 张耀灿：《中国共产党思想政治教育史论》，高等教育出版社2006年版。

[23] 张耀灿等：《现代思想政治教育学》，人民出版社2006年版。

[24] 郑永廷：《现代思想道德教育理论与方法》，广东高等教育出版社2000年版。

[25] 张耀灿、徐志远：《现代思想政治教育学科论》，湖北人民出版社2003年版。

[26] 张耀灿等：《思想政治教育学前沿》，人民出版社2006年版。

[27] 刘书林、陈立思：《青年思想政治教育学原理》，中国青年出版社1999年版。

[28] 张再兴：《网络思想政治教育研究》，经济科学出版社2009年版。

[29] 罗洪铁等：《思想政治教育原理与方法基础理论研究》，人民出版社2005年版。

[30] 陈立思主编：《比较思想政治教育》，中国人民大学出版社2018年版。

[31] 苏振芳等：《思想政治教育理论与实践》，社会科学文献出版社2013年版。

[32] 吴潜涛：《思想政治教育教学与研究》，中国人民大学出版社2018年版。

[33] 张澍军：《思想政治教育理论基础纵横》，人民出版社2016年版。

[34] 邱柏生、董雅华：《思想政治教育学新论》，复旦大学出版社2012年版。

[35] 王秀阁、张铁勇：《思想政治教育学科建设论》，天津社会科学院出版社2016年版。

[36] 王宏维：《社会价值：统摄与驱动》，人民出版社1995年版。

[37] 卢黎歌等：《抓重带轻——对"基础课"教学重点的研究》，中国社会科学出版社2016年版。

[38] 徐建军：《大学生网络思想政治教育理论与方法》，人民出版社2010年版。

[39] 孙其昂：《思想政治教育学前沿研究》，人民出版社2013年版。

[40] 王立仁：《学生思想政治教育论纲》，中国社会科学出版社2015年版。

[41] 黄蓉生等：《改革开放以来大学生思想政治教育论纲》，人民出版社2014年版。

[42] 王学俭：《现代思想政治教育前沿问题研究》，人民出版社2008年版。

[43] 平章起、梁禹祥：《思想政治教育基本理论问题研究》，南开大学出版社2010年版。

[44] 靳诺：《德治法治与高校思想政治教育》，光明日报出版社2004年版。

[45] 刘新庚：《现代思想政治教育方法论》，人民出版社2006年版。

[46] 秦在东：《思想政治教育管理论》，湖北人民出版社2003年版。

[47] 刘爱莲等：《新时代思想政治教育思想研究》，江苏人民出版社2018年版。

[48] 戴艳军：《思想政治教育原理案例分析》，中国人民大学出版社2012年版。

［49］熊建生：《思想政治教育内容结构论》，中国社会科学出版社2012年版。
［50］马振清：《思想政治教育前沿问题研究》，国家行政学院出版社2014年版。
［51］陈华洲：《思想政治教育资源论》，中国社会科学出版社2007年版。
［52］张红霞：《高校思想政治教育实效性研究——以文化多样化视角》，光明日报出版社2011年版。
［53］邱仁富等：《新时代思想政治教育亲和力研究》，上海大学出版社2020年版。
［54］冯刚等：《新时代高校思想政治教育学原理》，人民出版社2021年版。
［55］冯刚：《探索思想政治教育发展的内生动力》，人民出版社2017年版。
［56］骆郁廷：《思想政治教育原理与方法》，高等教育出版社2010年版。
［57］《思想政治教育学原理》编写组：《思想政治教育学原理》，高等教育出版社2018年版。
［58］毕红梅、陈万柏：《思想政治教育学原理》，中国人民大学出版社2021年版。
［59］王树荫：《中国共产党思想政治教育史》，中国人民大学出版社2011年版。
［60］水藏玺等：《绩效指标词典》，中国经济出版社2005年版。
［61］罗洪铁等：《思想政治教育学学科理论体系演变研究》，中国社会科学出版社2012年版。
［62］刘建军：《中国共产党思想政治教育的理论与实践》，中国人民大学出版社2008年版。
［63］靳诺等：《新时期高校思想政治教育工作理论与实践》，高等教育出版社2003年版。
［64］罗洪铁：《思想政治教育专题研究》，中央文献出版社2007年版。
［65］石书臣：《现代思想政治教育主导性研究》，学林出版社2004年版。
［66］沈壮海：《思想政治教育有效性研究》，武汉大学出版社2016年版。
［67］李俊奎等：《思想政治教育效益论》，中国社会科学出版社2012年版。
［68］项久雨：《思想政治教育价值论》，中国社会科学出版社2003年版。
［69］徐志远：《现代思想政治教育学基本范畴研究》，湖北人民出版社2005年版。
［70］万美容：《思想政治教育方法发展研究》，中国社会科学出版社2007年版。
［71］石书臣：《主导论：多元文化背景下的高校德育主导性研究》，人民出版社2011年版。
［72］周中之等：《现代思想政治教育理论与实践探微》，人民出版社2009年版。
［73］李辉：《现代思想政治教育环境研究》，广东人民出版社2005年版。
［74］陈万柏：《思想政治教育载体论》，湖北人民出版社2003年版。
［75］韦吉锋：《网络思想政治教育研究》，新华出版社2005年版。
［76］李辽宁：《当代中国思想政治教育意识形态功能研究》，武汉大学出版社2006年版。
［77］鲁洁、王逢贤：《德育新论》，江苏教育出版社2000年版。
［78］班华：《现代德育论》，安徽教育出版社1996年版。
［79］郑永廷、张彦：《德育发展研究》，人民出版社2006年版。
［80］鲁洁：《德育社会学》，福建教育出版社1998年版。

[81] 张澍军：《德育哲学引论》，人民出版社 2002 年版。

[82] 檀传宝：《学校道德教育原理》，教育科学出版社 2000 年版。

[83] 李康平：《德育发展论》，中国社会科学出版社 2004 年版。

[84] 戴钢书：《德育环境研究》，人民出版社 2002 年版。

[85] 佘双好：《现代德育课程论》，中国社会科学出版社 2003 年版。

[86] 王仕民：《德育文化论》，中山大学出版社 2007 年版。

[87] 王立仁：《德育价值论》，中国社会科学出版社 2004 年版。

[88] 王瑞荪：《比较思想政治教育学》，高等教育出版社 2001 年版。

[89] 李萍、林滨：《比较德育》，中国人民大学出版社 2009 年版。

[90] 王玄武、骆郁廷：《思想教育、政治教育、道德教育比较研究》，武汉大学出版社 2002 年版。

[91] 武汉大学思想政治教育系：《比较德育学》，武汉大学出版社 2000 年版。

[92] 黄小华：《思想政治教育价值实现论》，光明日报出版社 2019 年版。

[93] 章忠民、魏华：《新时代思想政治教育论要（高校思想政治工作研究文库）》，人民出版社 2019 年版。

[94] 蒋玉华：《思想政治教育理论发展及创新研究》，世界图书出版公司 2013 年版。

[95] 孙小龙：《新时代大学生思想政治教育创新研究》，社会科学文献出版社 2020 年版。

[96] 陈燕：《思想政治教育社会治理功能研究（马克思诞辰 200 周年纪念文库）》，中央编译出版社 2019 年版。

[97] 李书华、石丽萍：《新媒体环境下大学生思想政治教育接受机制研究》，知识产权出版社 2019 年版。

[98] 廖启云：《现代化视域下思想政治教育发展研究》，中国社会科学出版社 2015 年版。

[99] 新华通讯社课题组：《习近平新闻舆论思想要论》，新华出版社 2017 年版。

[100] 李伟等：《凝心聚力：新时代思想政治教育研究》，重庆出版社 2020 年版。

[101] 王丽：《思想政治教育价值结构研究》，中央编译出版社 2019 年版。

[102] 范柏乃：《政府绩效管理》，复旦大学出版社 2012 年版。

[103] 董瑛：《党内干部监督制度建设论》，人民出版社 2010 年版。

[104] 宋元林等：《网络时代大学生思想政治教育导论》，湖南人民出版社 2002 年版。

[105] 教育部社会科学与思想政治工作司组编：《网络唱响主旋律：高等学校思想政治教育进网络工作经验汇编》，高等教育出版社 2002 年版。

[106] 彭向刚等：《和谐社会视野下行政效能建设研究》，中国社会科学出版社 2013 年版。

[107] 孙绵涛主编：《教育效能论》，人民教育出版社 2007 年版。

[108] 郑燕祥：《教育范式转变：效能保证》，上海教育出版社 2006 年版。

[109] 郑燕祥：《学校效能与校本管理：一种发展的机制》，上海教育出版社 2002 年版。

[110] 陈孝彬主编:《教育管理学》,北京师范大学出版社 1999 年版。

[111] 郑燕祥:《教育的功能与效能》,广角镜出版社有限公司 1986 年版。

[112] 吴清山:《学校效能研究》,五南图书出版公司 1992 年版。

[113] 冯大鸣:《美、英、澳教育管理前沿图景》,教育科学出版社 2004 年版。

[114] 余仰涛:《思想政治工作学研究方法论》,武汉大学出版社 2006 年版。

[115] 胡心红:《思想政治教育有效性与方法论研究(高校思想政治工作研究文库)》,人民出版社 2019 年版。

[116] 杨增崟、杨国辉:《当代思想政治教育若干前沿论域》,中国财富出版社 2020 年版。

[117] 康丽群等:《复杂组织目标与效能评估》,社会科学文献出版社 2020 年版。

[118] 王宏伟:《健全应急管理体系探析:从制度优势到治理效能》,应急管理出版社 2020 年版。

[119] 许亚敏、原珂:《"三社"联动机制建设与协同治理》,社会科学文献出版社 2020 年版。

[120] 赵岩:《以机制促发展:社区社会组织治理及其能力建设研究》,吉林大学出版社 2020 年版。

[121] 粟国康:《思想政治教育功能研究》,中国社会科学出版社 2019 年版。

[122] 张毅翔:《思想政治教育方法创新研究》,人民出版社 2018 年版。

[123] 侯勇:《社会视野中的思想政治教育系统研究》,人民出版社 2016 年版。

[124] 任艳妮:《大学生思想政治教育传播有效性研究》,中国社会科学出版社 2019 年版。

[125] 盛跃明:《思想政治教育转型论:现代性的观点》,人民出版社 2015 年版。

[126] 吴长锦:《思想政治教育协同创新研究(马克思诞辰 200 周年纪念文库)》,中央编译出版社 2019 年版。

[127] 左民安:《细说汉字——1000 个汉字的起源与演变》,九州出版社 2005 年版。

[128] 厉时熙注:《尹文子简注》,上海人民出版社 1977 年版。

[129] 雅图辞书编委会编:《新编现代汉语大词典》,吉林出版集团有限责任公司 2012 年版。

[130] 商务印书馆辞书研究中心修订:《新华词典》,商务印书馆 2013 年版。

[131] 翰林辞书编写组主编:《现代汉语大词典》,江西教育出版社 2014 年版。

[132] 中国社会科学院语言研究所词典编辑室编:《现代汉语词典》,商务印书馆 2016 年版。

[133] 商务国际辞书编辑部编:《现代汉语词典(彩色插图本)》,商务印书馆国际有限公司 2017 年版。

[134] 吴光华主编:《汉字英释大辞典》,上海交通大学出版社 2002 年版。

[135] 王同亿:《语言大典》,三环出版社 1990 年版。

[136] 贺培育：《制度学：走向文明与理性的必然审视》，湖南人民出版社 2004 年版。

[137] 《牛津现代高级英汉双解词典》，商务印书馆、牛津大学出版社 1988 年版。

[138] 鲁洁：《道德教育的当代论域》，人民出版社 2005 年版。

[139] 华东师范大学教育系、杭州大学教育系合编：《西方古代教育论著选》，人民教育出版社 1985 年版。

[140] 苗力田主编：《亚里士多德全集》（第九卷），中国人民大学出版社 1994 年版。

[141] 滕大春主编：《外国教育通史第二卷》，山东教育出版社 1989 年版。

[142] 赵祥麟：《外国教育家评传（第 1 卷）》，上海教育出版社 1992 年版。

[143] 周辅成编：《西方伦理学名著选辑》（下卷），商务印书馆 1964 年版。

[144] 瞿葆奎主编：《教育学文集·教育与人的发展》，人民教育出版社 1989 年版。

[145] 陈力丹：《精神交往论——马克思恩格斯的传播观》，中国人民大学出版社 2008 年版。

[146] 路春艳、张洪忠编著：《大众传播学教程》，北京师范大学出版社 2007 年版。

[147] 王礼湛、余潇枫主编：《思想政治教育学（修订版）》，浙江大学出版社 1999 年版。

[148] 李德顺主编：《价值学大词典》，中国人民大学出版社 1995 年版。

[149] 中国社会科学院新闻研究所编：《中国共产党新闻工作文件汇编》（下册），新华出版社 1980 年版。

[150] 沈荣华：《政府机制》，国家行政学院出版社 2003 年版。

[151] 吴树青等主编：《政治经济学（资本主义部分）》，中国经济出版社 1999 年版。

[152] 俞可平：《民主与陀螺》，北京大学出版社 2006 年版。

[153] 中国社会科学院语言研究所词典编辑室编：《现代汉语词典》，商务印书馆 2012 年版。

[154] [苏联] 安·谢·马卡连柯：《论共产主义教育》，刘长松、杨慕之译，人民教育出版社 1954 年版。

[155] 韦诚：《方法论系统引论》，安徽大学出版社 1999 年版。

[156] 吴潜涛、刘建军：《新时期思想政治教育史论》，安徽人民出版社 2004 年版。

[157] 汪勇：《利益多元化对马克思主义大众化的影响及对策研究》，人民出版社 2017 年版。

[158] 王海平：《军队思想政治教育接受论》，军事科学出版社 2002 年版。

[159] 周光迅：《大学教育综合化》，山东教育出版社 1999 年版。

[160] 《朗文现代英汉双解词典》，现代出版社 1988 年版。

[161] [英] 约翰·威尔逊：《道德教育新论》，蒋一之译，浙江教育出版社 2003 年版。

[162] [美] 霍尔、戴维斯：《道德教育的理论与实践》，陆有铨、魏贤超译，浙江教育出版社 2003 年版。

［163］［英］安德鲁·坎贝尔、凯瑟林·萨默斯·卢斯编：《核心能力战略——以核心竞争力为基础的战略》，严勇、祝方译，东北财经大学出版社1999年版。

［164］［法］E·迪尔凯姆：《社会学方法的准则》，狄玉明译，商务印书馆1995年版。

［165］［美］约翰·杜威：《民主主义与教育》，王承绪译，人民教育出版社1990年版。

［166］［加］克里夫·贝克：《学会过美好生活——人的价值世界》，詹万生等译，中央编译出版社1997年版。

［167］［美］杜威：《道德教育原理》，王承绪等译，浙江教育出版社2003年版。

［168］［美］柯尔伯格：《道德教育的哲学》，魏贤超等译，浙江教育出版社2000年版。

［169］［英］彼得斯：《道德发展与道德教育》，邬冬星译，浙江教育出版社2000年版。

［170］［美］R. E. 安德森、I. 卡特：《社会环境中的人类行为》，王吉胜等译，国际文化出版公司1988年版。

［171］［巴西］保罗·弗莱雷：《被压迫者的教育学》，顾建新等译，华东师范大学出版社2001年版。

［172］［苏联］B·A·苏霍姆林斯基：《给教师的一百条建议》，杜殿坤译，教育科学出版社1984年版。

［173］［古希腊］色诺芬：《回忆苏格拉底》，吴永泉译，商务印书馆1986年版。

［174］［捷克］夸美纽斯：《大教学论·教学法解析》，任钟印译，人民教育出版社2006年版。

［175］［英］约翰·洛克：《教育漫话》，杨汉麟译，人民教育出版社2006年版。

［176］［英］洛克：《人类理解论（上册）》，关文运译，商务印书馆1959年版。

［177］赵祥麟、王承绪编译：《杜威教育论著选》，华东师范大学出版社1981年版。

［178］［法］迪尔凯姆：《社会学研究方法论》，胡伟译，华夏出版社1988年版。

［179］［美］杜威：《杜威五大讲演》，胡适译，安徽教育出版社1999年版。

［180］［苏］尤·克·巴班斯基：《论教学过程最优化》，吴文侃等译，教育科学出版社1982年版。

［181］［美］威尔伯·施拉姆、威廉·波特：《传播学概论》，何道宽译，中国人民大学出版社2010年版。

［182］［美］A·班杜拉：《思想和行动的社会基础——社会认知论（上册）》，林颖等译，华东师范大学出版社2001年版。

［183］［德］赫尔巴特：《普通教育学·教育学讲授纲要》，李其龙译，人民教育出版社1989年版。

［184］［奥］L·贝塔兰菲：《一般系统论》，秋同、袁嘉新译，社会科学文献出版社1987年版。

［185］［美］约翰·罗尔斯：《政治自由主义》，万俊人译，译林出版社2000年版。

［186］［苏］瓦·阿·苏霍姆林斯基：《少年的教育和自我教育》，姜励群等译，北京出版社 1984 年版。

［187］［美］彼得·德鲁克：《卓有成效的管理者》，许是详译，机械工业出版社 2009 年版。

［188］［苏］瓦·阿·苏霍姆林斯基：《和青年校长的谈话》，赵玮等译，上海教育出版社 1983 年版。

［189］［英］P·切克兰德：《系统论的思想与实践》，左晓斯、史然译，华夏出版社 1990 年版。

［190］［美］斯蒂芬·P·罗宾斯、蒂莫西·A·贾奇：《组织行为学》，孙健敏等译，中国人民大学出版社 2016 年版。

［191］［德］黑格尔：《法哲学原理》，范扬、张企泰译，商务印书馆 1961 年版。

［192］［美］托马斯·J·彼得斯、小罗伯特·H·沃特曼：《成功之路——美国最佳管理企业的经验》，余凯成等译，中国对外翻译出版公司 1985 年版。

［193］Philip Selznick, *Leadership in administration*: *A sociological interpretation*, Harper & Row, 1957.

［194］Sheerens, J., Bosker, R., *The Foundation of Educational Effectiveness*, Pergamon, 1997.

［195］Fullan, M., *The New Meaning of Educational Change*, Teachers College Press, 1991.

［196］Caldwell, B. J., Spinks, J., *Leading the Self managing School*, Routledge, 1992.

后 记

本书是基于我的博士学位论文修改完成的。虽然在修改过程中基本保持了原有的框架,但在工作后的具体教学反思以及在课堂上与学生讨论的启发下,内容上进行了进一步的丰富和完善。

在撰写本书的过程中,得到了许多老师的支持与帮助。我要向那些给予我无私指导和帮助的老师们致以最诚挚的问候和感谢。我的导师石书臣教授在我的学习和研究过程中以他那学识渊博、治学严谨的作风为我树立了榜样,更在申请开题、撰写论文过程中给予了我莫大的帮助和指导。在我遇到学术难题时,导师耐心地为我解答问题,鼓励我不断探索和前进,他的悉心教诲和无私帮助,使我在学术道路上走得更稳、更远。师母李洪献老师在生活上给予了我很多关怀和支持,让我在学业之余也能保持良好的心态和生活状态。这份关怀让我深感温暖,也更加坚定了我追求学术卓越的决心。北京师范大学冯刚教授、华东师范大学余玉花教授、上海交通大学张远新教授、同济大学薛念文教授、华东师范大学王建新教授以及上海师范大学的周中之教授、李亮教授、何玉海教授几位老师,对我进行及时的反馈和指导,对我的论文结构和研究思路以及在文章写作过程中避免出现细节上的缺陷提出了专业的建议,使我能更顺利地开展研究并提高了文章的整体质量。在此,我谨向各位老师的悉心指导和无私帮助表达深深的谢意!此外,感谢所有关心、支持、帮助过我的老师、同学和朋友们。感谢本书在写作过程中引述和参阅的著作、论文和参考资料的作者们。感谢本书编辑老师为本书的出版付出的辛劳。感谢上海政法学院对本书出版的资助。

本书对思想政治教育效能提升这一现实课题的研究仅是初步的，而且由于本人学识所限，书中难免存在不妥之处，真诚地希望各位老师、专家、学者、同仁批评指正。